RÉPERTOIRE GÉNÉRAL

DES

CAUSES CÉLÈBRES

ANCIENNES ET MODERNES.

RÉPERTOIRE GÉNÉRAL

CAUSES CÉLÈBRES

ANCIENNES ET MODERNES

IMPRIMERIE DE FÉLIX LOCQUIN,
rue N.-D.-des-Victoires, 16.

RÉPERTOIRE GÉNÉRAL

DES

CAUSES CÉLÈBRES

ANCIENNES ET MODERNES,

RÉDIGÉ PAR UNE SOCIÉTÉ D'HOMMES DE LETTRES,

SOUS LA DIRECTION

DE B. SAINT-EDME,

AUTEUR DU DICTIONNAIRE DE LA PÉNALITÉ, ETC. , ETC.

Membre *de l'Institut historique*, de la *Société française de Statistique universelle*, de l'*Académie de l'Industrie*, etc.

DEUXIÈME SÉRIE.— TOME IV.

PARIS.

LOUIS ROSIER, ÉDITEUR,

19, RUE GUÉNÉGAUD.

1834

NOUVELLE COLLECTION

DE

CAUSES CÉLÈBRES

(ANCIENNES ET MODERNES),

RÉDIGÉE PAR UNE SOCIÉTÉ D'HOMMES DE LETTRES,

ET PUBLIÉE PAR

P. B. SAINT-EDME.

DEUXIÈME SÉRIE — TOME IV.

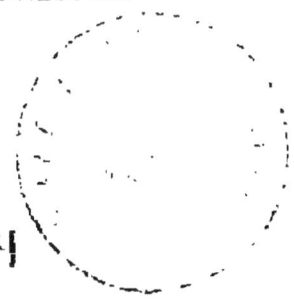

PARIS.

LOUIS ROSIER, ÉDITEUR.

1834

RÉPERTOIRE GÉNÉRAL

DES

CAUSES CÉLÈBRES.

ROLAND (Madame).

MARIE-JEANNE PHILIPON naquit à Paris, en 1754, d'un graveur habile, dont l'excessive dissipation avait presque entièrement détruit la fortune. Elevée au sein des beaux-arts, le germe des talens se développa de bonne heure en elle. Quoique encore dans l'enfance, le besoin de s'instruire la possédait tellement, que le hasard ayant fait tomber sous sa main un traité de l'art héraldique, elle abandonna tous les jeux de son âge pour se livrer avec assiduité à cette étude. Le goût qu'elle avait pour les lectures sérieuses lui fit trouver un grand charme dans celle des *Hommes illustres* de Plutarque, qu'elle voulut analyser : elle avait alors 9 ans. « C'est de cette époque, dit-elle dans ses mémoires, que datent les impressions et les idées qui me ren-

daient républicaine sans que je songeasse à le devenir. »

Dès sa plus tendre jeunesse, Marie montra la
fierté de caractère qu'elle devait déployer dans
toutes ses actions, et au terme même de sa vie. La
crainte, les menaces, quelles qu'elles fussent, ne
pouvaient rien sur elle, lorsqu'elle était persuadée
que la raison et le droit étaient de son côté.

A peine au sortir de l'enfance, des idées religieuses
s'emparant de son esprit, elle supplia ses parens de
la mettre au couvent, et entra chez les dames de
la Congrégation du faubourg Saint-Marcel. La
tournure de son esprit et l'élégance de ses expressions la firent autant remarquer que les grâces de
sa personne au milieu de ses jeunes compagnes dont
elle captiva promptement l'affection. Rentrée dans
sa famille, elle conserva toujours des relations avec
celles dont elle avait partagé pendant quelque temps
les jeux et les études, et l'on attribua à la correspondance suivie qu'elle eut avec une d'elles le goût
et la facilité qu'on retrouve dans les écrits qu'elle a
laissés.

Douée d'une imagination vive, d'une âme ar-
dente, son caractère et ses idées prirent une direction particulière qui pouvait seule la dédommager
des plaisirs et des jouissances dont sa naissance et
sa fortune la privaient. Placée dans un rang plus
élevé et plus brillant, peut-être se fût-elle contentée
d'être une femme aimable ; mais peu satisfaite de
la sphère resserrée où le sort l'avait jetée, elle voulut chercher des moyens d'élévation dans les sen-

timens de son âme et les facultés brillantes de son esprit.

La jeune ambitieuse étudia avec ardeur les principes de la physique et des mathématiques, médita les ouvrages de Bossuet, perfectionna les heureuses dispositions qu'elle tenait de la nature pour la musique et la peinture, et acquit un talent remarquable dans ces deux arts. Ces travaux ne lui firent cependant jamais dédaigner les simples occupations de son sexe, et elle ne cessa point de partager avec sa mère les soins et la surveillance des détails d'un ménage. La mort de cette mère tendrement aimée vint lui causer la première impression de douleur et la plus forte qu'elle ait jamais ressentie. Sa peine fut si vive qu'elle la conduisit en peu de jours aux portes du tombeau, et ce ne fut qu'au bout de plus de deux mois de souffrances qu'on espéra l'arracher à la mort. Elle avait alors 21 ans. La lecture de la *Nouvelle Héloïse*, qui lui fut offerte pour apporter quelque diversion à sa profonde mélancolie, la détourna d'abord de la pensée fixe qui absorbait toutes ses facultés. Peu à peu elle reprit ses occupations, retrouva sa tranquillité, et chercha de nouveau dans l'étude une distraction à ses regrets et aux peines continuelles que la folle dissipation à laquelle son père était livré lui faisait éprouver.

En 1780, Roland, alors inspecteur des manufactures, enchanté de son esprit, lui adressa ses *Lettres sur l'Italie*, et lui offrit de s'associer à son sort. La solidité du jugement de la jeune Philipon lui fit donner un prompt consentement à une union fondée sur l'estime et la plus sincère affection. Elle accorda à Roland une préférence dont l'extrême disproportion de leur âge avait laissé peu d'espoir à celui-ci : ce qui prouve l'excellence de son tact, c'est qu'elle n'eut jamais à se repentir de son choix.

Madame Roland passa la première année de son union à Paris, où son mari employa la plus grande partie de ses momens à en faire son copiste et son correcteur, fonctions peu agréables pour celle dont l'esprit avait pris depuis longtemps un assez grand essor, mais que la jeune femme remplit avec une condescendance qui augmenta l'attachement que lui portait déjà son mari.

L'année suivante, elle suivit son mari à Amiens, où elle s'occupa avec succès de la botanique, et composa un herbier des plantes de la Picardie. Peu après elle l'accompagna en Angleterre et en Suisse. Les différentes connaissances qu'elle acquit dans ces voyages fortifièrent ses premiers penchans, et mûrirent entièrement ses idées, qui dès-lors se portèrent exclusivement vers la politique. L'analyse des gouvernemens d'Angleterre et de Suisse, l'esprit qui régnait dans ces deux Etats, avait frappé d'étonnement la jeune philosophe, et ses graves et profondes réflexions sur ce sujet, la convainquirent que le gouvernement républicain était le plus haut degré auquel la perfection humaine pût atteindre.

Lorsque la .révolution éclata, madame Roland

habitait Lyon. Elle l'embrassa avec ardeur, comme
un acheminement aux rêves de son imagination.
S'élançant tout-à-fait dans l'arène politique, elle
participa à la rédaction du *Courrier de Lyon*, dans
lequel son mari écrivait également. Ce fut elle-
même qui rédigea la description de la fédération
lyonnaise du 30 mai 1790. Elle en rendit les détails tellement intéressans, et avec une telle énergie, que ce numéro se vendit à plus de 60,000
exemplaires.

Ce fut dans cette circonstance que Roland fut
nommé député à l'assemblée dite constituante par
le corps municipal de Lyon. Madame Roland accompagna son mari à Paris, où tous deux se fixè-
rent.

La session de l'assemblée législative venait de
commencer. La maison de Roland devint le lieu
de réunion des membres les plus distingués du
parti contre la cour.

Madame Roland, l'âme des graves discussions
qui se suivaient chez elle, était liée particulièrement avec Brissot et les députés de la Gironde,
et la plus grande partie des discours que ces
véritables amis prononcèrent dans l'assemblée,
furent concertés et médités dans les réunions qui
se tenaient chez cette femme peu ordinaire, qui,
aux capacités et à l'énergie d'un autre sexe, joi-
gnait également les grâces et les charmes du sien.

Le charme irrésistible qu'exerçait l'esprit de
madame Roland sur toutes les personnes qui l'ap-
prochaient, et principalement sur les personnages

influens de la révolution, contribua beaucoup à la
nomination de son mari au ministère de l'intérieur,
lorsque la cour crut devoir céder à la force des
circonstances, en créant elle-même un ministère
entièrement jacobin. Elle prit une part active aux
travaux politiques du nouveau ministre ; et lorsque, moins de trois mois après son entrée au ministère, Roland reçut sa démission, le 12 juin
1792, ce fut sa femme qui rédigea en partie et
décida son mari à écrire à Louis XVI cette lettre
dont l'effet fut si universel, et dans laquelle Roland,
ministre choisi par un roi, exprimait hautement
les sentimens les plus républicains.

Jusqu'alors, madame Roland avait renfermé
l'exaltation de son caractère dans le cercle de ses
amis intimes. Le trône abattu, on rappela Roland
au ministère. Ce fut pendant cette seconde administration que madame Roland se fit le plus remarquer. Si dans les simples rapports de la société elle continuait à n'être qu'une femme gracieuse et spirituelle, dès qu'il s'agissait de discuter
les graves questions de l'intérêt public, elle déve-
loppait ses pensées avec une énergie de conviction
qui séduisait, qui amenait involontairement à ses
opinions.

Cependant, si le rôle que jouait madame Roland
était chaque jour plus élevé, il devenait aussi plus
dangereux pour elle. Les événemens, qui se succé-
daient rapidement, prenaient une tournure effrayante : les vrais amis de leur pays étaient me-
nacés dans leur liberté et dans leur existence.

Le 7 décembre, madame Roland se trouva compromise dans une dénonciation calomnieuse, faite par un nommé Achille Viard. Elle se rendit à la barre de la convention nationale pour y donner des éclaircissemens, et s'exprima avec tant d'aisance et de noblesse, que ses ennemis les plus déclarés furent séduits par le charme de son éloquence persuasive, et contraints au silence. Elle eut les honneurs de cette séance : ce fut son dernier triomphe.

Convaincue bientôt de la faiblesse de son parti, madame Roland engagea son mari à remettre le portefeuille, et eut peu de peine à le faire consentir à ses vues. Républicain prononcé, n'aimant ni n'estimant la personne et le caractère de Louis XVI, Roland ne s'en était pas moins opposé à la condamnation de ce faible monarque, la jugeant impolitique et dangereuse pour la nation. Cette conduite l'exposa à de vives persécutions. Frappé d'un décret d'arrestation, il ne chercha à s'y soustraire que pour céder aux inquiétudes de sa femme. Elle aurait pu le suivre, mais satisfaite d'avoir sauvé la vie à son mari, elle voulut assumer sur sa tête seule la haine qui les poursuivait. Elle repoussa les pressantes instances de ses amis. « Le soin de me « soustraire à l'injustice me coûte plus, disait-elle, « que de la subir. » Se dévouant volontairement, ou se plaisant à braver le péril, elle se présenta une seconde fois à la barre de la convention. Elle n'y trouva plus les sentimens qui l'avaient accueillie lors de sa première accusation; elle ne put même

parvenir à se faire entendre; et quoique la section
de Beaurepaire, dans laquelle elle était domiciliée,
l'eût prise sous sa protection, elle fut arrêtée quelques jours après sur un ordre donné par le conseil-
général de la commune révolutionnaire. Conduite
dans les prisons de l'Abbaye, elle n'y resta que peu
de jours. Un administrateur vint lui annoncer
qu'elle était libre. Cet élargissement n'était qu'une
perfidie. A peine de retour dans sa maison, elle y
fut arrêtée de nouveau, et enfermée à Sainte-Pélagie, malgré les réclamations des commissaires
de la section. Elle prévit sur-le-champ le sort qui
lui était réservé, et ne plaça de faibles secours d'espérance que dans le prompt triomphe de la cause
pour laquelle elle allait être immolée. Madame Roland pouvait encore se soustraire à la mort, en accep-
tant les secours que lui offraient des amis dévoués.
Cette âme toute romaine refusa leurs offres.
« Non, leur dit-elle, en fuyant mes bourreaux, je
« réveillerais la fureur des ennemis de mon mari.
« Je resterai ici; c'est ma résolution. »

Duperret, resté à la Convention, servait d'in-
termédiaire à madame Roland; il recevait pour
elle des lettres de Brissot et de Barbaroux, et leur
transmettait les réponses de cette femme coura-
geuse qui, entourée de l'appareil de la mort, n'en
conservait pas moins un calme inaltérable, oubliant les dangers qui la menaçaient, pour ne
s'occuper que de ceux qui entouraient ses amis.
Cette illusion dura peu : la perte des Girondins
vint lui porter un coup terrible.

A cette époque, et durant les cinq mois de sa captivité, madame Roland rédigea ses mémoires, dans lesquels elle se peignit tout entière, et invoqua la justice de la postérité, ne pouvant compter sur celle de ses contemporains.

Appelée en témoignage dans le procès des députés de la Gironde, elle assista seulement à la lecture de l'acte d'accusation : on ne l'entendit point aux débats. Elle l'avait espéré pourtant, et s'était réjouie de pouvoir les avouer pour ses amis en présence de leurs bourreaux, et de les accompagner à la mort. Cinq jours s'écoulèrent sans qu'aucune nouvelle de ces malheureux parvînt jusqu'à elle. Ce ne fut que le 31 octobre 1793, lorsque l'on vint la chercher à Sainte-Pélagie pour la transférer à la Conciergerie, qu'elle apprit qu'ils avaient cessé d'exister depuis quelques heures.

Traitée comme la plus vile des criminelles, on la jetta dans un cachot infect ; on la fit coucher sans draps, sans couverture, sur un mauvais lit qu'elle tenait de la pitié d'un prisonnier. — Le lendemain, 1er novembre, l'accusateur-public Fouquier-Tinville l'interrogea. Cet agent du pouvoir dominant oublia les égards dus à son sexe et à ses malheurs ; il la traita avec tant de dureté qu'il excita son indignation, et lui arracha même des larmes. L'énergie de cette âme républicaine, força néanmoins au silence cet homme épouvantable, lequel, reprenant bientôt toute son arrogance habituelle, s'écria en fureur : « Avec une

« telle bavarde nous n'en finirons jamais : l'inter-
« rogatoire est clos. » Un sourire de dédain fut la
seule réponse de madame Roland. Au moment de
se retirer, elle se retourna vers ses interrogateurs
et les regardant d'un air riant, elle leur adressa
ces paroles : « Je vous souhaite, pour le mal que
« vous me voulez, une paix égale à celle que je
« conserve, quel que soit le prix qui puisse y être
« attaché. »

Forcée de se choisir un défenseur, elle avait
désigné Chauveau-Lagarde. Quand il se présenta
pour se concerter avec elle, elle l'accueillit gra-
cieusement, l'écouta d'un air tranquille, puis
avec une émotion qu'elle cherchait à réprimer,
elle tira un anneau de son doigt et le lui présenta
en lui disant : « Ne venez pas demain au tribunal,
« ce serait vous perdre sans me sauver ; acceptez
« le seul gage que ma reconnaissance puisse vous
« offrir : demain je n'existerai plus. »

Et en effet le lendemain 18 brumaire (8 novembre), on l'appela au tribunal pour lui faire entendre sa condamnation à mort, comme complice
des crimes attribués aux Girondins. Elle s'était vêtue d'une robe blanche, drapée avec soin, ses longs
cheveux noirs flottaient épars jusque sur sa ceinture.
Sans être belle, elle avait une figure douce, naïve,
et dont l'expression était irrésistible. Ses grands
yeux noirs animaient constamment sa physionomie
peu régulière, qu'une teinte de mélancolie rendait
encore dans ce moment plus intéressante. Madame Roland fut condamnée à mort sans avoir pu

se faire écouter. Quelques hommes obscurs, vendus, servirent de témoins, et ne rappelèrent dans leurs dépositions que des calomnies vagues, sans vraisemblance, mais susceptibles de réagir sur l'esprit d'un auditoire prévenu et ignorant.

Elle entendit son arrêt avec une espèce d'enthousiasme, et jusqu'au moment où elle marcha au supplice, elle excita l'admiration et la plus profonde émotion chez tous ceux qui l'approchèrent.

A peine quelques heures étaient-elles écoulées que la fatale charrette vint chercher à la Conciergerie la nouvelle victime que le fer révolutionnaire allait moissonner. Pendant le trajet de la prison à la place de la Révolution, madame Roland, oubliant sa position, ne s'occupa que d'un compagnon d'infortune destiné comme elle à la mort. Le malheureux Lamarche, ancien directeur de la fabrication des assignats, gisait dans la même charette qu'elle; il était abattu et tremblant.

L'héroïque madame Roland chercha par son éloquence persuasive à ramener son courage : « Eh « quoi! lui disait-elle, est-ce à moi à vous inspi- « rer du courage? Oubliez-vous que vous êtes « homme? et ne serait-ce pas plutôt à vous à m'en « donner? Qu'est-ce donc que la mort? qu'a- « t-elle de si effrayant? Reprenez vos forces, ne « réjouissez pas ceux qui vous observent par le « spectacle de votre faiblesse. » C'est par de tels discours que madame Roland parvint à ramener quelque courage dans l'âme du faible Lamarche;

deux fois même elle lui arracha un sourire par
quelques plaisanteries fines et dites sans aucune
affectation.

Arrivée au pied de l'échafaud, madame Roland
sembla recevoir une nouvelle énergie du spectacle
qui s'offrait à ses yeux. S'adressant à l'exécuteur :
« Faites monter monsieur le premier ; je me crois
« plus de force pour supporter ce spectacle. »
L'exécuteur semblait hésiter : « Je vous en con-
« jure, ajouta-t-elle avec cette expression indéfi-
« nissable qui lui était naturelle ; vous ne refuserez
« pas d'accorder à une femme ce qu'elle demande
« à ses dernières prières. » Son désir fut rempli.
Montée à son tour sur l'échafaud, elle parcourut
d'un regard tranquille la multitude qui l'entourait,
puis fixant les yeux sur une statue de la Liberté,
placée sur le piédestal de la statue renversée de
Louis XV, elle s'écria d'une voix forte pendant
qu'on l'attachait à la planche fatale : « O Liberté,
» que de crimes on commet en ton nom ! »

Aucune femme n'a porté aussi loin la pureté des
mœurs et les simples vertus domestiques. Son
esprit, la variété de ses connaissances, lui firent
de nombreux admirateurs, et les qualités de son
âme, des amis de tous ceux qui la connurent.

Madame Roland avait annoncé en mourant que
sa mort entraînerait celle de son mari : elle ne
s'était pas trompée. Cet homme estimable, en
apprenant le supplice de sa femme, résolut de ne
pas lui survivre, ne voulant pas compromettre
les amis qui lui avaient donné un asyle près de

Rouen, il les quitta furtivement, le 16 novembre à 6 heures du soir, suivit la route de Paris jusqu'au Bourg-Baudouin, et s'asseyant contre un arbre, il se perça d'une canne à épée dont il s'était muni. Le matin, on le trouva dans la même attitude, et semblant plongé dans un profond sommeil.

On a reproché à mad. Roland d'avoir, en livrant volontairement sa tête à l'échafaud, oublié ce qu'elle devait à son mari et à sa fille. Qui oserait nier ce que le sentiment républicain peut causer d'exaltation et d'abnégation de soi-même? Des écrivains, étrangers à l'élévation d'âme de cette femme célèbre, ont prétendu que le sacrifice de sa vie devait être attribué à la mort d'un des girondins pour lequel elle avait senti un de ces penchans irrésistibles qui font tout l'avenir d'un cœur enthousiaste; penchant qui, pour être secret, n'en est pas moins impérieux et dominateur. Ils n'ont appuyé leur opinion d'aucune preuve; aussi la rapportons-nous sans y croire, et seulement pour démontrer que nous ne mettons aucune borne à notre impartialité.

Au surplus, voici ce qu'en a écrit Fabre de l'Aude (*Memoires d'un Pair de France*, t. 2, p. 274): « Le vice l'indignait; *elle avait été toujours pure* et elle se révoltait à la vue de l'immoralité de la haute société... *Cette sévérité de principes et de mœurs*, la croyance où elle était qu'il fallait, pour le bonheur public, se soustraire à toutes les séductions de l'ancien régime, ont fourni des armes contre elle; mais qui oserait outrager sa mémoire, lorsque l'on a vu son courage, sa grandeur d'âme, sa résignation en face de la mort? Quel cœur n'a point palpité, quel œil s'est trouvé sans larmes à la lecture de ses mémoires écrits en présence du supplice, empreints du feu du génie et de tout le parfum de la vertu? »

BAILLY (Jean-Sylvain).

Jean-Sylvain Bailly, fils de Jacques Bailly, peintre et garde des tableaux du roi, naquit à Paris le 15 septembre 1736.

La vie de cet homme célèbre sous tant de rapports, présente deux parties distinctes : l'une, consacrée entièrement à l'étude des sciences et des lettres, fut paisible, heureuse; l'autre, livrée aux affaires publiques, fut continuellement agitée, troublée, et n'eut de terme que l'échafaud.

Bailly avait, avant la révolution, le titre de garde honoraire des tableaux du roi. Destiné dès sa jeunesse à la carrière tout artiste des peintres, ses dispositions naturelles le portaient aux études sérieuses des lettres et des sciences. Une circonstance imprévue, en changeant le cours de ses occupations, fixa son avenir. Le hasard lui ayant fait rencontrer l'abbé de Lacaille, célèbre astronome, l'enthousiasme avec lequel cet homme instruit parlait de la science à laquelle il sacrifiait tous ses momens, inspira à Bailly le goût le plus vif pour l'astronomie. Digne émule de ce savant, dont les conseils, les leçons et l'amitié le dirigèrent dans ses premiers travaux, Bailly se livra avec une telle ardeur à ses nouvelles études, qu'en 1762 il présenta à l'Aca-

démie des sciences un mémoire dans lequel il
avait recueilli un grand nombre d'observations
utiles. Sa réputation grandit, et lorsqu'en 1763,
l'abbé de Lacaille vint à mourir, il lui succéda dans
cette académie.

Malgré le goût prononcé de Bailly pour l'astronomie, il ne cessa pas cependant de s'occuper de
littérature. Il publia successivement divers ouvrages
qui lui acquirent une juste renommée. Au nombre
de ses compositions, on doit remarquer l'*Histoire
de l'Astronomie*, dont il publia le premier volume
en 1775. L'élégance et la correction du style de
cet ouvrage, la chaleur avec laquelle l'auteur avait
traité ce sujet lui obtinrent un succès général parmi
les savans; une discussion qui s'éleva entre lui et
Voltaire acheva de le rendre encore plus universel
et plus brillant. Ce fut à la suite de cette longue
discussion que Bailly, dans le dessein de l'éclaircir,
publia ses *Lettres sur l'origine des sciences et sur
l'Atlantide de Platon*.

L'histoire de l'astronomie moderne ouvrit à
Bailly les portes de l'Académie française, où il fut
reçu en 1784; l'année suivante, celle des inscrip-
tions l'admit dans son sein. Le caractère personnel de Bailly, ses travaux nombreux, et l'avantage qu'il avait d'appartenir aux trois premiers
corps savans et littéraires de la France (avantage
que Fontenelle seul avait obtenu avant lui), l'en-
vironnèrent de la considération universelle.

Parvenu à l'âge de cinquante ans, possédant
l'estime de tous ses concitoyens, Bailly vit tout à

coup à sa vie heureuse et paisible succéder une vie de fatigue et de peine, qui, en répandant momentanément sur lui un nouvel éclat, appela sur sa tête les infortunes dont il devint la victime.

Nommé, en 1789, par les électeurs de Paris, premier député du tiers-état aux états-généraux, il eut l'honneur, peu de temps après, de présider la chambre du tiers. Lorsque cette chambre se constitua en assemblée nationale, et que les deux premiers ordres eurent opéré leur réunion à celle-ci, Bailly conserva le fauteuil; ce qui le fit considérer comme le premier des présidens de cette première de nos assemblées nationales.

Lancé dans une carrière qui convenait si peu à son caractère bon et droit, et au genre d'études qu'il avait suivi jusqu'alors, Bailly rédigea vers cette époque un projet de constitution qui laissait dans les mains du roi toute la puissance souveraine, sous la promesse de réformer quelques abus. Cette constitution, où Bailly avait montré la bonté de son âme, prouvait qu'il était loin de conspirer *contre le trône et l'autel*, ainsi qu'on l'en accusa, et combien il était de bonne foi dans ses opinions politiques.

La diversité des partis a fait considérer sous un aspect différent cette célèbre séance tenue au jeu de paume le 20 juin 1789, et dans laquelle Bailly joua un rôle si remarquable.

Le 20 juin, le public s'était porté en foule à la salle de l'Assemblée nationale pour assister à la séance de ce jour, qui devait voir la réunion de la, majorité des membres du clergé au tiers. L'attente générale fut déçue : des héraults d'armes parcourant toutes les rues, publièrent la proclamation suivante :

« Le roi ayant résolu de tenir une séance royale aux états-généraux lundi 22 juin, les préparatifs à faire dans les trois salles qui servent aux assemblées des ordres, exigent que ces assemblées soient suspendues jusqu'après la tenue de ladite séance. Sa Majesté fera connaître par une nouvelle proclamation l'heure à laquelle elle se rendra lundi à l'assemblée des états. »

Un détachement des gardes-françaises s'empara de l'hôtel des états.

Vers neuf heures, lorsque Bailly, président de l'assemblée, et les deux secrétaires se présentèrent à la porte principale, l'entrée leur en fut refusée, ainsi qu'à un grand nombre de députés.

Sur la demande du président, le comte de Vertan, officier de garde, se présenta, et annonça qu'il avait reçu l'ordre exprès d'empêcher l'entrée de la salle, à cause des préparatifs qui s'y faisaient pour une séance royale.

Bailly, justement indigné de ce refus, lui répondit que « la nation assemblée n'avait pas d'ordres à recevoir. » Il lui déclara avec fermeté qu'il protestait contre l'empêchement mis à l'ouverture de la séance annoncée la veille, et qu'il la déclarait tenante.

Les ordres qu'avait reçus le comte de Vertan étaient impérieux. Il annonça de nouveau l'intention de les exécuter, ajoutant néanmoins qu'il était autorisé à laisser entrer les membres du bureau, pour prendre les papiers dont ils pouvaient avoir besoin. Le président et les secrétaires, entrant aussitôt, virent que la plus grande partie des bancs était enlevée, et que toutes les avenues de la salle étaient gardées par des soldats.

Les députés se plaignirent vivement de cet attentat à leurs droits. Les uns, pénétrés de douleur, prévoyaient la dissolution prochaine des Etats; les autres, mécontens de cette atteinte à la majesté de la nation, se prononçaient contre ce coup de l'autorité, dont les règnes les plus oppressifs n'avaient jamais fourni d'exemple.

Rassemblés dans l'avenue de Versailles, les députés se communiquaient leurs réflexions, leurs craintes, et se demandaient réciproquement quelle marche ils devaient suivre dans de telles conjonctures. L'agitation la plus grande régnait parmi eux. « Allons à Marly! s'écriaient les uns. Allons au « pied même du château tenir notre séance; que « nos ennemis tremblent; et faisons descendre « dans leurs cœurs l'effroi dont ils ont rempli le « nôtre! »

« Eh quoi! s'écriaient les autres, veut-on dis- « soudre les Etats? Le gouvernement veut-il « plonger la patrie dans les horreurs de la guerre « civile? »

Au milieu de ces hommes dévoués au bonheur de leur pays, des voyageurs, étonnés, s'arrêtaient pour contempler ce spectacle nouveau; et le peuple, s'amassant en foule, exprimait des sentimens hardis en toute liberté.

Les opinions étaient partagées. Quelques-uns voulaient s'assembler sur la place d'armes. C'est là, disaient-ils, que nous tiendrons notre champ-de-mai. D'autres voulaient se réunir dans la galerie attenante à la salle dont l'entrée leur était refusée, et y parler le langage de la liberté. Ces diverses motions, accueillies et rejetées tour à tour, furent suspendues lorsque l'on annonça aux députés que Bailly, après être entré dans la salle avec les deux commissaires et vingt députés, pour y enlever les papiers que l'on y avait laissés la veille, s'était ensuite transporté au jeu de paume, rue Saint-François, et qu'il y avait fixé le lieu des séances.

Les députés se rendirent avec empressement à l'appel de Bailly.

Le président Bailly, après avoir rendu compte des faits qui avaient nécessité la démarche qu'il venait de faire, communiqua à l'assemblée deux lettres qu'il avait reçues le matin du marquis de Brezé, grand-maître des cérémonies, à l'effet de l'instruire de la décision que le roi avait prise de tenir le 22 une séance royale, et de suspendre jusqu'à ce moment les assemblées des députés.

Bailly, après avoir également communiqué la réponse qu'il avait cru devoir faire au marquis de Brézé, fit sentir aux députés la position affligeante où se trouvait l'assemblée, et proposa de mettre en délibération le parti qu'il fallait prendre dans un moment aussi orageux.

Mounier présenta son opinion appuyée par Target, Chapelier et Barnave. Dans cette opinion énergique, Mounier dit que puisque les représentans se voyaient obligés de se réunir au jeu de paume pour ne point interrompre leurs travaux, il était nécessaire qu'un serment solennel les liât au salut public et aux intérêts de la patrie.

Cette proposition ayant été approuvée unanimement, l'assemblée arrêta qu'appelée à fixer la constitution du royaume, à opérer la régénération de l'ordre public, et à maintenir les vrais principes de la monarchie, rien ne pouvait empêcher qu'elle ne continuât ses délibérations dans quelque lieu qu'elle fût forcée de s'établir, et qu'enfin partout où ses membres seraient réunis, là serait l'assemblée nationale.

L'assemblée arrêta en outre que tous ses membres prêteraient à l'instant le serment solennel de ne jamais se séparer, et de se rassembler partout où les circonstances l'exigeraient, jusqu'à ce que la constitution du royaume fût établie et affermie sur des fondemens solides, et que ledit serment étant prêté, tous les membres, et chacun en particulier, confirmeraient par leur signature cette résolution inébranlable.

Bailly réclama pour les secrétaires et pour lui l'honneur de prêter le serment les premiers; ce qu'ils firent à l'instant dans la formule suivante :

« Nous jurons de ne jamais nous séparer de l'assemblée nationale, et de nous réunir partout où les circonstances l'exigeront, jusqu'à ce que la constitution du royaume soit établie et affermie sur des fondemens solides. »

Tous les membres prêtèrent le même serment entre les mains du président.

La sympathie des députés se manifesta par de nombreux applaudissemens.

Tels furent les résultats de cette séance mémorable, envisagée si diversement, et que l'on jugea comme une des premières étincelles de l'embrasement total qui éclata peu après dans tout le royaume : une inébranlable fermeté de la part des véritables représentans de la nation, une résistance audacieuse à l'oppression de quelques ministres et de quelques privilégiés, pouvaient seules sauver le peuple français du joug qu'on tentait d'appesantir de nouveau sur lui.

Nommé maire de Paris le 16 juillet 1789, Bailly apporta dans sa fonction les vertus qui lui avaient concilié l'estime de ses concitoyens ; mais ces vertus recommandables, ce dévouement absolu au bonheur public qui dirigeait toutes les actions de l'estimable Bailly, ne suffisaient point pour obtenir la confiance du peuple, qui accusait d'impopularité quiconque ne partageait pas son exaltation.

Choisi pour être un des juges de Foulon, de ce vieil intendant qui avait dit en parlant des citoyens nécessiteux : «Eh bien! si cette canaille n'a pas de pain, qu'elle mange du foin. » Il tenta vainement ainsi que son collègue Lafayette, de le soustraire à la mort. Foulon et son gendre Berthier expirèrent sous les coups d'une multitude exaspérée. Lafayette

voulut presque aussitôt donner sa démission de
commandant de la garde parisienne. Quant à
Bailly, ces premiers actes de barbarie lui causèrent
un chagrin qu'il ne dissimula point à ses amis,
mais dont il sentit la nécessité de cacher l'existence à la multitude soupçonneuse.

Quand Louis XVI vint à l'hôtel-de-ville le 17
juillet, Bailly adressa au roi un discours rempli
d'expressions de dévouement à la famille royale.
On lui a fait un crime de cette phrase de son discours : « Sire, j'apporte à votre Majesté les clefs
« de sa bonne ville de Paris : ce sont les mêmes
« qui ont été présentées à Henri IV. Il avait recon-
« quis son peuple; ici le peuple a reconquis son
« roi. »

Partisan d'une liberté régulière, ami de la paix,
homme intègre, mais jugeant les hommes sur
l'analyse qu'il avait faite du cœur humain d'après
le sien, il ne se méfiait point assez de la malveil-
lance qui s'élevait déjà contre lui. Cependant les
témoignages de la faveur populaire qui lui don-
naient peut-être trop de confiance dans son ascendant personnel, ne laissaient pas de l'épouvanter
quelquefois, lorsqu'en réfléchissant sur l'incons-
tance de cette faveur, il prévoyait déjà son sort.

Malgré les efforts de Bailly et de Necker pour
l'approvisionnement de la capitale, la difficulté
des transports, les pillages exercés sur les routes,
occasionnaient une disette de farines, qui devait faire redouter quelque mouvement parmi
le peuple prévenu contre toute autorité. On par-

lait du prochain départ du roi pour Metz, de la nécessité d'aller le chercher à Versailles. Les attroupemens redoublèrent, malgré les mesures de rigueur employées pour les dissiper.

Une députation alla prier Bailly de se rendre à l'hôtel-de-ville, envahi déjà par la multitude. Bailly chercha vainement à calmer le peuple qui ne répondait à ses exhortations que par ces mots : du pain! à Versailles!

Les Parisiens se rendirent à Versailles, et ramenèrent à Paris le roi et sa famille. (*Voyez* Journées des 5 et 6 octobre 1789, 2e série, tome 1er, page 103).

Attaché aux principes d'une philosophie douce et conciliatrice, quelle influence put donc déterminer Bailly à déployer la sévérité qu'il montra, le 17 juillet 1791, contre les citoyens réunis au Champ-de-Mars? Le départ du roi et de la famille royale, et leur arrestation à Varennes, avaient excité les esprits, et semblaient motiver une pensée de déchéance. Une foule immense de citoyens, sous l'inspiration de cette pensée, se portèrent au Champ-de-Mars, le dimanche 17 juillet, dans l'intention de signer sur l'autel de la patrie une pétition à l'assemblée nationale, pour lui demander une déclaration de déchéance de Louis XVI, perfide et traître à ses sermens.

Le général La Fayette, averti du sujet de la réunion, se porta au Champ-de-Mars avec la garde nationale. Lafayette, menacé, entendit un coup de feu qu'on dit lui être destiné, et qui ne l'atteignit pas. Les officiers municipaux s'étant unis à lui, Bailly fit déployer le drapeau rouge, et proclama la loi martiale. Les citoyens ne se séparant pas, et une grêle de pierres se joignant aux cris *à bas le drapeau rouge! à bas les baïonnettes!* le commandement de faire feu fut donné.

Bailly, avant de faire exécuter la loi, s'était avancé; et, malgré le tumulte qui allait toujours croissant, malgré plusieurs coups de fusils dirigés, assuraiton, contre lui, il avait tenté de se faire entendre. Désespérant d'y parvenir, et après les trois sommations prescrites, trois décharges de mousqueterie eurent lieu : les deux premières n'étaient que menaçantes, la dernière seule fut meurtrière. La terreur excitée par cette mesure de sévérité dissipa promptement la foule éperdue. Nous devons dire que l'assemblée approuva cet acte de rigueur, qui pouvait seul en imposer aux factieux; mais le peuple cessa dès-lors d'éprouver pour Bailli les sentimens qu'il lui avait témoignés, s'obstinant depuis ce jour à le qualifier, ainsi que Lafayette, du nom d'assassins du Champ-de-Mars.

Le sacrifice que Bailly prétendait avoir fait dans cette circonstance à son devoir, lui coûta le repos. Plus d'une fois il regretta la popularité apparente dont il avait joui pendant deux ans, et qu'il avait considérée comme la plus douce récompense de ses travaux. Après de longs combats, suspect à la famille royale, odieux à la cour, et encore plus au peuple, il prit une résolution forte, devenue indispensable, et donna sa démission le 19 septembre 1792.

Quoique Bailly eût prévu les dangers dont il était menacé, il était loin de pressentir que la perte de la faveur populaire fût un premier pas vers l'échafaud. Cédant donc aux instantes sollicitations du corps municipal, il consentit à rester chargé des affaires jusqu'aux premiers jours de novembre, époque à laquelle il se retira dans une maison de campagne, située dans les environs de Nantes. Il passa paisiblement plusieurs mois dans cette retraite tranquille, se félicitant chaque jour du parti que sa prudence lui avait dictée. Cependant, après les événemens du 10 août, il craignit que son nom, sa réputation, ne le missent point à l'abri des persécutions qu'il redoutait, et il pensa qu'il trouverait plus de protection en se rapprochant du centre du gouvernement.

Déterminé à quitter le séjour qu'il habitait depuis son exil volontaire, Bailly écrivit à Laplace, alors retiré à Melun, pour savoir de lui s'il pouvait, sans crainte, se rendre dans cette ville, et y vivre ignoré.

Ayant pris les informations qu'il croyait nécessaires, Laplace lui répondit qu'il ne voyait aucun inconvénient à ce qu'il se rendît à Melun, et il lui offrit de partager avec lui la maison qu'il habitait. Les renseignemens, les correspondances que nécessitait une résolution entravée par diverses incertitudes, durèrent un espace de temps assez long pendant lequel les événemens se succédèrent avec une rapidité effrayante. Par une fatalité inconcevable, la journée du 31 mai, qui devait éloigner, plus que jamais Bailly de la capitale, et même de la France, le décida au voyage projeté.

De nombreux détachemens de l'armée, dite révolutionnaire, créée au temps des événemens du 31 mai, se répandaient dans tous les départemens. Il en arriva un à Melun à l'époque où Bailly y était attendu. Alarmé d'une circonstance qui lui inspirait, pour lui-même, les plus vives craintes, Laplace écrivit à Bailly pour l'instruire de tout ce qui se passait et l'engager à renoncer au dessein qu'il avait formé de se réunir à lui. Bailly, lors de la réception de cette lettre, avait tout préparé pour son départ ; le jour était fixé. S'abusant sur les dangers que lui faisait entrevoir son ami, son imagination frappée lui en fit voir d'imminens dans un séjour prolongé à Nantes, et ne voulant rien changer à ses dispositions, il se mit en route.

A peine arrivé à Melun, un soldat le reconnut. Son nom, répété avec fureur, devint le signal d'une émeute. Traîné à la municipalité, Bailly y montra ses passeports. Tarbé des Sablans, maire de la ville, employa, pour le soustraire à la rage du peuple, tout ce que le courage et la vertu peuvent inspirer. Mais malgré tous ses efforts, la multitude ameutée s'opposa à l'exécution de l'ordre de mise en liberté. Tout ce qu'on put obtenir de ces hommes acharnés, ce fut que Bailly serait gardé, dans sa propre maison, jusqu'à la réponse du comité de sûreté générale, auquel on allait écrire à l'instant.

La réponse du comité ne tarda point : c'était

un ordre de transférer Bailly à Paris, et de le déposer à la Force, prison dans laquelle il entra au commencement d'octobre, et où il ne resta que peu de jours. Quelques papiers relatifs aux événemens du Champ-de-Mars, trouvés dans les cartons de l'Hôtel-de-Ville, signés de Bailly, devinrent, entre les mains de ses ennemis, des armes contre le malheureux maire, voué dès long-temps à la mort.

Transféré à la Conciergerie, Bailly ne se fit aucune illusion sur le sort qui lui était réservé ; mais il attendit le coup fatal avec un calme extraordinaire.

Appelé comme témoin dans le procès de Marie-Antoinette, Bailly répondit avec fermeté à toutes les questions qu'on lui fit. Interrogé moins en témoin qu'en criminel, chaque demande était une nouvelle accusation dirigée contre lui, et qui tendait à prouver sa complicité avec la reine.

Mis en jugement le 20 brumaire an II (10 novembre 1793), son acte d'accusation portait qu'abusant de la confiance du peuple, il avait employé tous les moyens qui étaient en son pouvoir pour favoriser l'évasion de Louis XVI et de sa famille ; qu'il se proposait de les suivre dans leur fuite, et qu'après l'arrestation de Louis, il avait fait voir une mollesse et une partialité extrême dans le jugement qu'il porta sur cet événement, et sous le point de vue que l'on devait l'envisager ; que son intention était visiblement d'armer les citoyens les uns contre les autres ; que c'était dans cette vue qu'il avait supposé des projets d'insurrection dans les rassemblemens du Champ-de-Mars, et qu'il avait proclamé la loi martiale pour jouir du plaisir barbare de faire égorger ses frères.

A l'interrogatoire de l'audience, on renouvela les questions qui lui avaient été faites lors du procès de la reine ; on lui en adressa quelques autres pour la forme, et l'on procéda ensuite à l'audition des témoins.

Pendant tout le temps des débats, il conserva sa tranquillité habituelle ; sans espoir, il était résigné.

Après deux jours de débats, le jugement fut prononcé. Ce jugement portait qu'attendu qu'il était prouvé qu'il avait existé entre Jean-Sylvain Bailly et Louis Capet, sa femme et autres, un complot tendant à troubler la tranquillité intérieure de l'État, à exciter la guerre civile, en armant les citoyens les uns contre les autres, en portant atteinte à la liberté du peuple, et dont la suite avait été le massacre d'un nombre considérable de citoyens au Champ-de-Mars, le 17 juillet 1791, le tribunal, après avoir entendu l'accusateur public et les témoins, condamnait Jean-Sylvain Bailly à la peine de mort, ordonnait la confiscation de ses biens, sauf les exceptions et distractions prononcées par la loi ; ordonnait, en outre, que le drapeau rouge, déposé à la municipalité serait traîné derrière la voiture jusqu'au lieu de l'exécution, où il serait brûlé par l'exécuteur. Bailly entendit sa condamnation sans laisser paraître la plus légère émotion.

Préparé au supplice, il était loin de prévoir pourtant que la haine environnerait ses derniers momens de tout ce qui pouvait les rendre plus horribles.

L'arrêt reçut son exécution. La multitude environnait la fatale charrette, décorée du funeste drapeau, dans laquelle le stoïque Bailly n'opposait aux cris de reproches que le calme le plus inébranlable. L'échafaud, au lieu d'avoir été élevé sur la place de la Révolution, lieu ordinaire des exécutions, avait été placé au milieu du Champ-de-Mars, vers la rivière, parce que c'était vers ce côté que Bailly était entré le 17 juillet 1791, précédé du drapeau rouge, et qu'il y avait publié la loi martiale. Le temps était froid et pluvieux; le long trajet de la Conciergerie au Champ-de-Mars avait affaibli les forces physiques de Bailly; mais son âme avait conservé toute son énergie; en butte aux injures, Bailly épuisa jusqu'à la lie la coupe amère de la souffrance.

Arrivé au pied de l'échafaud, il vit encore s'éloigner le moment qui devait mettre fin aux douleurs qu'il éprouvait. Les voix de quelques cannibales s'élevèrent pour demander que l'échafaud fût changé de place. On accueillit ce vœu avec empressement : le sang d'un si grand criminel ne devait pas souiller le champ de la fédération. Les exécuteurs obéissant, l'échafaud fut démoli pièce à pièce, et reconstruit à quelque distance hors du Champ-de-Mars, près du rivage de la Seine, sur un tas de fumier, et vis-à-vis de Chaillot, où Bailly avait passé sa vie et composé ses ouvrages.

Pendant ces affreux apprêts, Bailly resta exposé aux outrages. Dépouillé de son habit, il demeura pendant plus de trois heures sous une pluie froide qui glaça ses membres et les agita d'un tremblement convulsif. « Tu trembles, Bailly, lui dit avec ironie un misérable qui le voyait frissonner ; tu as peur, sans doute ? Pour toute réponse, Bailly jeta un regard assuré sur son féroce interrogateur, et lui répondit : — Mon ami, c'est de froid. »

Ces paroles furent les dernières qu'il prononça. Accablé d'outrages, quelques furieux le frappaient de leurs bâtons, le couvraient de boue, lui crachaient au visage... Il succomba enfin, et s'évanouit.

Rappelé à la vie par de nouveaux coups, il fut enfin amené dans la charrette au bas de l'échafaud que l'on achevait de construire ; mais avant de courber sa tête sous le fer homicide, l'infortuné devait encore subir de nouvelles tortures.

Le vêtement qui le couvrait fut brûlé par le drapeau rouge enflammé que l'on promena autour de lui, et que, par un raffinement de cruauté, on fixa long-temps sous son visage. La douleur lui arracha un cri... ce fut le seul. Il demanda que la mort mît enfin un terme à son long supplice. Rassasiés de barbarie, ses persécuteurs exaucèrent sa prière. Arraché de la fatale charrette, il fut amené au pied de l'échafaud : là il recouvra ses forces, monta les degrés d'un pas ferme. Il reçut la mort.

Après la mort de Bailly, sa veuve demeura en proie à la plus affreuse des misères, ne subsistant que des secours accordés par la municipalité. En 1797, Pastoret la fit assimiler aux veuves des députés morts pour la patrie, et lui fit assigner en cette qualité une pension qui ne commença néanmoins à lui être payée qu'après le 18 brumaire. Elle mourut en 1800.

BARRI

(Marie-Jeanne Gomart de Vaubernier, comtesse du).

Cette femme trop célèbre, cette dernière maîtresse en titre de Louis XV, naquit à Vaucouleurs, la patrie de Jeanne d'Arc, le 19 août 1746.

Quelques écrivains ont regardé la comtesse du Barri comme une fille naturelle; d'autres ont prétendu qu'elle était le fruit légitime du mariage de sa mère avec un commis des fermes, nommé Vaubernier; d'autres enfin prétendent qu'elle était la fille d'un frère Picpus, nommé Gomart, dont elle reçut le nom avant d'avoir pris celui de Vaubernier, et d'une couturière appelée Bécu, ou Contigny, laquelle épousa par la suite Vaubernier, commis aux barrières, qui reconnut la petite Gomart pour sa fille.

Un arrêt de la Cour royale de cassation, rendu dans un procès des héritiers de la comtesse du Barri, contre les héritiers du duc de Cossé-Brissac, a décidé la question : la compatriote de la pucelle d'Orléans fut un enfant naturel.

La jeune Marie-Jeanne eut pour parrain Billard Du Monceau, riche financier, que son service avait momentanément appelé à Vaucouleurs, et qui quitta cette ville quelques jours après la cérémonie du baptême.

Il s'écoula plusieurs années, et Du Monceau avait probablement oublié sa filleule, lorsqu'un jour elle lui fut amenée à Paris par madame Vaubernier, qui était veuve, et dans une extrême misère, et qui se flattait de trouver en lui un ami et un protecteur pour la jeune fille. Son espoir ne fut point déçu : Billard Du Monceau procura une place à la mère, et fit entrer la petite Marie-Jeanne dans la communauté de Sainte-Aure, pour y recevoir quelque éducation.

A sa sortie du couvent, où elle semblait promettre tout ce qu'elle tint dans la suite, elle entra en apprentissage chez une marchande de modes, nommée Labille, rue St-Honoré, près de l'Oratoire. C'est là que, sous le nom de Jenny Lancon, qu'elle jugea à propos de prendre, elle se lia avec une célèbre entremetteuse de l'époque, appelée la *Gourdan*. Celle-ci l'emmenait souvent dans sa *petite maison*, où se rendaient une foule de gens de robe, d'épée, de finance et d'église. •

Pendant son séjour chez sa modiste, Jenny Lancon se prit de belle passion pour un certain Nicolas Matthon, apprenti cuisinier et frère d'une pensionnaire du couvent de Sainte-Aure, avec laquelle elle s'était liée d'une amitié toute particulière. Cette intrigue dura peu de temps; plus tard, Jenny Lancon fit la connaissance d'un jeune commis de la marine nommé Duval, qui habitait la même maison. Duval était riche, mais peu généreux : il refusa de faire des sacrifices pour son exigeante maîtresse, qu'il négligea enfin pour une dame de la cour, déjà vieille. La belle délaissée apprit l'infidélité de son amant, par son amant même. Elle lui répondit avec calme « qu'une jeune fille de seize ans avait toujours valu, valait et vaudrait toujours mieux qu'une grosse *coche* de quarante ans, fût-elle issue du sang des Bourbons; qu'elle n'était point embarrassée pour lui donner un successeur, qui était déjà tout trouvé dans la personne du beau Lamet, son coiffeur. »

En effet, celui-ci ne tarda pas à l'installer dans un appartement, sinon somptueux, du moins meublé avec goût; il laissa à sa disposition une somme de mille écus, provenant de ses épargnes, fit des dettes, se ruina complètement, et prit la fuite, pour se soustraire aux poursuites de ses créanciers.

A peine Lamet était-il passé en Angleterre, que Jeanne Vaubernier (elle avait repris son véritable nom) entra en qualité de demoiselle de compagnie chez madame de La Garde, veuve d'un fermier-général. On croit qu'elle dut cette place que le père Ange Gomart, son oncle, avait dans la maison.

Jeanne Vaubernier ne resta pas long-temps auprès de madame de La Garde : une double intrigue qu'elle eut avec les deux fils de cette dame, la fit renvoyer de cette maison. Elle se retira alors chez sa mère qui venait de se remarier, et qui demeurait à cette époque rue de Bourbon. Dans la même rue vivait une marquise Duquesnoi, qui donnait à jouer chez elle, et recevait quelques-unes de ces femmes d'une vertu plus que suspecte. Leur emploi principal était d'amorcer les dupes.

Sous le nom de Lange, mademoiselle Vaubernier ne tarda pas à aller faire les honneurs des salons de la marquise Duquesnoi. Elle y rencontra le comte du Barri, que l'on appelait également le comte Jean, pour le distinguer de son frère Guillaume, qui épousa plus tard Jeanne Vaubernier.

C'était un chevalier d'industrie, vivant aux dépens du jeu et des femmes, et ayant toujours quelque maîtresse dont il savait tirer parti. Il fut frappé des charmes de mademoiselle Lange, et vit au premier coup d'œil tout l'avantage qui pourrait lui en revenir. Il cultiva avec un soin extrême la jeune personne; il lui fit l'énumération des filles qu'il avait avancées dans le monde, l'éblouit par les plus brillantes promesses, et finit par lui proposer de venir demeurer dans son hôtel. Cette proposition fut acceptée avec empressement.

Après une jouissance de huit jours, le comte du Barri, connu aussi sous le nom du Roué, rouvrit sa maison, et présenta sa maîtresse à ses nombreux habitués.

Mademoiselle Lange ne tarda pas à être au plus offrant et dernier enchérisseur. Nous n'entreprendrons point de donner ici la liste des gens illustres et des matadors de la finance, auxquels le comte Jean communiqua un trésor dont il se réservait adroitement la propriété : ce serait nous imposer une tâche trop difficile, et qui n'est pas d'ailleurs du ressort de notre cadre.

Avant de poursuivre notre récit, nous allons esquisser le portrait de la maîtresse du comte Jean. Mademoiselle Lange avait une taille élégante et noble, de grands yeux, une bouche charmante, le regard à la fois vif, tendre et voluptueux, la peau d'une grande blancheur, un joli pied et une magnifique chevelure. Quant à son ton et à ses manières, ils durent nécessairement se ressentir de la société qu'elle vit lorsqu'elle quitta le couvent de Sainte-Aure. Le magasin de modes de madame Labille et la maison de la Gourdan étaient une triste école pour former une jeune fille qui connaissait peu le monde. Qu'en résulta-t-il? que pendant ces premières années Jeanne Vaubernier ne fut regardée que comme une petite grisette, jolie à la vérité, mais sans aucune espèce de tenue. Cependant le salon de madame de La Garde lui imposa un maintien plus décent; mais elle n'en conserva pas moins dans l'esprit un certain dévergondage qui, plus tard, contrasta singulièrement avec la froide et ennuyeuse étiquette de la cour. Elle dut tout son succès à l'audace inséparable de cette sorte d'esprit.

Une prédiction qui lui fut faite, et qui exerça une grande influence sur sa destinée, trouve naturellement ici sa place. Nous la copions sur les *Mémoires de madame Dubarri* (t. I, p. 74 et suivantes).

« Je traversais un jour les Tuileries (c'est

« Jeanne Vaubernier qui parle), lorsque je m'a-
« perçus que j'étais suivie. Celui qui me suivait
« était un jeune homme, et avoit un extérieur
« fort agréable. Il marcha auprès de moi, sans me
« parler, jusqu'à la maison où j'allais rue du Bac.
« Quand j'eus fait ma visite, je sortis, et je retrou-
« vai ce jeune homme qui avait fait sentinelle à
« la porte. Il m'accompagna encore, toujours
« marchant à côté de moi, toujours gardant un
« silence profond, jusqu'à mon logis, en face de
« la rue des Moulins. J'étais vraiment tourmen-
« tée : je me mis à la fenêtre, et je le vis qui se
« promenait dans la rue, en regardant de temps
« en temps la porte de ma maison. Cette ténacité
« me donna de l'inquiétude, et je ne fus pas ras-
« surée le lendemain à ma sortie de voir encore
« apparaître mon garde-du-corps de la veille. Ce-
« pendant je l'examinai ; je persistai à lui recon-
« naître une tournure agréable; sa taille était
« charmante, ses grands yeux noirs pleins de feu,
« sa bouche jolie, tout son air distingué. Seule-
« ment il avait dans la physionomie quelque
« chose de mystérieux et de sombre qui ne me
« plaisait pas. Il était vêtu avec une noble simpli-
« cité : il portait un habit de soie bleu céleste,
« bordé d'un léger galon d'or, des culottes pa-
« reilles, et un gilet paille bordé en argent. Le
« chapeau, l'épée, les boucles, la chaussure,
« tout était de bon goût, plus élégant que
« riche.

« Je regardais mon inconnu, et je me deman-

« dais pourquoi il me suivait ainsi, et, s'il était
« épris de moi, d'où provenait ce silence. Je me
« mourais d'envie d'entrer en conversation avec
« lui. Je m'enfonçai dans les allées les plus soli-
« taires des Tuileries, espérant qu'il m'aborderait
« plus volontiers. Mais point : il me suit, il m'ac-
« compagne jusque chez moi comme une ombre,
« et toujours fidèle à son silence. Il m'était impos-
« sible de vaincre plus long-temps ma curiosité.
« J'avais une femme de chambre, jeune Normande,
« non moins étourdie que moi, et peu s'en fallait
« aussi jolie. Sa vivacité, sa gentillesse, son dé-
« vouement à mon service, me l'avaient rendue
« chère. Elle était au fait de toutes mes affaires,
« et ne reculait jamais quand il s'agissait de m'o-
« bliger. Quand je fus donc rentrée chez moi,
« j'appelai Henriette, et lui montrant mon in-
« connu, je lui témoignai mon désir extrême de
« savoir qui il était et pourquoi il me suivait. —
« Mon Dieu! mademoiselle, me dit Henriette,
« c'est bien facile : il n'y a qu'à le lui demander,
« et, si vous me le permettez, je vais aller tout de
« suite après lui. — Va, Henriette, pars. Et moi
« je regarde à travers les rideaux d'une fenêtre.
« Elle aborde le jeune homme, cause avec lui as-
« sez vivement, lui fait une profonde révérence,
« et le quitte presque en courant. J'allai au devant
« d'Henriette jusqu'à l'antichambre. Quand elle
« rentra : — Eh bien? lui dis-je. — Eh bien! ma-
« dame, c'est un fou ou un homme très-dange-
« reux. — A quoi juges-tu cela? — A ses paroles.

« Il m'a dit qu'il ne vous suivait pas, et qu'il ne
« songeait pas à vous. A quoi bon ces mensonges?
« Ma foi! je me défie de ce jeune homme.

« Me voilà faisant mille conjectures, toutes
« plus ridicules les unes que les autres. Deux
« jours après néanmoins, le temps était superbe;
« quoique la matinée fût un peu fraîche, je résolus
« de sortir. Nous touchions à l'hiver de 1767. Je
« dirigeai encore ma course du côté des Tuileries.
« Je n'ai pas besoin de dire que mon ombre me sui-
« vait toujours. Je me promenais sous les arbres
« qui sont près de la terrasse du bord de l'eau,
« décidée à brusquer une explication : mais l'in-
« connu se tint à une distance respectueuse. Je
« m'acheminais vers les Champs-Élysées, lors-
« qu'un brouillard gris et froid tombe tout à coup,
« et devient en un moment si épais, qu'on ne
« peut plus distinguer un objet à quatre pas. Ce-
« pendant je continuais ma route, non sans un
« peu d'inquiétude, lorsque j'entends quelqu'un
« marcher derrière moi. Effrayée, je me re-
« tourne : je me trouve face à face avec l'inconnu.
« — Monsieur, m'écriai-je, que me voulez-vous?
« Je ne vous ai fait aucun mal. Pourquoi me sui-
« vre? Je parlais, et l'inconnu essayait de sourire,
« et il me prenait la main; et après l'avoir baisée
« avec respect : — Mademoiselle, me dit-il d'un
« ton de voix doux, mais ferme, promettez-moi
« de m'accorder la première grâce raisonnable
« que je vous demanderai quand vous serez reine
« de France.... A ces paroles, je vis bien que j'é-

« tais avec un fou. — Oui, Monsieur, lui répli-
« quai-je aussitôt, je vous accorderai ce que vous
« me demanderez quand je serai reine de France.
« Je n'avais pu m'empêcher de répondre ainsi
« avec un sourire de dédain. Il s'en aperçut.
« — Vous croyez peut-être que je suis fou, me
« dit-il; ayez de moi, je vous prie, une meilleure
« opinion. Adieu, mademoiselle. Il n'y aura rien
« de plus extraordinaire après votre élévation que
« votre fin. L'inconnu prononça ces derniers
« mots d'un air inspiré. Il me salua, s'enfonça
« dans le brouillard et disparut. Depuis lors il
« cessa de me persécuter. Mais, me direz-vous,
« l'avez-vous revu? C'est ce que vous saurez si vous
« continuez à lire mes griffonnages.

« De retour à la maison, la tête toute pleine de
« mon aventure, je ne pus m'empêcher de la
« raconter au comte Jean. — Reine de France !
« me dit-il, voilà qui est singulier. Ce drôle a des
« pensées bizarres; mais enfin on a vu des choses
« plus étonnantes. — Savez-vous, comte Jean,
« que je commence à ne pas moins désespérer de
« votre cerveau que du sien? moi! reine de
« France, allons, y songez-vous? — Reine, non
« pas précisément, mais à peu près... Comme
« madame de Pompadour, par exemple. Cela
« vous paraît-il impossible? — Il y a bien loin du
« roi à moi. — Oui, la distance qui était entre
« lui et la favorite régnante. Qui sait ! un caprice
« peut tout faire, mais comment le provoquer?
« voilà le diable! Au demeurant, votre prophète

« pourra se vanter de m'avoir fait passer des nuits
« blanches. — Et pourquoi ? — Pour aviser aux
« moyens d'accomplir sa prophétie. En ce mo-
« ment entra quelqu'un, et notre conversation en
« resta là.

« Ainsi, mon ami, c'est une prédiction qui a
« inspiré au comte Jean ce projet, qui me sem-
« blait impraticable, et qu'il a réalisé avec tant
« de bonheur. Dès ce moment, il ne songea plus
« qu'à me faire reine à la façon de madame de
« Pompadour. Quant à moi, je lui abandonnai le
« rêve de ma grandeur future, et je continuai à
« dépenser follement une vie, vivant au jour le
« jour, sans craindre de déroger par anticipa-
« tion »

Louis XV n'avait pas eu de maîtresse en titre
depuis la mort de la Pompadour. Les goûts du
monarque se promenaient indistinctement des
dames de la cour aux plus petites bourgeoises, et
même aux grisettes. Son valet de chambre Lebel,
l'homme par excellence, le grand pourvoyeur de
son maître, était continuellement en quête de
quelque nouvelle beauté. Depuis long-temps il
n'était pas heureux dans ses recherches. Rencon-
trant un jour le comte Jean, il lui fit part du peu
de succès de ses courses mystérieuses et de l'embarras dans lequel il se trouvait, car il fallait
toujours du nouveau à sa majesté. « N'est-ce que
« cela, répondit le comte, venez dîner aujourd'hui
« chez moi, et je vous fais voir la plus jolie fille,
« la plus fraîche, la plus séduisante qui se soit

« jamais offerte à vos regards ; un vrai morceau
« de roi. » Lebel accepte la proposition avec
autant de plaisir qu'elle lui avait été faite. Le
comte était enchanté : il se hâta d'aller faire sa
leçon à Jeanne Vaubernier. Ils conviennent entre
eux qu'elle passera pour sa belle sœur près du
roi, et qu'elle prendra le titre de comtesse du
Barri, femme de Guillaume du Barri, frère puîné
du comte Jean. Lebel arrive, et demeure immo-
bile et muet d'admiration à la vue de tant de
charmes ; puis retrouvant la parole, il balbutie
quelques mots qui ne signifiaient pas grand-
chose, mais que la comtesse du Barri voulut bien
prendre pour des compliments... Eh bien ! mon
cher monsieur, lui dit le comte Jean, que vous
semble de cette beauté céleste ? Qu'elle est digne
du trône, répond Lebel en faisant un profond
salut, et en baisant avec une galanterie toute
respectueuse la main de la comtesse ; oui, ajouta-
t-il, vous êtes la plus belle créature que j'aie
jamais rencontrée, et pourtant, nul plus que moi
n'est en position de voir de jolies femmes. — Et
de les faire voir ! ajouta le comte Jean. »

Pendant le dîner on s'expliqua, et les parties
intéressées ne tardèrent point à être d'accord.

A quelques jours de là, la prétendue comtesse
du Barri fut admise en présence du roi ; et après
un souper somptueux, auquel assistèrent le duc
de Richelieu, âgé alors de soixante-douze ans, le
marquis de Chauvelin et le duc de La Vauguyon,
gouverneur des enfans de France, elle passa dans

la couche du prince. Le lendemain, la nouvelle favorite reçut de la part du monarque, une agrafe en diamans de la valeur de soixante mille livres au moins, et des billets de caisse pour une somme de deux cent mille livres.

Louis XV était dans l'ivresse; il crut devoir faire sa maîtresse de celle qui venait de lui révéler des plaisirs jusqu'alors inconnus pour lui. (On n'a point oublié que Jeanne Vaubernier était l'élève de la Gourdan.) Il voulut qu'elle le suivît à Compiègne et à Fontainebleau ; et quoiqu'il mît quelque mystère dans ce commerce amoureux, on sut bientôt à quoi s'en tenir.

Lebel fut effrayé de la passion naissante du roi ; il craignit les suites de son imposture. Afin de les prévenir, il se jeta aux pieds de Louis XV, lui déclara que sa maîtresse n'était rien moins que femme de qualité, et que même elle n'était point mariée. « Tant pis ! répondit le monarque, qu'on la marie promptement, et qu'on me mette ainsi dans l'impossibilité de faire une folie. »

Le comte Jean ne laissa pas tomber le propos du roi : convaincu d'ailleurs que la nouvelle favorite ne pourrait jamais être présentée à la cour si elle n'était pas mariée, il trouva sur-le-champ un moyen de lever cet obstacle. Guillaume du Barri fut l'homme qu'il choisit pour jouer le principal rôle dans cette affaire. Guillaume avait tous les vices de son frère Jean, sans en avoir aucune des qualités. Sot, grossier, joueur, ivrogne et libertin, l'appât des richesses lui fit accepter sans la plus légère répugnance, la proposition de devenir l'époux d'une femme qu'il ne connaissait même pas. Le mariage se célébra secrètement le 1er septembre 1768, à la paroisse Saint-Laurent. La cérémonie terminée, Guillaume du Barri, qui venait de voir pour la première fois celle qui désormais pouvait porter avec sécurité le nom de comtesse du Barri, partit pour Toulouse. Depuis ce moment, l'ambition de la nouvelle famille de la comtesse ne connut plus de bornes.

Homme froid et réfléchi, le comte Jean jugea sainement sa position personnelle et celle de sa belle-sœur : il prit ses mesures en conséquence. D'après les connaissances qu'il avait de l'esprit et du caractère de son ancienne maîtresse, il se détermina à ne pas la perdre de vue, et à la diriger constamment dans un monde tout nouveau pour elle. Il lui dicta son plan de conduite, et parut ensuite abandonner la favorite à elle-même; il s'en éloigna, mais après avoir laissé toutefois auprès d'elle, une demoiselle du Barri, sa sœur, nommée Fanchon. C'était une fille peu jolie, mais assez agréable, et douée de beaucoup d'esprit, de finesse et de malice. Le roi la goûta beaucoup; il la faisait sauter sur ses genoux, et quoiqu'elle ne fût plus de la première jeunesse, il la traitait parfois comme un enfant : il lui avait donné le sobriquet de *Chou*.

Il s'établit ainsi une circulation continuelle du frère à la sœur, et de celle-ci à la comtesse, et de même de la comtesse à mademoiselle du Barri, et

de la sœur au frère. De jeunes confidens, stylés
par le comte, étaient continuellement sur la route
de Versailles, et portaient ses ordres, verbalement
ou par écrit, suivant les circonstances. Les mes-
sagers étaient multipliés au besoin, et la favorite
était par-là dirigée à la minute. Quelquefois elle
faisait de petits voyages à Paris, où, n'ayant pas
de maison, elle logeait chez son beau-frère, et y
puisait des instructions générales qu'il ne s'agissait
plus que d'appliquer à des cas particuliers.

Il était impossible cependant que l'élévation
subite de madame du Barri n'occasionnât pas de
nombreuses tracasseries à la cour; mais elles ne
servirent qu'à rendre la passion du monarque plus
vive, et à assurer le triomphe de la favorite. Jusque-
là tout allait bien; mais lorsqu'il fut question de
la présentation de la comtesse, une opposition
violente se manifesta, et fit chèrement acheter
à celle-ci le triomphe qu'elle remporta sur ses
ennemies.

Le parti le plus formidable que la comtesse du
Barri avait contre elle, était celui des Choiseul. Le
duc de ce nom, ministre tout puissant, était peu
fait, sans doute, pour se mêler d'intrigues in-
dignes de son caractère; mais il avait la faiblesse
de se laisser maîtriser par madame de Gramont
sa sœur, laquelle, selon quelques écrivains de
l'époque, avait non-seulement des prétentions au
poste qu'occupait madame du Barri, mais même
des droits. On prétend qu'elle s'emparait par ruse
de la personne du monarque. Lorsqu'à la suite

d'une orgie royale, Louis XV sortait de table, la tête échauffée, elle l'attendait dans son lit, et lui faisait une sorte de violence.

Dès que madame de Gramont connut la faveur dont jouissait la comtesse du Barri, elle voulut savoir qui elle était. Elle ne borna pas ses recherches dans l'enceinte de Versailles; elle les poussa jusqu'à Paris, où, avec l'aide de Sartines, alors lieutenant de police, elle remonta jusqu'au jour de la naissance de sa rivale. Elle répandit alors une foule de bruits dans le château contre celle dont elle avait juré la perte; elle espérait que tous ces bruits arriveraient jusqu'au roi, et qu'ils le dégoûteraient de son amour. Mais ces menées n'eurent pas l'effet qu'elle en attendait : on ne dégoûte pas un amant en avilissant sa maîtresse; on intéresse, au contraire, son amour-propre à la soutenir. C'est précisément ce qui arriva en cette occasion : l'attachement de Louis XV pour la comtesse du Barri ne fit qu'augmenter, tandis que chaque jour voyait diminuer celui que le monarque avait pour le duc de Choiseul.

Nous ne pouvons résister au désir d'emprunter aux *Mémoires* de madame du Barri (*T. I*er, *p.* 160, 161 *et* 162) l'anecdote suivante. Nous rappelons que c'est la comtesse elle-même qui parle.

« Aussi toutes ces intrigues ne me tracassaient
« guère, et je ne parlai pas à mon conseiller, le
« comte Jean, d'une insulte que me fit madame de
« Gramont dans le parc de Versailles. Je ne la
« redis pas non plus au roi, ne songeant pas en-

« core à mettre la cour sens-dessus-dessous. Je me
« vengeai toute seule, et je crois que je me conduisis
« fort bien dans cette petite aventure. La voici
« en peu de mots :

« J'étais descendue dans le jardin avec Henriette,
« qui me donnait le bras (1); c'était le matin de
« bonne heure; les bosquets paraissaient solitaires.
« Nous nous dirigions du côté de l'Ile-d'Amour,
« lorsque nous entendons le pas de deux personnes
« qui venaient derrière nous. Henriette tourna la
« tête, puis me dit :—Voici mesdames de Brionne et
« de Gramont. Je ne connaissais celle-ci que très-
« imparfaitement, et l'autre pas du tout. Ne soup-
« çonnant pas ce qui allait arriver, j'étais charmée
« de la rencontre. Certainement ces deux dames
« ne se trouvaient point là par l'effet du hasard ;
« elles savaient que je devais y être, et voulaient
« me voir de près. Elles passèrent à côté de nous,
« la tête haute, la mine fière, me regardèrent fixe-
« ment d'un air dédaigneux, rirent avec impoli-
« tesse, et s'éloignèrent. Quoique cette conduite
« me blessât, elle ne me mit point de mauvaise
« humeur : il me semblait naturel que madame de
« Grammont fût irritée contre moi. Henriette eut
« moins de magnanimité. Elle me répéta si sou-
« vent combien il était étrange qu'on insultât ainsi
« une femme honorée des bontés du roi; elle

---

(1) Henriette était, comme on sait, la femme de chambre
de madame du Barri.

« monta si bien mon imagination, qu'au lieu de
« revenir sur mes pas, comme la prudence me
« l'aurait commandé, je me mis à marcher sur
« les traces de ces dames. Je n'allai pas loin pour
« les rejoindre : elles étaient assises sur un banc,
« où elles m'attendaient, selon toute apparence.
« Je passai auprès d'elles, et dans ce moment la
« duchesse de Gramont, élevant la voix, se mit
« à dire : « C'est un métier productif que celui de
« coucher avec tout le monde. » La colère m'en-
« porta, et aussitôt je répliquai : « On ne me re-
« prochera pas, du moins, d'entrer de vive force
« dans le lit de qui que ce soit. » Le coup porta
« directement. Tout le visage de la duchesse
« pâlit, excepté les lèvres qui devinrent bleues.
« Elle allait sans doute répondre quelque sot-
« tise; mais madame de Brionne, plus calme,
« parce que la chose la touchait moins, mit la
« main sur la bouche de sa compagne. A mon tour
« je m'éloignai avec Henriette, en riant aux larmes
« de cette plaisante victoire. »

Ce fut vers cette époque que, fiers des décou-
vertes qu'ils avaient faites sur les antécédens de la
comtesse Du Barri, les Choiseul firent circuler,
dans les *Nouvelles à la main*, des couplets satiriques
et des anecdotes licencieuses sur la favorite. De
cette même fabrique sortit la chanson la *Bourbon-
naise*, que l'on fit chanter dans tout Paris.

Voici un échantillon de ces *Nouvelles à la main*:

3 septembre 1768... « Il a paru à Compiègne

« une comtesse Du Barri qui a fait grand bruit par
« sa figure. On dit qu'elle plaît à la cour, et que le
« roi l'a très-bien accueillie. Sa beauté et cette
« prompte célébrité ont excité les recherches de
« beaucoup de gens. On a voulu remonter à l'ori-
« gine de cette femme, et si l'on en croit tout ce
« que l'on publie, elle est d'une naissance très-
« ignoble ; elle est parvenue par des voies peu
« honnêtes, et toute sa vie est un tissu d'infamies.
« Un certain Du Barri, qui se prétend des Barri-
« more d'Angleterre, et qui l'a fait épouser à son
« frère, est l'instigateur de cette nouvelle maî-
« tresse. On prétend que le goût et l'intelligence
« de cet aventurier, dans les détails des plaisirs,
« le font aspirer à la confiance du roi pour les
« amusemens de sa majesté, et qu'il succédera au
« sieur Lebel en cette partie. »

C'est alors que parut aussi la *Cour du roi Pétaud*,
satire visiblement dirigée autant contre le roi que
contre madame Du Barri. Nul doute que Voltaire
n'ait été encouragé par les Choiseul à publier ce
libelle, auquel le nom de son auteur donna plus
d'importance qu'il n'en méritait.

A la lecture de cette pièce de vers que lui apporta le comte Jean, madame Du Barri versa des
larmes de dépit. Ce fut à cette occasion que le duc
d'Aiguillon, qui était au mieux avec la comtesse,
écrivit la lettre suivante à Voltaire :

        ·   « Monsieur,

« La supériorité de votre génie vous met au

« nombre des puissances de l'Europe. Chacun
« désire non-seulement être en paix avec vous, mais
« encore, s'il se peut, obtenir votre estime. Je me
« flatte d'être compté au nombre de vos admira-
« teurs; mon oncle (1) vous a parlé maintes fois
« de mon attachement pour votre personne, et
« je m'empresse de saisir une occasion qui se pré-
« sente de vous le prouver.

« Des gens, en qui vous avez beaucoup trop de
« confiance, répandent sous votre nom une pièce
« de vers qui a pour titre : *La Cour du roi Pé-*
« *taud.* Dans cette pièce, où est insulté un person-
« nage qu'aucune offense ne peut atteindre , est
« aussi outragée de la manière la plus violente
« une femme charmante que vous adoreriez comme
« nous, si vous aviez le bonheur de la connaître.
« Et c'est vous, Monsieur, qui l'affligez! Est-ce au
« chantre de l'amant de Gabrielle qu'il appartient
« de porter la désolation dans le royaume des
« Grâces?

« Vos correspondans vous servent mal en vous
« laissant ignorer que cette personne jouit ici
« d'un crédit immense, que nous sommes tous
« à ses pieds, qu'elle peut tout ce qu'elle veut, et
« que sa colère est fort à craindre. Elle est d'au-
« tant plus à ménager, qu'hier, devant quelqu'un
« que ces vers avaient fortement irrité contre
« vous, elle a pris votre défense avec autant de

---

(1) Le duc de Richelieu.

« grâce que de générosité. Vous voyez, Monsieur,
« qu'il ne vous convient pas d'être mal avec elle.

« Mon oncle me fait part, comme à un adepte,
« de vos rogatons, comme vous les appelez, les-
« quels sont pour nous des mets délicieux. Je les
« lis à la personne en question, pour laquelle
« c'est un vrai bonheur de réciter où d'entendre
« réciter vos vers, et elle vous prie de lui en en-
« voyer comme un témoignage de votre repentir.
« Dans tous les cas, si votre humeur belliqueuse
« vous poussait à la guerre, on espère qu'avant de
« la continuer, vous la déclarerez loyalement et
« franchement. Au reste, soyez assuré que je
« vous défendrai de mon mieux, et que je suis
« pour la vie, etc. »

En attendant la réponse de Voltaire, la comtesse Du Barri résolut de se venger de madame de
Gramont, qui l'avait conseillé dans son agression.
Christian VII, roi de Danemarck, âgé alors de
moins de vingt ans, et qui parcourait l'Europe
dans le dessein de s'instruire, était arrivé à Paris
vers la fin du mois d'octobre de l'année 1768. C'é-
tait, parmi les dames de la cour, à qui chercherait
le plus à lui plaire; il n'y eut pas jusqu'à madame
de Gramont, âgée de plus de quarante ans, qui ne
se mît en frais pour attirer les regards de S. M.
danoise. La comtesse Du Barri, qui ne perdait pas
de vue son ennemie mortelle, lui joua un tour
dont la sotte vanité de celle-ci fut singulièrement
punie.

Sachant que madame de Gramont ne connaisnaissait pas l'écriture du roi de Danemarck, elle lui fit écrire une lettre dans laquelle il lui avouait sa défaite, et lui disait qu'il serait heureux s'il pouvait mettre son hommage à ses pieds. Il ajoutait que rien n'égalerait sa joie si le soir même, au spectacle chez madame de Villeroi, elle voulait paraître vêtue en bleu avec des plumes bleues à sa coiffure. Il finissait par ces mots : « Je ne signe pas. Il est des noms qui ne doivent pas se trouver au bas d'une déclaration d'amour. »

Malgré tout son esprit, madame de Gramont donna dans le piége. Le soir, elle alla chez madame de Villeroi, vêtue en bleu et avec des plumes de la même couleur à sa coiffure. Elle se trouva placée précisément à côté de Christian VII, qui lui adressa la parole de la manière la plus affectueuse, mais qui ne lui dit pas un seul mot d'amour, malgré tout ce qu'elle put faire pour amener une explication.

Le lendemain, une seconde lettre de la même écriture fut adressée à la malheureuse ennemie de la comtesse : on lui apprenait qu'on s'était moqué d'elle, et qu'elle était mystifiée.

On comprendra facilement toute la fureur que cette aventure causa à madame de Gramont : il ne lui fut pas difficile d'en deviner l'auteur.

Cependant la réponse du philosophe de Ferney ne se fit pas long-temps attendre. Elle était conçue en ces termes :

« Monsieur le duc,

« Je suis un homme perdu, un homme mort.
« Si j'avais assez de force pour fuir, je ne sais où
« j'aurais le courage de me réfugier. Moi! grand
« Dieu! je suis soupçonné d'avoir attaqué ce que
« je respecte avec toute la France! Lorsqu'il ne
« me reste qu'un pauvre filet de voix, tout au plus
« bon pour psalmodier un *De profundis*, je l'em-
« ploierais à hurler contre la plus belle et la plus
« aimable des femmes! Croyez-moi, monsieur le
« duc, ce n'est pas au moment où il va rendre
« l'âme qu'un homme bien élevé outrage la divi-
« nité qu'il adore.

« Non, je ne suis pas l'auteur de *la Cour du roi*
« *Pétaud*. Les vers de cette rapsodie ne valent
« pas grand'chose, il est vrai : cependant ils ne
« sont pas de moi. Ils sont trop méchans, et d'un
« trop mauvais ton. Toutes ces turpitudes que
« l'on répand sous mon nom, ces pamphlets sans
« esprit, me font perdre le mien, et maintenant
« je ne m'en trouve pas assez pour me défendre.
« C'est au vôtre, monsieur le duc, que je me
« confie. Ne refusez pas d'être l'avocat d'un mal-
« heureux que l'on accuse injustement. Veuillez
« bien dire à cette jeune dame que l'on m'a déja
« brouillé autrefois de la même manière avec ma-
« dame de Pompadour, pour laquelle je profes-
« sais la plus haute estime ; dites-lui qu'aujour-
« d'hui surtout, l'amie de César est sacrée pour

« moi ; que ma plume lui appartient comme mon
« cœur, et que je n'aspire qu'à vivre et mourir
« sous sa bannière.

« Quant aux rogatons que vous me demandez,
« je n'en ai point de présentables. On ne sert que
« des mets choisis à la table des déesses. S'il m'en
« venait de quelque part, je me hâterais d'en
« faire hommage à la personne dont vous me
« parlez. Assurez-la qu'un jour le plus grand
« mérite de mes vers, sera d'avoir été récités par
« sa bouche, et suppliez-la, en attendant, qu'elle
« me donne l'immortalité, de me permettre de me
« prosterner mourant à ses jolis pieds.

« Je ne finirais pas cette lettre, monsieur le
« duc, sans vous remercier un million de fois de
« l'avis que vous avez bien voulu me donner.
« Cette preuve de votre bienveillance augmentera,
« s'il se peut, l'attachement sincère que je vous
« porte. Je vous salue avec le plus profond res-
« pect. »

Toutes les attaques détournées des Choiseul
n'avaient d'autre but que d'animer d'abord la
famille royale contre madame Du Barri, et d'empêcher ensuite la *présentation*, honneur auquel
aspirait depuis long-temps la favorite, et qui
était l'objet de tous ses vœux. Mesdames, filles du
roi, se prononcèrent ouvertement contre elle, et
ce ne fut qu'à force d'adresse et de patience qu'elle
triompha.

En attendant ce jour tant désiré par madame
Du Barri, il s'ouvrit des paris pour ou contre ; et

ce qui semblait devoir assurer gain de cause aux ennemis de la comtesse, c'est qu'il paraissait impossible de lui trouver une *marraine* pour cette cérémonie ; il ne se trouvait aucune dame de la cour, qui voulût se compromettre à ce point vis-à-vis des Choiseul.

Nous ne redirons point toutes les intrigues qui eurent lieu au sujet de cette présentation, et dont le dénouement n'arriva que long-temps après ; mais enfin, la persévérance de madame Du Barri, et de ses nombreux défenseurs, au nombre desquels nous citerons en première ligne le maréchal duc de Richelieu, le duc de La Vauguyon, le duc de La Vrillière et le chancelier de Maupeou, combattit avec succès les irrésolutions du roi. Louis XV ordonna aux princesses ses filles de ne plus s'opposer à ses désirs, et fixa le jour de la cérémonie. Après bien des difficultés, la comtesse de Béarn, vieille plaideuse, fort affamée d'argent, se laissa séduire pour une somme de cent mille livres et par la place de capitaine de cavalerie qu'on donna à son fils, et servit de *marraine*.

Le vendredi soir, 21 avril 1770, le roi annonça à son grand coucher qu'il y aurait le lendemain une présentation ; mais craignant d'aborder franchement la question, il hésita, parut embarrassé, et ne prononça le nom de madame Du Barri qu'avec une sorte d'hésitation : on aurait dit qu'il n'avait point assez de son autorité pour commander un pareil acte ; et cependant, quelques jours auparavant, il avait envoyé à la comtesse par

Bahmer, joaillier de la couronne, une parure de diamans du prix de cent cinquante mille livres, dont il lui fit cadeau pour cette importante cérémonie.

... « Le lendemain, disaient *les Nouvelles à la*
« *main*, l'affluence fut si grande, qu'on la jugea
« plus nombreuse que celle occasionnée précé-
« demment par le mariage de monseigneur le duc
« de Chartres; au point que le monarque, étonné
« de ce déluge de spectateurs, demanda si le feu
« était au château. Madame la comtesse Du Barri
« a été fort bien reçue de Mesdames, et même
« avec des graces particulières. Le lendemain di-
« manche, elle a assisté à leur dîner. Tous les spec-
« tateurs ont admiré la noblesse de son maintien
« et l'aisance de ses attitudes. Ce rôle de femme
« de cour est ordinairement étranger les premiers
« jours qu'on le fait, et madame Du Barri l'a
« rempli comme si elle y eût été habituée depuis
« long-temps. Depuis lors, madame la comtesse
« du Barri donne des soupers, où elle invite tous
« les grands seigneurs de la cour et les ministres.
« Au bas de l'invitation, on assure qu'on lit
« ces mots : *Sa Majesté m'honorera de sa pré-*
« *sence.* »

Il ne fallait pas moins qu'un semblable *post-scriptum* pour former une espèce de cour à la maîtresse de Louis XV.

« Les femmes ne répondirent pas d'abord aux
« invitations; mais la faveur et les grâces étaient
« là, et leur orgueilleuse délicatesse s'humanisa

« bientôt : mesdames de L'Hôpital, de Mirepoix et
« de Valentinois, donnèrent l'exemple aux autres. ·
« Le comte de La Marche vint également grossir
« la foule des adorateurs de la comtesse Du Barri;
« et plus tard, le prince de Condé s'empressa de
« la recevoir à Chantilly, à l'occasion d'une fête
« qu'il y donnait au roi. C'est ainsi que les noms
« les plus illustres de la monarchie, ne pouvant
« élever cette femme jusqu'à eux, semblaient riva-
« liser de bassesse pour descendre jusqu'à elle.
« Un duc de Tresmes, par exemple, laid et bossu,
« admis chez la comtesse, qui s'amusait de sa
« laideur, se présentant un jour chez elle, et
« ne la trouvant pas, écrivait à sa porte : *Le*
« *sapajou de madame la comtesse Du Barri est*
« *venu pour lui rendre ses hommages, et la faire*
« *rire*. Le premier prince du sang, le duc d'Or-
« léans, s'oublia lui-même au point de solliciter
« sa protection pour engager le roi à permettre
« son mariage avec madame de Montesson. *Epou-*
« *sez-la toujours ,gros père*, lui répondit la favo-
« rite, en lui frappant sur le ventre; *nous verrons*
« *à faire mieux ensuite : vous sentez bien que j'y*
« *suis fortement intéressée* (1). Cette inconve-

_____

(1) « A cette époque, en effet, madame du Barri eut un
« moment l'idée de jouer le rôle de madame de Maintenon;
« elle fit même des démarches à Rome pour faire rompre
« son mariage avec le comte Guillaume. Cependant elle n'osa
« donner suite à ces chimériques prétentions; malgré tout
« l'empire qu'elle exerçait sur le cœur du roi, il est dou-

« nante familiarité s'adressait même encore plus
« haut; témoin le nom de La France, qu'elle
« donnait habituellement au roi dans les petits
« appartemens : *Eh! eh! prends donc garde,*
« *La France, ton café f... le camp,* lui criait-elle
« un jour de son lit, tandis que Louis, distrait
« par quelque autre objet, négligeait son déjeuner,
« qu'il aimait à préparer lui-même.

« La présentation de madame Du Barri fut un
« coup terrible pour les Choiseul. Les défections
« commencèrent. Parmi celles-ci, il faut distin-
« guer celle du chancelier de Maupeou, qui fut
« pleine et entière. Il unit ses intérêts à ceux de
« la favorite, dont il prétendit être le parent, et
« qu'il n'appela plus que sa *cousine.* Le duc d'Ai-
« guillon, ennemi du duc de Choiseul, et qu'une
« affaire désagréable avec le parlement de Bretagne
« plaçait dans une position critique, sut habilement
« gagner les bonnes grâces de la comtesse.

« Ces deux hommes, d'accord avec elle, travail-

« teux qu'elle l'eût amené à un pareil scandale. On connaît
« le mot de Louis XV, lorsque, effrayée des bruits qui cir-
« culaient sur un prochain mariage secret entre ce prince et
« madame de Lamballe, elle voulut que son royal amant
« s'en expliquât avec elle.... *Je pourrais choisir plus mal,*
« lui répondit-il sèchement. C'est peut-être la seule parole
« désobligeante que Louis ait adressée à sa maîtresse. Les
« amis de celle-ci lui conseillèrent de ne pas laisser coucher
« le roi sur sa bouderie; elle se mit à sa toilette, s'habilla
« en *bacchante,* et, dans ce désordre, elle se rendit chez le
« roi, où la paix fut bientôt faite. »

« lèrent sans relâche au renvoi des Choiseul et
« à la chute du parlement, et ils y réussirent.
« Avant d'en arriver là, un événement important
« vint ranimer les espérances du parti du mi-
« nistre, et inquiéter le triomphe de la favorite.
« Je veux parler du mariage du dauphin, depuis
« Louis XVI, avec l'archiduchesse Marie-Antoi-
« nette. Cette alliance était en partie l'ouvrage
« du [duc de Choiseul, qui se montra toujours
« partisan de la maison d'Autriche. Madame Du
« Barri craignit, non sans quelque raison, que le
« duc ne prévînt la dauphine contre elle. Cepen-
« dant, le premier accueil que lui fit cette prin-
« cesse, fut tout-à-fait bienveillant : mais ces
« sentimens changèrent bientôt, et, malheureu-
« sement pour elle, la comtesse crut pouvoir
« lutter contre celle qui devait un jour être sa
« souveraine. Elle en parla sans ménagement,
« disant au roi *qu'il fallait prendre garde que*
« *cette rousse ne se fît trousser en quelque coin,*
« et se permettant des épigrammes qu'on s'empres-
« sait de rapporter à la dauphine, qui dès-lors,
« crut devoir s'unir aux autres princesses de la
« famille royale pour faire essuyer à la maîtresse
« de son beau-père, les plus cruelles humiliations.
« Tout cela ne sauva pas le ministre, en faveur
« duquel, d'ailleurs, le dauphin était fort mal
« prévenu (1). »

_____

(1) *Amours et galanteries des rois de France*, par Saint-Edme, t. II, p. 420 et suivantes.

Avant de poursuivre, revenons sur nos pas, et laissons parler madame Du Barri. Dans le t. II de ses mémoires, p. 53, 54, 55, 56 et 57, elle s'exprime de la manière suivante :

... « Vous vous rappelez sans doute ce mysté-
« rieux jeune homme qui, avant ma haute fortune,
« me poursuivit avec tant d'insistance pour me l'an-
« noncer. Vous aurez de la peine à croire que son
« souvenir fût entièrement sorti de ma mémoire;
« mais la vie qu'on mène à la cour est si active,
« que l'on perd facilement les idées du passé, pour
« n'appartenir en entier qu'au présent, et quelque
« peu à l'avenir.

« Je ne songeais plus à mon prophète, lorsqu'à
« mon retour du premier voyage de Compiègne,
« je me trouvai à Versailles, un dimanche, à la
« messe dans la chapelle. Tout à coup, des tra-
« vées où j'étais placée, j'aperçus un jeune homme
« adossé à la muraille derrière l'autel. Il m'exa-
« minait avec une attention particulière. Je le regar-
« dai un instant, et vous vous figurez quelle fut ma
« surprise, lorsque je reconnus en lui le person-
« nage qui m'avait annoncé mon heureuse desti-
« née. Une vive rougeur me couvrit le visage, et
« il fut témoin du tremblement qui m'agitait. Un
« doux sourire brilla un instant sur sa jolie figure,
« et il passa sa main en cercle autour de sa tête,
« comme pour me dire : — N'êtes-vous pas reine
« de France ? Ce geste m'étonna; je fis un léger
« mouvement de tête qui signifiait : — Vous avez
« raison. Aussitôt un nuage passager se répandit

« sur mes yeux; et dès qu'il fut dissipé, j'affectai
« de porter mes regards ailleurs. J'étais le point
« de mire de tant de monde, que je craignais d'é-
« veiller une curiosité indiscrète par mon atten-
« tion; et lorsqu'après un certain intervalle je
« voulus jeter de nouveau les yeux sur ce jeune
« homme, il avait disparu.

« Je fus étonnée de ce départ subit, et je me
« laissai aller à un vif désir de revoir mon sorcier.
« J'en parlai à Choi dans la même journée, qui,
« m'ayant écoutée avec une attention extrême :
« — Voilà, me dit-elle, une circonstance bizarre
« dans l'histoire de votre vie. Pourquoi ne comp-
« tez-vous pas ce fait à M. de Sartines ? — Parce
« qu'il me semble qu'il est inutile de tourmenter
« une personne dont je n'ai point à me plaindre,
« en la mettant aux prises avec la police; je crain-
« drais d'être punie de cette façon d'agir. D'un
« autre côté, je donnerais beaucoup d'argent
« pour me retrouver avec ce devin.

« La conversation finit là; mais ma belle-sœur,
« poussée par un mouvement de curiosité qu'elle
« aurait dû réprimer, écrivit à mon insu au lieute-
« nant de police, en le priant de faire à ce sujet
« les recherches les plus actives. M. de Sartines,
« charmé d'avoir une occasion de donner à moi et
« aux miens une preuve de son habileté, mit tous
« ses limiers en campagne. Sur ces entrefaites,
« je reçus une lettre fermée de cinq cachets noirs,
« chargés d'une tête de mort. Je crus que c'était
« une communication de décès; et je trouvai la

« forme aussi lugubre que bizarre. Mais voici ce
« qu'elle contenait : — Madame la comtesse, vous
« ignorez qu'on me poursuit en votre nom, et que
« la justice n'épargne rien pour connaître ma de-
« meure et savoir qui je suis. Ma demeure ! que
« personne ne souhaite de m'y rencontrer ; car le
« jour où on y descendra, ce ne peut être que
« pour ne plus en sortir. Qui je suis ? on ne le saura
« qu'en recevant la mort. Je vous engage à ordon-
« ner au lieutenant, M. de Sartines, de faire ces-
« ser des recherches sans but ; elles seraient inu-
« tiles, et ne pourraient que compromettre votre
« bonheur. Je vous ai prédit votre heureuse for-
« tune, je ne me suis pas trompé ; je vous ai an-
« noncé des revers, je ne me trompe pas encore.
« Vous me reverrez deux fois, et si par hasard je
« vous apparaissais une troisième, dites alors adieu
« aux vivans.

« Ma frayeur fut extrême en lisant cette lettre :
« j'appellai ma belle-sœur, et je me plaignis à elle
« de ce qu'on avait fait malgré ma volonté. Chou
« resta frappée d'une égale terreur : elle m'avoua
« ce qu'elle avait demandé à M. de Sartines ; mais,
« en même temps, elle fut la première à déclarer
« qu'il fallait cesser des perquisitions qui, d'une
« façon ou d'autre, pouvaient devenir funestes. J'é-
« crivis moi-même à ce magistrat ; je le remerciai
« de ses démarches, et je lui dis que ma belle-
« sœur et moi ayant appris de la bouche de nôtre
« inconnu tout ce que nous désirions en savoir,
« de nouvelles recherches, en lui étant désagréa-

« bles, me déplairaient également. M. de Sartines
« ne s'obstina point, et depuis lors, jusqu'à la
« mort du roi, je n'entendis plus parler de ce sin-
« gulier personnage. »

Reprenons. Le renvoi du duc de Choiseul, et la
chute des parlemens, préparés par le duc d'Aiguillon et le chancelier Maupeou, étant du domaine
de l'histoire, nous n'entrerons à cet égard dans
aucun détail ; nous nous contenterons de dire la
part qu'y prit madame Du Barri qui s'était entièrement livrée à ces deux hommes, dont le premier
partageait les faveurs de la belle comtesse avec le
monarque.

A chaque instant plus animée contre le duc de
Choiseul, madame Du Barri l'attaquait dans l'esprit du roi par des plaisanteries et des sarcasmes.
Elle renvoya un jour son cuisinier, parce qu'elle
crut lui trouver de la ressemblance avec le ministre. Elle dit au roi, à ce sujet : Sire, j'ai renvoyé mon Choiseul, quand renverrez-vous le vôtre ? Quoique refroidi avec le duc, Louis XV
n'osait pas se priver de ses services. Il chercha
même vainement à rapprocher deux ennemis qui
étaient irréconciliables. La favorite ne lui répondit
qu'en prenant de chaque main une orange qu'elle
s'amusa à lancer alternativement en l'air en disant :
Saute, Choiseul! saute, Praslin (1). Et le roi de rire;

---

(1) Praslin, ministre de la marine, cousin du duc de
Choiseul, dont il portait le nom.

mais il n'en résistait pas moins à toutes les insinuations de sa maîtresse. Il céda enfin quand on lui eut persuadé que l'appui seul du duc de Choiseul enhardissait les parlemens dans leur opposition à sa volonté royale; et les lettres de cachet furent expédiées le 24 décembre 1770. La disgrâce du duc fut pour lui un véritable triomphe.

La ruine de la magistrature suivit de près la chute de Choiseul : le parlement fut exilé dans le mois de janvier 1771, et remplacé par un autre de la composition du chancelier Maupeou. Pour arriver plus sûrement à ses fins, le chancelier avait donné à madame Du Barri un portrait de Charles 1er d'Angleterre, peint par Van Dyck, que la favorite fit placer dans son boudoir, en face de l'ottomane où Louis XV avait l'habitude de s'asseoir; et quand ce prince jetait les yeux sur ce tableau, elle lui disait : La France, tu vois ce tableau! si tu laisses faire ton parlement, il te fera couper la tête, comme le parlement d'Angleterre l'a fait couper à Charles. »

Ce n'était pas assez pour madame Du Barri d'être débarrassée du duc de Choiseul; d'accord avec le chancelier, elle porta au ministère ce duc d'Aiguillon que les parlemens avaient naguère si vivement poursuivi. Mais ne comprenant rien aux affaires d'état, la favorite les abandonna à ses associés qu'elle se contenta de soutenir, et se chargea du soin d'endormir le roi sur le bord de l'abîme où devait s'engloutir la monarchie. Elle s'empara si bien de l'esprit de son amant, que le sceptre de Louis devint entre ses mains la marotte de laFolie. Pour nous servir de l'expression d'un écrivain anglais, elle regarda la couronne comme un bonnet de nuit qui lui était commun avec le roi.

« Quoi de plus extravagant, dit un historien de Louis XV (*Vie privée*, t. IV , p. 188,) que tout ce qui se passait alors à la cour, que les scènes privées entre les deux amans, toujours trop publiques, puisque des témoins indiscrets les relevaient!... »

... « Une fois, c'était madame Du Barri qui, en présence du roi et de son notaire, sortait nue de son lit, se faisait donner une de ses pantoufles par le nonce du pape, et la seconde par le grand-aumônier ; et les deux prélats, s'estimant trop dédommagés de ce vil et ridicule emploi, en jetant un coup d'œil furtif sur les charmes secrets d'une pareille beauté. Une autre fois c'était la marquise de Roses, dame pour accompagner madame la comtesse de Provence, fouettée par les femmes de chambre de la favorite, sous ses yeux, sous prétexte que le roi l'excusant sur sa jeunesse à l'égard de quelque manquement envers elle, avait dit en riant : *Bon ! c'est un enfant propre à recevoir le fouet !* et ces deux folles s'embrassant ensuite, et se liant plus étroitement que jamais.... C'était monsieur de Boisnes , accordant la croix de Saint-Louis à un commissaire de la marine, en reconnaissance d'une perruche dont il avait fait présent à la comtesse.... Rien n'égalait, sans doute, l'abjection de Louis XV, qui, partageant avec Zamore, le négrillon de cette dame, ses faveurs (1), pour lui plaire, le créait gouverneur du château de Luciennes, aux appointemens de 600 livres, et lui en faisait sceller les provisions par le chancelier.... C'était cette même femme, si dévergondée, si grossière, si dégoûtante dans son intérieur, qui donnait audience aux ambassadeurs; qui se voyait entourée des députés des confédérés, de ceux de toutes les petites principautés d'Allemagne, tremblantes pour leur destin lors du partage de la Pologne, et sollicitant sa protection auprès du roi pour leur soutien. C'était cette même femme que Louis XV promenait en triomphe au décintrement du pont de Neuilly, fête dont les princesses et madame la dauphine avaient été exclues (2), afin que rien ne pût l'éclipser. C'était cette femme, qui lui faisait trouver mauvais que l'héritier présomptif du trône l'eût écartée de la société de son auguste compagne, dans un souper de raccommodement qu'une intrigante de la cour avait imaginé, au point d'en témoigner son humeur en s'écriant : *Je vois que mes enfans ne m'aiment pas !* C'était cette même femme pour qui l'on travaillait une toilette d'or, quoique la

---

(1) La haine n'autorise pas la calomnie. Les amours de madame du Barri et du nègre Zamore sont hors de toute vraisemblance.

(2) Ces princesses *s'en exclurent elles-mêmes*, pour ne pas se trouver en présence de la favorite.

dauphine n'en eût pas, et que la reine n'en eût
jamais eu : on remarquait surtout le miroir, sur-
monté de deux petits amours tenant une couronne
suspendue sur sa tête, toutes les fois qu'elle s'y
regardait.... C'était cette femme qui, ne se trouvant pas assez bien logée au palais d'une princesse
du sang, avait fait bâtir le nouveau pavillon de
Luciennes, colifichet dont on ne pouvait calculer
la dépense, parce que tout y était de fantaisie, et
n'avait d'autre prix que la cupidité de l'artiste et la
folie du propriétaire. C'était cette femme enfin
qui, sur des chiffons signés de sa main, puisait à
son gré au fisc public, elle et tous les siens ; qui
coûtait plus à elle seule que toutes les maîtresses
que Louis XV avait eues jusque-là, et malgré la
misère des peuples et les calamités publiques, allait
tellement croissant en prodigalités et en dépréda-
tions, qu'elle eût en peu d'années englouti le
royaume, si la mort de Louis XV n'y eût mis un
terme. »

Il est aisé de s'apercevoir que l'auteur dont
nous avons extrait ce passage, a mis de la passion
dans le jugement qu'il porte sur madame Du Barri.
Tout ce qu'on a écrit sur cette femme célèbre a
été dicté dans le même esprit. Nous croyons cependant que, sous certains rapports, elle a été mal
jugée. Elle ne fut ni ambitieuse ni intéressée ; ses
prodigalités seules, et non son avidité, achevèrent
de ruiner les finances de l'Etat, que les membres
de sa famille surtout regardaient comme leur
propriété. Facile et faible, elle ne sollicita jamais

contre ses ennemis la sévérité de son royal amant.
La bonté formait le fond de son caractère. Le
plaisir fut sa seule étude. Son règne ne présenta
qu'un divertissement continuel; et, quant à ses
expressions si libres, si énergiques, ses saillies,
qui se ressentaient des lieux et de la société qu'elle
avait jadis fréquentée, qu'on n'oublie pas qu'elles
avaient un charme particulier pour Louis XV,
mais que la favorite les réservait pour le tête-à-
tête, ou pour les petits comités, dont le roi était
le premier à bannir l'étiquette. Du reste, elle
savait, quand il le fallait, représenter avec noblesse; elle avait pris tout de suite le ton de la
cour, et persiflait avec assez de grâce. Cependant,
il faut l'avouer, elle préférait l'intérieur des petits
appartemens à tout l'éclat des cérémonies, qui ne
lui offraient que de l'ennui. Là du moins elle
revenait à son naturel.

Pendant les trois années qui s'écoulèrent entre
la chute des Choiseul et la mort du roi, on peut
rendre la comtesse Du Barri responsable de la
mauvaise direction donnée aux affaires, parce
qu'elle soutint des ministres inhabiles. Elle ne
figura dans l'administration que d'une manière
passive; et sa vie, jusqu'en mai 1774, n'offre plus
qu'une suite d'anecdotes détachées et d'épigrammes
où l'on retrouve toujours l'esprit et les mœurs du
temps.

Toute la famille des Du Barri profita plus ou
moins de la position de la comtesse. Le mari,
Guillaume, avait vu payer sa complaisance d'une

pension de 60,000 livres, à laquelle, par la suite, on ajouta de nouvelles faveurs. Elie Du Barri, plus connu sous le nom de comte d'Hargicourt, obtenait un brillant avancement dans l'armée. Quant au comte Jean, on sait qu'il n'en voulait qu'à l'argent, et qu'il fut quelquefois obligé de se fâcher contre le contrôleur-général, qui, d'accord avec le duc d'Aiguillon, le menaçait de lui fermer le coffre de l'État. « Savez-vous, disait-il un jour au comité des fermes, devant lequel on l'avait renvoyé, savez-vous que c'est moi qui ai eu l'honneur de donner une maîtresse au roi, et qui ai fait le duc d'Aiguillon ministre; que Meaupou et Terray ne sont ce qu'ils sont que par moi? Mais qu'ils y prennent garde, et ne me donnent pas d'humeur! » Il fallut capituler. Il éprouva cependant un moment de disgrâce, et s'éloigna pendant quelque temps : son absence fut de courte durée. On calcula approximativement que la famille Du Barri, long-temps avant la mort de Louis XV, avait déjà tiré du trésor près de dix-huit millions, sans compter les mandats particuliers, et une foule de dépenses secrètes. Depuis, des historiens ont porté à trente-cinq millions les sommes dévorées par la favorite, son mari, et le comte Jean. Cette effroyable dilapidation mit le fouet de la satire entre les mains d'un poète, qui disait dans une prétendue traduction ou imitation de Lucilius :

Le faste a de l'État séché les réservoirs;
Le palais de Poppée insulte à nos misères;
L'Amour a son trafic et Vénus ses comptoirs :
La toilette d'Alcine est un bureau d'affaires.

La seule inquiétude qu'avait parfois madame Du Barri, c'était de se voir enlever le cœur du roi. Elle connaissait le goût du roi pour le changement : aussi eut-elle soin d'imiter madame de l'ompadour, et de livrer à la lubricité de Louis quelques filles obscures, dont elle ne pouvait rien redouter. On chercha à lui inspirer des soupçons sur l'apparition, à la cour, de la jeune mademoiselle de Tournon, qui venait d'épouser le vicomte Adolphe, fils du comte Jean. Un moment inquiète, elle prit son parti, et dit avec gaîté, qu'au moins la place ne sortirait pas de la famille. Il est probable qu'elle s'était assurée du peu de danger que lui présentait la rivalité de sa nièce, qui pourtant était fort jolie. Un fait certain, c'est que le comte Jean cherchait à substituer sa belle-fille à sa belle-sœur, et que ses intentions furent secondées par quelques personnages qui attaquèrent vainement dans le cœur du roi l'ascendant de la favorite. De toutes ces manœuvres, il ne résulta qu'un couplet (de Favart) fort adroit, qui semblait appeler l'attention du monarque sur la vicomtesse, et qui chagrina un peu madame Du Barri, puisqu'il pouvait amener une comparaison qui n'aurait peut-être plus été à son avantage.

Le terme fatal des amours du roi et de la comtesse approchait : le monarque sentait ses forces s'affaiblir, et lui-même disait à Lamartinière, son chirurgien : *Je vois bien qu'il faut que j'enraye.* — *Sire, vous feriez mieux de dételer tout-à-fait,* lui répondit le disciple d'Esculape. La mort subite du marquis de Chauvelin, celle du maréchal d'Armentières, à peu près du même âge que lui, l'avaient frappé. Un sermon de l'évêque de Sénez (alors abbé de Beauvais) acheva de porter le trouble dans son âme. Dans une peinture énergique des excès du roi Salomon, le prédicateur disait : « Enfin, ce monarque, rassasié de voluptés, las d'avoir épuisé, pour réveiller ses sens flétris, tous les genres de plaisirs qui entourent le trône, finit par en chercher d'une espèce nouvelle dans les vils restes de la corruption publique. » On ne pouvait se méprendre au sens de ces paroles, et Louis ne s'y méprit pas plus que les courtisans. Pour l'arracher aux réflexions où le jetaient de semblables avertissemens, la favorite et ses conseillers résolurent de plonger le roi dans quelque orgie qui pût l'étourdir et le rappeler à ses habitudes. On décida un voyage à Trianon, où une jeune fille de quatorze ans devait être offerte à la lubricité du monarque. Les efforts des corrupteurs pour perpétuer leur empire tournèrent contre eux-mêmes. Louis puisa dans les embrassemens de cette enfant les germes de la petite-vérole qu'elle recélait dans son sein, et bientôt il fut à l'extrémité. La France apprit au moins avec indifférence le danger du roi, que l'on transporta à Versailles, malgré l'opposition du parti de madame Du Barri. Il fallut apprendre au prince sa situation : ce fut pour lui le dernier coup (1).

_____

(1) On disait au duc d'Ayen que le roi était attaqué de la

Il ne voulut pas au commencement que sa maîtresse le quittât, et dans ces terribles momens, il se livrait encore à de dégoûtantes caresses. Mais enfin, le cinquième jour de la maladie, il dit à ceux qui l'entouraient : « Je n'ai point envie qu'on me fasse renouveler ici la scène de Metz ; qu'on dise à madame la duchesse d'Aiguillon qu'elle me fera plaisir d'emmener madame la comtesse Du Barri. » La favorite dut se résigner : elle se retira à Ruel, abandonnée de tout le monde. Le 8 mai 1774, l'état du roi ayant éprouvé quelque amélioration, on vit une procession continuelle de courtisans qui accouraient de Versailles à Ruel, mais qui rétrogradèrent bientôt à mesure que les nouvelles devinrent plus fâcheuses ; et quand tout espoir de guérison fut enlevé, ce fut un déchaînement général contre la comtesse et sa famille. Chacun de ses membres dut se mettre à l'abri de l'indignation générale, et l'on dit à cette occasion *que les tonneliers allaient avoir de l'occupation, parce que tous les barils s'enfuyaient.*

Avant de terminer cette notice sur madame Du Barri, disons un mot de son *inconnu.* Le jour même où Louis XV fut transporté de Trianon à Versailles, la favorite suivit de près son royal amant. Elle avait ordonné à son cocher de la mener bride abattue. A peine était-elle arrivée à Ver-

---

petite-vérole : *Il n'y a rien de petit chez les grands,* répondit-il. Il est à présumer qu'il y avait chez Louis XV complication de maladies.

sailles que ses yeux s'étant portés machinalement vers la porte en fer du jardin, elle pâlit et poussa un cri d'effroi : elle venait de voir appuyé contre la grille le sinistre jeune homme qui, après lui avoir prédit sa haute fortune, lui avait annoncé qu'il ne se représenterait à ses regards que lorsqu'elle serait à la veille des plus grands malheurs. Cette apparition en un pareil moment acheva de l'accabler ; elle ne put s'empêcher d'apprendre la cause de son trouble à madame de Mirepoix et au comte Jean qui l'accompagnait. Aussitôt le comte fit arrêter la voiture, mit pied à terre, et courut après l'*inconnu*.

Le beau-frère de la comtesse Du Barri revint quelques instans après ; mais le mystérieux personnage n'était point avec lui. C'était en vain qu'il s'était aidé de deux laquais qui étaient sur le derrière de la voiture pour explorer les alentours... La favorite resta convaincue plus que jamais que la prédiction de son jeune devin allait se réaliser entièrement, et que l'heure de sa chute était près de sonner. La comtesse ne se trompait pas.

Enfin, le 10 mai, le roi expira, et l'un des premiers soins de son successeur fut d'expédier à madame Du Barri, par le duc de la Vrillère, la lettre de cachet suivante : « Madame la comtesse Du « Barri, et pour des raisons à moi connues, qui « tiennent à la tranquillité de mon royaume, et à « la nécessité de ne point permettre la divulgation « du secret de l'État qui vous a été confié, je « vous fais cette lettre pour que vous ayez à vous

« rendre à *Pont-aux-Dames* sans retard, seule,
« avec une femme pour vous servir, et sous la
« conduite du sieur Hamont, l'un de nos exempts.
« Cette mesure ne doit pas vous être désagréable;
« elle aura un terme prochain. La présente n'é-
« tant à d'autres fins, je prie Dieu, etc. » *Le beau
f.... règne, qui commence par une lettre de cachet!*
s'écria-t-elle en recevant ce message; et elle partit.

La retraite de madame Du Barri causa une révolution à la cour. La disgrâce de sa famille et de
ses partisans fut complète. On déchira l'idole qu'on
encensait la veille. Elle avait tous les vices et pas
une qualité. On calomnia son caractère, et on lui
refusa cette bonté que peu de ses semblables pos-
sédaient au même degré, et dont nous pourrions
citer cependant plus d'un exemple.

Madame du Barri supporta sa disgrâce avec résignation. « D'après le rapport de l'abbesse du Pont-
aux-Dames, chargée particulièrement d'inspecter sa
conduite, et le témoignage des religieuses, compagnes et témoins de sa retraite, il paraît qu'on n'a aucun écart, aucune faute grave à lui reprocher; qu'on
se loue même de sa conduite; qu'elle a été bonne,
douce et honnête envers tout le monde. Quant à
son âme, on n'y a point vu cette douleur emportée
d'une femme altière, qui, du sein de la bassesse,
élevée au faîte des grandeurs, ne les sent pas au-
dessus d'elle, s'y attache en furieuse, et dont l'ambition mesure sans cesse, dans son désespoir, la
hauteur dont elle se voit précipitée. Elle n'avait
pas non plus cette douleur muette, profonde et

stupide d'une femme tendre, à qui la mort enlève
un amant chéri, l'unique idole de son cœur, qu'aucun objet ne peut y remplacer, ne désirant plus
rien après lui, n'envisageant désormais qu'un vide
affreux dans la nature. » Qu'on n'oublie pas que
cette justice est rendue à madame Du Barri par
l'auteur des *Anecdotes*.

Son séjour à l'abbaye du Pont-aux-Dames, près
de Meaux, dura une année entière. On lui rendit
alors la liberté, et elle fut remise peu de temps
après en possession de Luciennes. Ses dettes
étaient payées, de sorte qu'elle pouvait espérer
une existence obscure et tranquille. Chose rare !
elle avait conservé quelques amis ; peu, à la vérité;
mais au moins leur amitié était à l'épreuve. Parmi
ceux-ci, se distinguaient le duc de Cossé-Brissac,
qu'elle avait depuis long-temps donné pour rival
au roi, au duc d'Aiguillon, et peut-être à quelques
autres. Leur liaison ne fut rompue que par la sanglante tragédie des prisonniers de Versailles, dont
le duc de Cossé faisait partie.

Elle passa d'heureux jours à Luciennes, jusqu'au
moment où la révolution éclata. « Sa maison alors,
dit un écrivain, devint le rendez-vous de tous les
amis de Louis XVI et de la reine. Les gardes-du-
corps, échappés au massacre du 6 octobre, se traî-
nèrent de Versailles à Luciennes, et la comtesse
les fit soigner dans son château, comme auraient
fait leurs propres parens. » (*Mém. de la Reine de
France*, p. 398.)

Le jour des épreuves était arrivé. On apprend

tout à coup que madame Du Barri a été volée par
d'audacieux brigands qui se sont introduits à Luciennes, et ensuite réfugiés en Angleterre. La
comtesse part pour Londres, où se trouvaient alors
une foule d'émigrés, dit y avoir reconnu ses diamans, revient à Paris, retourne en Angleterre, où
elle voit fréquemment Calonne et autres personnages marquans, et repasse enfin la mer. Les événemens avaient suivi leur cours., Brissac, son
amant, était renvoyé par-devant la Cour criminelle d'Orléans : son aide-de-camp, Maussaubré,
vient en porter la nouvelle à la comtesse, est sur-
pris chez elle par les Marseillais, et massacré.
Pendant ce temps, Brissac tombe, à Versailles, sous
le fer des assassins, qui, le soir, se présentent au
château de Luciennes, et jettent aux pieds de la
comtesse une tête sanglante.

Elle se décida à un dernier voyage en Angleterre, qu'elle prétendit encore relatif au vol de
ses diamans (1). On la laissa partir, mais on la
fit suivre par des espions. Quelque temps après,
malgré tout ce qu'on put lui dire, elle s'empressa
de revenir pour satisfaire aux lois sur les émigrés. Sa perte était jurée. Les agens qui la con-
sommèrent furent un Irlandais nommé Greive,
et ce Zamore qu'elle avait comblé de bienfaits.
Ils la dénoncèrent, et donnèrent sur elle une foule

---

(1) On connaît aujourd'hui le noble et généreux emploi
qu'elle fit de ses diamans.

de détails, vrais ou faux, qui devaient infailliblement la conduire à l'échafaud.

Arrêtée le 22 septembre 1793, elle parut devant le tribunal criminel le 7 décembre suivant (17 frimaire an II), avec le banquier Vandenyver et ses deux fils, impliqués dans l'accusation dirigée contre elle. Mᵉ Chauveau-Lagarde l'assistait.

Les questions d'usage lui ayant été faites, on lui donna lecture de l'acte d'accusation, dont voici le texte que nous avons copié sur la minute elle-même.

« Antoine Quintin Fouquier, accusateur-public du tribunal révolutionnaire établi au Palais, à Paris, par décret de la Convention nationale du 10 mars 1793, l'an II de la république, sans aucun recours au tribunal de cassation, en vertu du pouvoir à lui donné par l'art. 2 d'un autre décret de la Convention du 5 avril suivant, portant que l'accusateur-public dudit tribunal est autorisé à faire arrêter, poursuivre et juger sur la dénonciation des autorités constituées ou des citoyens:

« Expose que, par délibération du comité de sûreté générale et de surveillance de la Convention nationale, du 29 brumaire dernier, il a été arrêté que *Jeanne* Vaubernier, *femme* Du Barri, *Jean-Baptiste* Vandenyver, *Edme-Jean-Baptiste* Vandenyver et *Antoine-Augustin* Vandenyver seraient traduits au tribunal révolutionnaire; qu'en conséquence, la nommée Vaubernier, femme Du Barri, a été constituée prisonnière dans la maison d'arrêt dite Sainte-Pélagie, et les nommés Vandenyver,

père et fils, banquiers hollandais, dans la maison
d'arrêt dite la Force; que les pièces concernant
ces différens accusés ont été apportées à l'accusateur-public le 30ᵉ jour de brumaire, et qu'ils ont
été interrogés les 2, 4 et 7 frimaire suivant par
l'un des juges du tribunal;

« Qu'examen fait desdites pièces par l'accusateur public, il en résulte que les plaies profondes
et mortelles qui avaient mis la France à deux
doigts de sa perte, avaient été faites à son corps
politique bien des années avant la glorieuse et
impérissable révolution qui doit nous faire réjouir
des maux cuisans qui l'ont précédée, puisqu'elle
nous a délivrés pour jamais des monstres barbares,
fanatiques qui nous tenaient enchaînés sur l'héritage de nos pères; que, pour prendre une idée juste
de l'immoralité de l'accusée Du Barri, il faut jeter
un coup d'œil rapide sur les dernières années,
pendant le cours desquelles le tyran français,
Louis XV du nom, a scandalisé l'univers, en donnant la surintendance de ses honteuses débauches
à cette célèbre courtisane; qu'en 1769, ce Sar-
danapale moderne se trouvant blasé sur toutes les
jouissances qu'il avait poussées à l'excès dans le
Parc-aux-Cerfs, *sérail infâme, où le déshonneur
d'une infinité de familles honnêtes fut consommé*,
s'abandonna lâchement aux vils complaisans qui
l'entouraient, pour réveiller ses feux presque
éteints; qu'un de ces odieux complaisans ayant fait
la connaissance d'un ci-devant comte Du Barri,
noyé de dettes, et le plus crapuleux libertin, eut

occasion de voir chez lui la nommée Vaubernier, sa maîtresse, qui n'était passée dans ses bras qu'après avoir fait un cours de prostitution; que le ci-devant comte Du Barri, à qui tous les moyens étaient bons pour parvenir à apaiser ses créanciers, proposa à ce complaisant de lui céder la Vaubernier, s'il parvenait à la faire admettre au nombre des sultanes du crime couronné; que cette créature déhontée lui fut en effet présentée, et qu'en peu de temps elle parvint, par ses rares talens, à prendre l'empire le plus absolu sur le faible et débile despote. bientôt des fleurs d'or roulèrent à ses pieds, les pierreries les plus précieuses lui furent données avec profusion, les artistes les plus célèbres furent occupés aux chefs-d'œuvres les plus dispendieux, elle devint la cause universelle des ci-devant grands; les ministres, les généraux et les ci-devant princes de l'église furent nommés ou culbutés par cette nouvelle Aspasie, et tous venaient bassement faire fumer leur encens à ses genoux; le faste le plus insolent, les dépravations et les débordemens de tout genre, furent affichés par elle. Le scandale était à son comble; elle puisait à pleines mains dans les coffres de la nation pour enrichir sa famille et combler l'abîme de dettes du ci-devant comte Du Barri, qui avait poussé l'infamie et le déshonneur jusqu'à devenir son époux.

Son imbécile amant ne rougit pas lui-même d'insulter au peuple, en se plaçant à côté d'elle dans les chars les plus brillans, et la promenant

ainsi dans différens lieux ; que pour ne pas effarou-
cher sa pudeur, l'accusateur-public ne soulevera
pas le voile qui doit couvrir à jamais les vices
effroyables de la cour, jusqu'en l'année 1774,
époque à laquelle celui à qui des esclaves avaient
donné le nom de *Bien-Aimé*, disparut de dessus
la terre, emportant dans ses veines le poison infect
du libertinage, et couvert du mépris des Français ;
que la Du Barry fut reléguée à Rhetel-Mazarin,
et de là à Meaux, dans la ci-devant abbaye de Pont-
aux-Dames ; que dans cette retraite solitaire, elle
aurait dû faire les plus sérieuses réflexions sur le
néant des grandeurs et sur les désordres de sa conduite qui avait entraîné la ruine de son pays ; mais
qu'ayant été rendue à la liberté par le dernier
tyran des Français, il lui conserva non seulement
les dépouilles du peuple, mais encore la combla
de nouvelles prodigalités, et lui conserva le château de Luciennes, où elle se forma bientôt une
nouvelle cour, à laquelle se présentèrent en foule
les vils courtisans qui avaient profité de sa faveur
pour dilapider les finances avec elle ; qu'elle les tint
tous enchaînés à son char, jusqu'à l'époque mémorable où le peuple français, fatigué du poids de
ses chaînes, se leva, brisa ses chaînes, et en frappa
la tête des despotes. Tous les soi-disant grands
d'alors se voyant prêts à être écrasés par la vengeance nationale, s'enfuirent épouvantés, aban-
donnèrent un sol qu'ils avaient souillé depuis trop
long-temps, furent implorer l'assistance des tyrans
de l'Europe, pour venir égorger un peuple qui

avait eu le courage de conquérir sa liberté : mais
ce peuple saura leur faire mordre la pous-
sière, ainsi qu'à ceux qui ont épousé leurs
projets sanguinaires; que la Du Barri ayant vu se
dissiper l'essaim de ses adorateurs, et réduite à
régner seulement sur son nombreux domestique,
ne retrancha non-seulement rien de son faste, mais
forma le dessein d'être utile, tant aux émigrés
qu'au petit nombre de ses amis qui étaient restés
en France, et qui trouvaient chez elle un asile
assuré, notamment Laroche, ci-devant grand-vi-
caire d'Agen, condamné à la peine de mort par
jugement du tribunal; que, pour procurer d'une
manière certaine des secours aux émigrés, elle se
servit d'un stratagème qui lui donna la facilité de
faire quatre voyages à Londres; qu'elle prétendit
avoir éprouvé un vol considérable de diamans et
autres effets, dans la nuit du 10 au 11 janvier 1791,
et que les voleurs étaient passés en Angleterre, où
il fallait qu'elle se rendît pour en poursuivre la
restitution; que ce vol n'était qu'un jeu concerté
entre elle et un nommé Forth, le plus rusé des
espions que le cabinet britannique ait envoyés en
France pour soutenir le parti de la cour, et s'opposer aux progrès de notre révolution; que, pour
poursuivre les auteurs de ce prétendu vol, elle eut
le talent de subtiliser différens passeports, tant du
ministre des affaires étrangères, que de la municipalité de Luciennes et du département de Seine-et-
Oise, dont plusieurs membres la protégeaient ouvertement, et particulièrement le nommé Lavale-

rie, qui depuis s'est donné la mort; qu'au moyen
de ces passeports clandestins, elle se joua impuné-
ment de la loi contre les émigrés, puisqu'elle était
encore à Londres dans les premiers jours du mois
de mars dernier; que pendant les quatre séjours
qu'elle fit dans cette ville, elle vivait habituellement avec tous les émigrés qui s'y étaient réfugiés, et
auxquels elle a porté des sommes d'argent considérables, ainsi qu'il sera démontré par la suite;
qu'elle avait également formé les liaisons les plus
étroites avec les lords les plus puissans, tous conseillers intimes du tyran de l'Angleterre, et particulièrement avec l'infâme Pitt, cet ennemi im-
placable du genre humain, pour lequel elle avait
un si haut degré d'estime, qu'elle rapporta dans
la république française une médaille d'argent
portant l'effigie de ce monstre; qu'elle favorisait
également de tout son pouvoir les ennemis de
l'intérieur, auxquels elle prodiguait les trésors
immenses qu'elle possédait; qu'elle fit compter une
somme de 200,000 livres en constitution de rente à
Rohan-Chabot, qui possède des terres considérables dans la Vendée, sur l'étendue desquelles
s'est formé le premier noyau des rebelles, selon
la commune renommée; que, par l'entremise
d'un nommé Descours, ci-devant chevalier, elle
préta une pareille somme de deux cent mille livres à La Rochefoucault, ancien évêque de Rouen;
que ce même Descours, détenu à la Force, le
nommé Labadie, son neveu, et le ci-devant vicomte de Jumilhac, émigrés, ont reçu d'elle des

sommes considérables à la même époque ; qu'elle provoquait des rassemblemens dans son pavillon de Luciennes , dont elle voulait faire un petit château-fort; ce qui est suffisamment prouvé par les huit fusils que son bon ami, ce scélérat d'Angremont, excroqua pour elle à la municipalité de Paris, sous le prétexte que c'était la municipalité de Luciennes qui demandait ces fusils : ce qui a été reconnu faux ; qu'elle comptait tellement sur la contre-révolution, à laquelle elle travaillait si puissamment, qu'elle avait fait cacher dans sa cave sa vaisselle plate et autre argenterie; qu'elle avait fait enterrer dans son jardin ses diamans, son or, ses pierres précieuses, avec les titres de noblesse, brevets, etc., de l'émigré Graillet; qu'elle avait également fait enterrer dans les bois les bronzes les plus riches et les bustes de la royauté, et qu'elle avait dans un grenier un magasin énorme de marchandises et d'étoffes du plus haut prix, dont elle avait nié l'existence; qu'il a été trouvé chez elle une collection rare d'écrits et de gravures contre-révolutionnaires; que, lors de son séjour à Londres, elle a publiquement porté le deuil du tyran; que cette femme enfin qui a fait tout le mal qui était en elle , et dont Forth, le fameux espion anglais, s'était adroitement servi comme d'un instrument utile aux desseins perfides des cours des Tuileries et de Londres, entretenait des correspondances et des liaisons avec les ennemis les plus cruels de la république, tels que Crussol, Depoux, Canonet, Calonne, d'Aiguillon,

Beauvau, Chavigny, Mortemart, Brissac, Fron-
deville, Coigny, Brancas, Denesle, Lavaupalière,
Durfort, Maussabie, Breteuil, Boissesson, Nar-
bonne, Rohan-Chabot, La Rochefoucault, et une
foule d'autres dont il serait trop long de donner
l'énumération ; qu'elle était tellement protégée par
le parti ministériel de la Grande-Bretagne, que
quand la guerre fut déclarée à cette puissance, elle
resta tranquillement à Londres, tandis que les
Français en étaient chassés ou horriblement per-
sécutés ; ce qui ne peut laisser aucun doute sur le
rôle odieux que jouait cette femme, que l'on doit
regarder comme un des plus grands fléaux de la
France, et comme un gouffre épouvantable dans
lequel s'est englouti une quantité effroyable de
millions, qu'il résulte encore des pièces, que la
caisse des nommés Vandenyver, père et fils, était
un trésor inépuisable, et que ces agioteurs fameux
versaient l'or à grands flots sur les émigrés, en re-
mettant des sommes immenses à la Du Barri, lors
de ses voyages en Angleterre, pour leur être déli-
vrées ; et que ce sont ces perfides étrangers qui
avaient fait passer à Amsterdam les diamans de cette
dernière, pour y être convertis en numéraire ; que,
sous le stupide prétexte de son procès, ils lui donnèrent une lettre de crédit de six mille livres sterling, lors de son voyage en Angleterre, en 1791 ;
que pour un autre voyage, ils lui en donnèrent
une de deux mille livres sterling ; une autre, en
1792, de cinquante mille livres sterling ; et enfin
une autre illimitée : que les Vandenyver ont aussi

fourni les 200,000 livres pour Rohan-Chabot, de
la part de la Du Barri, et les 200,000 autres livres
pour le ci-devant évêque de Rouen, La Rochefoucault; qu'il est à remarquer que ce dernier prêt
s'est fait par les ordres de la Du Barri pendant son
séjour à Londres; que ces manœuvres, constatées
au procès, sont trop grossières pour qu'il soit possible de résister à la persuasion intime qui naît
naturellement, que ces sommes prodigieuses n'é-
taient destinées que pour les émigrés; qu'ils étaient
si bien accoutumés à ce manége, qu'ils partageaient
avec la majeure partie des autres banquiers de Paris :
ce qui nous a causé tant de mal; qu'ils fournirent
encore des fonds à la Du Barri postérieurement
à loi contre les émigrés, et qu'ils la rangeaient dans
cette classe, puisque, par leur lettre du mois de
novembre 1792, ils lui conseillèrent de rentrer en
France, parce que, est-il dit dans cette lettre, les
décrets de la Convention nationale sont fulminans
contre les sujets absens qu'on qualifie tous d'émigrés; que ce qui prouve encore d'une manière irrésistible que les Vandenyver ont toujours été les
ennemis de la France, à laquelle ils ne tenaient
que par intérêt, c'est qu'ils étaient complices du
complot abominable qui exista, en 1782, entre le
dernier de nos tyrans et celui d'Espagne, pour
opérer une banqueroute chez les deux nations,
et engloutir la fortune publique; que, par suite de
cet agiotage infernal, Vandenyver, Pierre Lalaune,
Girardot, Haller, Lecoulteux et Antoine Pacot,
mort en 1786, sont devenus propriétaires d'un

mandat au porteur ou cédule d'un million de
piastres fortes, tirée par le roi d'Espagne sur son
trésor de la Havane (dans lequel il n'y avait pas
un sou), ladite cédule à l'ordre des banquiers Ca-
barus et Lalaune, négocians à Madrid, le 7 décembre 1782, et que, par un revirement de finance,
que l'on peut qualifier de brigandage effréné, dans
lequel ils firent un profit connu d'eux seuls, on
voit l'exécrable Calonne devenir, à son tour, propriétaire de cette rescription fantastique, qu'il
noya dans l'emprunt des rentes viagères créées en
1783; qu'enfin, pour combler tant de forfaits ténébreux, les Vandenyver, père et fils, sont prévenus de s'être trouvés au nombre des chevaliers
du poignard dans la journée du 10 août, et d'y
avoir tiré sur le peuple. »

D'après l'exposé ci-desus, l'accusateur-public a
dressé le présent acte d'accusation contre la femme
Vaubernier, femme Du Barri, Jean-Baptiste Vandenyver, Edme-Jean-Baptiste Vandenyver et Antoine-Augustin Vandenyver, pour avoir méchamm-
ment et à dessein, savoir : Jeanne Vaubernier,
femme Du Barri, conspiré contre la république
française, et favorisé le succès des armes de ses ennemis sur son territoire, en leur procurant des
sommes exorbitantes dans les différens voyages
qu'elle a faits en Angleterre, où elle a émigré elle-
même, et dont elle n'est de retour que depuis le
mois de mars dernier; avoir entretenu des correspondances et des liaisons intimes avec les émigrés
et autres ennemis de la liberté et de l'égalité; avoir

porté, à Londres, le deuil du tyran, et y avoir
vécu familièrement avec le parti ministériel, et
particulièrement avec Pitt, dont elle a rapporté
et conservé précieusement l'effigie empreinte sur
une médaille d'argent ; avoir complété une collection d'ouvrages et estampes contre-révolutionnaires; avoir fait entrer des lettres de noblesse d'un
émigré, ainsi que les bustes de la ci-devant cour ;
et enfin avoir dilapidé les trésors de l'Etat par
ses dépenses effrénées.

« Et Jean-Baptiste Vandenyver, Edme-Jean-
Baptiste Vandenyver et Antoine-Augustin Vandenyver, père et fils, pour avoir également, mé-
chamment et à dessein, conspiré contre la république française, et favorisé les progrès des armes
de ses ennemis sur son territoire, en leur fournissant des sommes prodigieuses par le ministère de
la Du Barri, lors des voyages de cette dernière en
Angleterre; avoir aussi favorisé les projets des ennemis de l'intérieur, en donnant deux cent mille
livres à Roban-Chabot, et deux cent autres mille
livres à La Rochefoucault, ci-devant évêque de
Rouen; avoir été les instrumens et complices d'un
plan de banqueroute générale, qui aurait perpétué
l'esclavage des Français, et sauvé la tête du tyran;
et avoir enfin coopéré au massacre du peuple,
dans la journée mémorable du 10 août, étant au
nombre des chevaliers du poignard, dans le ci-
devant château des Tuileries.

« En conséquence, l'accusateur-public requiert
qu'il lui soit donné acte, par le tribunal assemblé,

de l'accusation qu'il porte contre Jeanne Vaubernier, femme Du Barri, actuellement détenue dans
la maison d'arrêt dite Sainte-Pélagie; et contre
Jean-Baptiste Vandenyver, Edme-Jean-Baptiste
Vandenyver et Antoine-Augustin Vandenyver, actuellement détenus dans la maison d'arrêt dite la
Force; qu'il soit dit et ordonné qu'à sa diligence,
et par un huissier du tribunal, porteur de l'ordonnance à intervenir, ladite Vaubernier, femme Du
Barri, et les Vandenyver père et ses deux fils,
seront retirés, sous bonne et sûre garde, des maisons d'arrêt de Sainte-Pélagie et de la Force,
pour être transférés dans la maison d'arrêt dite
la Conciergerie, sur les registres de laquelle ils seront écroués, pour y rester comme en maison de
justice; comme aussi que l'ordonnance à intervenir sera notifiée à la municipalité.

« Fait au cabinet de l'accusateur-public, le 15e
jour de frimaire, l'an IIe de la république française une et indivisible.

« *Signé*, A. Q. FOUQUIER. »

Interrogée ensuite par Dumas, président du tribunal, elle répondit « que, présentée à la cour en
« 1769, elle y était restée jusqu'en 1774; que
« Beaujon, par l'ordonnance du ministre Bertin,
« acquittait toutes les dépenses de sa maison sur
« des bons signés d'elle; qu'elle avait influencé et
« déterminé quelquefois le roi dans les choix qu'il
« faisait; que devant deux millions sept cent mille
« livres en 1775, elle fit proposer à Louis XVI de

« payer cette dette : sur le refus du roi, elle avait
« échangé avec lui, pour des espèces, ses contrats,
« ses bijoux, des tableaux et de la vaisselle, jusqu'à
« la concurrence des millions qu'elle devait. Elle
« s'acquitta ainsi, sauf 250,000 francs qu'elle de-
« vait encore. Elle ajouta que ses dépenses à Lu-
« ciennes étaient moins grandes que son revenu
« de 200,000 fr.; elle avoua que le capital provenait
« des largesses de Louis XV. Quant à mon mobi-
« lier, continua-t-elle, j'en ignorais la valeur. Les
« diamans qui m'ont été volés en 1791, je les éva-
« luais à 1,500,000 francs, et ce n'était qu'une
« partie de ceux que j'avais possédés. »

On entendit quelques témoins. Le dénonciateur
Greive l'accusa d'avoir empêché le recrutement
à Luciennes; enfoui ses trésors, ainsi que les bustes
de Louis XV, du régent et d'Anne d'Autriche;
supposé le vol de ses diamans; trompé la Convention, en disant que ses bijoux étaient la seule
garantie qu'eussent ses créanciers, puisqu'elle possédait 150,000 livres de rentes sur l'Hôtel-de-
Ville de Paris, deux cents actions de la caisse d'es-
compte, représentant sept à huit cent mille francs,
des pierreries, de l'or, etc..... une fortune enfin
qu'on pouvait évaluer à douze millions. — Un espion qui l'avait suivie à Londres, prétendit avoir
été témoin des relations de l'accusée avec un agent
secret du ministère anglais; qu'elle s'était mise en
rapport avec tous les émigrés de distinction, et
qu'après la mort de *Capet*, elle avait pris le deuil,
et assisté aux services célébrés dans les chapelles

des puissances ennemies de la république. — Zamore déclara qu'elle l'avait chassé de chez elle, parce qu'il manifestait des sentimens républicains. Un autre domestique l'accusa d'avoir dit, à l'occasion du meurtre de Foulon et de Berthier, que le peuple n'était composé que de misérables et de scélérats. Le président Dumas fait le résumé des débats. « Vous voyez, dit-il, cette Laïs, célèbre par l'éclat de ses débauches, associée au despote qui lui sacrifia les trésors et le sang de ses peuples. Le scandale de son élévation et sa honte ne sont pas ce qui doit fixer votre attention ; vous avez à décider si cette Messaline, née dans le peuple, a conspiré contre la liberté et la souveraineté de la nation, si elle est devenue l'agent des conspirateurs, des nobles et des prêtres. Les débats ont jeté le plus grand jour sur un vaste complot : royalistes, fédéralistes, divisés en apparence, ont le même objet : la guerre civile et la guerre extérieure. Dumouriez et Pétion marchent également sous les ordres de Pitt. Le voile qui couvrit tant de scélératesse est déchiré en entier. Oui, Français, nous le jurons, les traîtres périront ; la liberté résistera à tous les efforts des despotes, des prêtres et des esclaves. La conspiratrice qui est devant vous pouvait, au sein de l'opulence acquise par ses charmes, vivre heureuse dans une patrie où était enseveli avec son amant le souvenir de sa protection ; mais la liberté du peuple fut un crime à ses yeux ; il fallait qu'elle fût esclave, qu'elle rampât encore sous des maîtres. »

Après les débats et la délibération du jury, le jugement suivant fut rendu, jugement que nous avons copié sur la minute.

« Vu par le tribunal révolutionnaire établi par la loi du 10 mars 1793, séant au Palais à Paris, l'acte d'accusation dressé par l'accusateur-public contre,

« 1° Jeanne Vaubernier, femme séparée de droit de Du Barry, âgée de 42 ans, née de Vaucouleur, demeurant à Luciennes ;

« 2° Jean-Baptiste Vandenyver, banquier, âgé de 66 ans, né de Amsterdam, demeurant à Paris, rue Vivienne ;

« 3° Edme-Jean-Baptiste Vandenyver, âgé de 32 ans, banquier, né de Paris, y demeurant susdite rue Vivienne ;

« 4° Et Antoine-Augustin Vandenyver, âgé de 29 ans, banquier, demeurant à Paris, susdite rue Vivienne,

Et dont la teneur suit :

(Voyez plus haut.)

« L'ordonnance de prise de corps, et les procès-verbaux de remise de leurs personnes à la prison de la Conciergerie ;

« La déclaration du jury de jugement, faite à haute voix, portant :

« Il est constant qu'il a été pratiqué des machi-
« nations et entretenu des intelligences avec les
« ennemis de l'État et leurs agens, pour les en-
« gager à commettre des hostilités, leur indiquer
« et favoriser les moyens de les entreprendre et

« diriger contre la France, notamment en faisant
« à l'étranger, sous des prétextes préparés, divers
« voyages, pour concerter ces plans hostiles avec
« ces ennemis, en leur fournissant à eux ou à leurs
« agens des secours en argent;

« Que Jeanne Vaubernier, femme Du Barry,
« demeurant à Luciennes, ci-devant courtisane,
« est convaincue d'être l'un des auteurs *ou* com-
« plices de ces machinations et intelligences;

« Que Jean-Baptiste Vandenyver, banquier hol-
« landais, domicilié à Paris,

« Edme-Jean-Baptiste Vandenyver, banquier à
« Paris,

« Et Antoine-Augustin Vandenyver, banquier
« à Paris,

« Sont convaincus d'être les complices de ces
« machinations et intelligences.

« Ouï l'accusateur-public en ses conclusions sur
l'application de la loi :

« Le tribunal condamne ladite Jeanne Vaubernier, femme Du Barry; lesdits Jean-Baptiste
Vandenyver, Edme-Jean-Baptiste Vandenyver,
et Antoine-Augustin Vandenyver à la peine de
mort, conformément à l'article 1er de la 1re section du titre 1er de la 2e partie du Code pénal, dont
il a été fait lecture, et *laquelle* est ainsi *conçue* :
« Quiconque sera convaincu d'avoir pratiqué des
« machinations, ou entretenu des intelligences
« avec les puissances étrangères, ou avec leurs agens,
« pour les engager à commettre des hostilités, ou
« pour leur indiquer les moyens d'entreprendre

« la guerre contre la France, sera puni de mort,
« soit que ces machinations ou intelligences aient
« été ou non suivies d'effet.

« Déclare les biens des*dites* femme Du Barri,
Jean-Baptiste, Edme-Jean-Baptiste et Augustin
Vandenyver, acquis au profit de la république,
conformément à l'article 2 du titre 2 de la loi du
10 mars 1793, dont il a été fait lecture, lequel
est ainsi conçu (1) :

« . . . .

« Ordonne qu'à la diligence de l'accusateur-
public, le présent jugement sera, dans les vingt-
quatre heures, mis à exécution sur la place publique de la Révolution de cette ville, imprimé et
affiché dans toute l'étendue de la république.

« Fait et jugé en l'audience publique, où étaient
présens les citoyens René-François Dumas, vice-
président, faisant fonctions de président; François-
Joseph Denizot, Alexandre-Edme David et Charles
Braouet, juges, qui ont signé la présente minute
avec le greffier. A Paris, ce 17 frimaire, l'an 2 de
la république française.

Signé, DAVID, DENIZOT, BRAOUET, DUMAS.
WOLFF, *commis-greffier.*

----

(1) Le greffier a laissé ici un blanc sur sa minute, qu'il devait sans doute remplir par le texte de l'article cité. Le
voici : « Les biens de ceux qui seront condamnés à la peine
« de mort seront acquis à la république; et il sera pourvu
« à la subsistance des veuves et des enfans, s'ils n'ont pas de
« biens ailleurs. »

Il était onze heures du soir quand le jugement fut rendu.

En entendant prononcer son arrêt de mort, la comtesse Du Barri jeta un cri de désespoir, et tomba sans connaissance. On se hâta de la rappeler à la vie, et le lendemain 18 frimaire, à quatre heures après-midi, elle fut traînée à l'échafaud, avec les banquiers Vandenyver (1).

Madame Du Barri avait conservé cependant quelque espérance jusqu'au dernier moment; mais

---

(1) Le procès-verbal d'exécution de madame du Barri nous paraît une pièce trop curieuse pour que nous en privions nos lecteurs.

« L'an deuxième de la république française, le dix-huit frimaire, à la requête du citoyen accusateur public près le tribunal criminel extraordinaire et révolutionnaire, établi à Paris par la loi du 10 mars 1793, sans aucun recours au tribunal de cassation, lequel fait élection de domicile au greffe dudit tribunal, séant au Palais;

« Nous, huissier-audiencier audit tribunal, demeurant à Paris,

« Soussigné, nous sommes transporté en la maison de justice dudit tribunal, pour l'exécution du jugement rendu par le tribunal, en *datte* du jour *dhier* contre la nommée Jeanne Vaubernier, femme du Barry, qui a été condamné à la peine de mort, pour les causes énoncées audit jugement, et de suite l'avons remis à l'exécuteur des jugemens criminels et à la gendarmerie qui *l'ont conduit* sur la place de la Révolution de cette ville, où sur un échafaud dressé sur la dite place, la *ditte* Vaubernier, femme du Barry a, en notre présence, subi la peine de mort à quatre heures trente *minuttes* de *relevée*, et de tout ce que dessus avons fait et ré-

à l'aspect de la fatale charrette, le peu de forces et de courage qui lui restait l'abandonna. Pendant le trajet de la Conciergerie à la place de la Révolftion, sa pâleur fut extrême ; une agitation convulsive se manifestait dans tous ses traits. En vain ses malheureux compagnons d'infortune cherchèrent à lui donner quelque peu d'énergie... *A moi! à moi!* criait-elle au peuple qu'elle espérait intéresser en sa faveur. Lorsqu'elle arriva au pied de l'échafaud, elle respirait à peine, et son corps était presque entièrement renversé sur l'exécuteur ; mais elle se ranima et se débattit avec violence, lorsque celui-ci voulut remplir ses terribles fonctions. Il fallut user de force pour l'attacher à l'instrument de mort. Un cri déchirant, affreux, s'échappa de sa poitrine. *Encore un moment, monsieur le bourreau!... encore...!* Le fatal couperet ne lui permit pas d'achever.

Voici de quelle manière M. Lafont d'Aussonne, auteur des *Mémoires de la reine de France*, explique (p. 399 et 400) la faiblesse que montra la comtesse Du Barri au moment de mourir : « D'après « le conseil de son avocat, madame Du Barri, « condamnée à mort, et voyant, par les débats du

---

digé le présent procès-verbal, pour servir et valoir ce que de raison. Dont acte.

« *Signé*, DEGUAIGNÉ.

« Enregistré *gratis* à Paris le 22 frimaire 2ᵉ de la république française une et indivisible.

« *Signé*, SADÉ. »

« procès que deux de ses gens l'avaient perdue,
« afin de s'approprier son trésor, écrivit au comité
« de sûreté générale pour offrir une révélation.
« Elie Lacoste et Vadier se transportèrent auprès
« d'elle. Messieurs, leur dit-elle, accordez-moi la
« vie, avec la liberté de quitter la France, et je vais
« donner à l'Etat mes diamans et mes joyaux qui
« sont d'un grand prix : tous ces objets seront
« ignorés et perdus si vous me faites perdre la
« vie. Les deux agens feignirent d'aller consulter
« la Convention sur un cas de cette importance.
« Après un délai suffisant, ils reparurent à la Con-
« ciergerie, et dirent à la comtesse : *Tes offres*
« *sont acceptées; tu vivras, si le trésor existe aux*
« *lieux que tu vas indiquer.* Elle l'indiqua. Les
« comités firent le pillage, et on envoya la com-
« tesse mourir. Elle crut que le tribunal agissait
« par précipitation ou par erreur : de là venaient
« ses cris et ses gémissemens sur toute la route. »

On sait quel degré de confiance il convient d'accorder à M. Lafont d'Aussonne : c'est un écrivain
qui a ajouté foi aveugle à toutes les sottises que
débitaient les émigrés sur les hommes de la
révolution.

Un mot sur le jeune *inconnu* qui avait prédit
à Jeanne Vaubernier son élévation et sa chute.

Quel était ce personnage mystérieux?

Une personne qui se prétend bien instruite nous
a affirmé que la comtesse Du Barri, à son heure
suprême, reconnut en lui le *bourreau!!*

MADAME ÉLISABETH.

———

Philippine-Marie-Hélène ELISABETH, sœur de Louis XVI, de Louis XVIII et de Charles X, naquit à Versailles, le 3 mai 1764, de Louis, dauphin, et de Marie-Joséphine de Saxe.

Madame Elisabeth était née avec un caractère intraitable : une fierté choquante, une inflexibilité qu'irritait la contradiction, des emportemens fréquens, étaient les défauts qui s'annonçaient en elle. A l'âge de cinq à six ans, elle trépignait de colère, quand ses femmes mettaient le moindre retard à contenter ses caprices. Ennemie de l'application : « Qu'ai-je besoin d'apprendre? disait- « elle; tant de gens pensent pour les princes, que « ce n'est pas la peine qu'ils se fatiguent inuti- « lement. » La jalousie vint encore aigrir son humeur. Comme tous les enfans méchans, elle était très-habile à feindre. Elle voulait en vain dissimuler cette jalousie, sa vivacité venait la trahir; et quand sa gouvernante contrariait ses petites volontés, elle s'écriait : « Si ma sœur Clo- « tilde vous l'eût demandé, elle l'aurait obtenu. »

Lorsque madame de Mackau fut appelée auprès d'Elisabeth en qualité de gouvernante, cette jeune princesse avait onze ans. Madame de Mackau se fit craindre, et parvint à dompter quelque peu ce caractère difficile; mais en parvenant à lui faire faire des progrès dans ses études, il lui fut impossible de détruire entièrement en elle ce que la nature et une première éducation y avaient mis de fierté, d'entêtement et de jalousie.

Plus tard, la raison adoucit ces vices : elle devint même prévenante et charitable.

A quinze ans, Louis XVI forma sa maison, et lui donna le château de Montreuil, où elle se fit aimer par sa bienveillance et ses libéralités.

Elle était belle et gracieuse : plusieurs princes recherchèrent sa main, et pourtant elle ne se maria pas. Il faut croire que le mariage d'une princesse n'est point chose facile, et non qu'elle sacrifia son avenir à un attachement extrême pour Louis XVI.

Sans doute elle aimait ce prince, mais point de sorte à refuser un mari. Au surplus, Louis XVI saisissait toutes les occasions de lui montrer tendresse et confiance, la consultant et suivant ses avis. Aussi prétendit-on avec quelque apparence de fondement qu'elle ne fut pas étrangère à certaines mesures de rigueur de la cour, nuisibles même au parti bourbonien.

Au commencement de la révolution, après le 14 juillet 1789, on cita d'elle ce propos à madame de Bombelles : « Les députés, victimes de leurs « passions, de leur faiblesse ou de la séduction, « courent à leur ruine, à celle du trône et de tout « le royaume. Si dans ce moment-ci *le roi n'a*

« *pas la sévérité nécessaire pour faire couper au*
« *moins trois têtes, tout est perdu.* »

Quoiqu'elle eût été l'amie de Marie-Antoinette,
elle la jugeait assez sévèrement. La reine l'avait su,
et s'était éloignée d'elle. Toutes deux cependant se
rapprochèrent au moment du malheur.

Elisabeth était du voyage à Varennes. Elle ne
voulut point séparer son sort de celui de son frère,
et entra avec lui au Temple.

Après la mort de Louis XVI et le transfèrement
de Marie-Antoinette à la Conciergerie, de Marie-
Antoinette dont elle ignorait la destinée, elle ne
s'occupa plus que de l'orpheline abandonnée à ses
soins : tous ses momens étaient à sa pupille et
au ciel.

Nous rapportons la prière qu'elle avait composée, et qu'elle récita tous les jours pendant la
durée de sa captivité, parce qu'elle est rare et très-
peu connue :

« Que m'arrivera-t-il? ô mon Dieu! je n'en sais
rien. Tout ce que je sais, c'est qu'il ne m'arrivera
rien que vous n'ayez réglé, prévu ou ordonné de
toute éternité : cela me suffit, ô mon Dieu! cela
me suffit : j'adore vos décrets éternels et impéné-
trables; je m'y soumets de tout mon cœur pour
l'amour de vous; je veux tout, j'accepte tout, je
vous fais le sacrifice de tout, et j'unis ce sacrifice
à celui de Jésus-Christ, mon divin Sauveur; je
vous demande en son nom, et par ses mérites, la
patience dans mes peines et la soumission parfaite

qui vous est due pour tout ce que vous voulez ou permettez. Ainsi soit-il ! »

Madame Elisabeth se berçait des espérances d'un échange. Elle ignorait qu'on préparait son acte d'accusation, et qu'on cherchait à ajouter aux charges déjà réunies contre elle. On y procéda par le procès-verbal des déclarations de *Charles Capet*, qui, ayant dénoncé sa mère, pouvait bien encore dénoncer sa tante et sa sœur !

« Cejourd'hui 13 frimaire an 2 de la république une et indivisible (3 décembre 1793), nous, commissaires de la commune, de service au Temple, sur l'avertissement à nous donné par le citoyen Simon, que Charles Capet avait à dénoncer des faits qu'il nous importait de connaître pour le salut de la république, nous nous sommes transportés à quatre heures de relevée dans l'appartement du dit Charles Capet, qui nous a déclaré ce qui suit :

« Que depuis environ quinze jours ou trois semaines, il entend les détenues frapper tous les jours consécutifs, entre six et neuf heures ; que depuis avant-hier ce bruit s'est fait un peu plus tard, et a duré plus long-temps que les jours précédens ; que ce bruit paraît partir de l'endroit correspondant au bûcher ; que de plus il connaît, à la marche qu'il distingue de ce bruit, que pendant ce temps les détenues quittent la place du bûcher par lui indiqué, pour se transporter dans l'embrasure de la fenêtre de leur chambre à coucher ; ce qui fait présumer qu'elles cachent quelques objets dans ces embrasures. Il pense que ce pourrait être de faux assignats, mais qu'il n'en est pas sûr, et qu'elles pourraient les passer par la fenêtre pour les communiquer à quelqu'un.

« Ledit Charles nous a également déclaré que, dans le temps qu'il était avec les détenues, il a vu un morceau de bois garni d'une épingle crochue et d'un long ruban, avec lequel il suppose que les détenues ont pu communiquer par lettres avec feu Capet.

« Et de plus, que ledit Charles se rappelle qu'il lui a été dit que s'il descendait avec son père, il lui fît ressouvenir de passer tous les jours à huit heures et demie du soir, dans le passage qui conduit à la tourelle, où se trouve une fenêtre de l'appartement des détenues.

« Charles Capet nous a déclaré de plus, qu'il était fortement persuadé que les détenues avaient quelques intelligences ou correspondances avec quelqu'un.

« De plus, nous a déclaré qu'il avait entendu lire dans une lettre que Cléry avait proposé à feu Capet le moyen de correspondance présumée par lui déclarant; que Capet avait répondu à Cléry que cela ne pouvait se pratiquer, et que cette réponse n'avait été faite à Cléry qu'à la fin; qu'il ne se douta pas de l'existence de la dite correspondance.

« Déclare qu'il a vu les détenues fort inquiètes, parce qu'une de leurs lettres était tombée dans la cour.

« Ayant demandé au citoyen Simon s'il avait

connaissance du bruit ci-dessus énoncé, il a répondu qu'ayant l'ouïe un peu dure, il n'avait rien entendu ; mais la citoyenne Simon , son épouse, a confirmé les dires dudit Charles Capet , relativement au bruit.

« Ledit citoyen Simon nous a dit que, depuis environ huit jours, ledit Charles Capet se tourmentait pour faire sa déclaration aux membres du conseil.

« Lecture faite auxdits déclarans, ont reconnu contenir vérité ; et ont signé lesdits jour et an que dessus.

> *Signé* , Charles CAPET , SIMON , femme SIMON , REMY (1) , SEGUY , ROBIN , SILLANS.

« D'après la déclaration ci-dessus , la susdite commission a fait une visite fort exacte dans l'appartement des détenues ; elle n'y a rien trouvé qui puisse donner de l'inquiétude ; elle a cependant remarqué que dans le cabinet de garde-robe, à la fenêtre qui fait face à la porte , il y a deux barreaux de traverse qui sont descellés des deux bouts, et qui paraissent l'être depuis long-temps ; et à l'autre croisée du même cabinet , le barreau et traverse d'en haut sont également descellés des deux bouts , et paraissent aussi l'être depuis long-temps.

---

(1) Mis hors la loi, exécuté le 11 thermidor an II (29 juillet 1794).

« La présente déclaration a été écrite mot pour
mot, sur le registre des procès-verbaux du
Temple.

Signé, SILLANS, REMY, ROBIN, SEGUY.

Cette pièce inutile n'avançait guère la procédure. On fit d'autres recherches, mais sans plus
de succès. On se décida alors à user des seules ressources dont on pouvait disposer. Il faut se rappeler qu'à cette époque, il n'était bruit que de conspirations contre l'ordre des choses existant, et que
les gouvernans devaient tendre à se débarrasser
de tout ce qui pouvait servir de point d'appui
aux conspirateurs, les effrayant par de grandes
mesures de rigueur.

Le 20 floréal an 2 (9 mai 1794), vers six heures et demie du soir, l'huissier Monet se rendit au
Temple, accompagné des citoyens Fontaine, adjudant-général d'artillerie de l'armée parisienne,
et Saraillée, aide-de-camp du général Henriot.
Il présenta au conseil, composé des citoyens Mou-
ret, Eudes (1), Magendié et Godefroi, une lettre
de l'accusateur-public Fouquier-Tinville, portant
invitation de remettre aux susdits nommés, la
sœur de Louis Capet, en conséquence du mandat d'arrêt dont ils étaient porteurs et qu'ils lais-
sèrent.

Le conseil acquiesça sur-le-champ, et les dits

(1) Exécuté le 11 thermidor an II (29 juillet 1794).

Monet, Fontaine et Saraillée, signèrent sur les registres la sortie de l'accusée.

Elisabeth sortit du Temple vers les sept heures trois quarts. Montée avec ses conducteurs dans un fiacre qui l'attendait à la porte, elle arriva une demi-heure après à la Conciergerie. Elle resta déposée au greffe de cette prison pendant environ deux heures ; après quoi on la traduisit dans la chambre du conseil, où elle subit l'interrogatoire secret consigné au procès-verbal, dont nous allons rapporter le texte.

« Cejourd'hui 20 floréal, l'an 2 de la république française, une et indivisible, nous, Gabriel Deliège, vice-président du tribunal révolutionnaire, assisté d'Anne Ducray, commis-greffier du tribunal, et en présence d'Antoine-Quentin Fouquier, accusateur public, avons fait amener de la maison d'arrêt dite la Conciergerie la ci-après nommée, à laquelle nous avons demandé ses noms, surnoms, âge, profession, pays et demeure.

A répondu se nommer Elisabeth-Marie Capet, sœur de Louis Capet, âgée de trente ans, native de Versailles, département de Seine-et-Oise.

D. Avez-vous, avec le dernier tyran, conspiré contre la sûreté et la liberté du peuple français?

R. J'ignore à qui vous donnez ce titre ; mais je n'ai jamais désiré que le bonheur des Français.

D. Avez-vous entretenu des correspondances et intelligences avec les ennemis intérieurs et extérieurs de la république, et notamment avec les frères de Capet et les vôtres, et ne leur avez-vous pas fourni des secours en argent?

R. Je n'ai jamais connu que des amis des Français; jamais je n'ai fourni de secours à mes frères, et depuis le mois d'août 1792, je n'ai reçu de leurs nouvelles, ni ne leur ai donné des miennes.

D. Ne leur avez-vous pas fait passer des diamans?

R. Non.

D. Je vous fais observer que votre réponse n'est point exacte sur l'article des diamans, attendu qu'il est notoire que vous avez fait vendre vos diamans en Hollande et autres pays étrangers, et que vous avez fait passer le prix en provenant, par vos agens, à vos frères, pour les aider à soutenir leur rébellion contre le peuple français.

R. Je dénie le fait, parce qu'il est faux.

D. Je vous fais observer que dans le procès qui eut lieu en novembre 1792, relativement au prétendu vol des diamans, fait au ci-devant garde-meuble, il a été établi et prouvé aux débats (1) qu'il avait été distrait une partie des diamans que vous portiez autrefois; qu'il a pareillement été prouvé que le prix en avait été transmis à vos frères par vos ordres : pourquoi je vous somme de vous expliquer catégoriquement sur ces faits.

R. J'ignore les vols dont vous venez de me parler; j'étais à cette époque au Temple, et je persiste, au surplus, dans ma précédente dénégation.

_____

(1) Voyez les pièces qui suivent cet interrogatoire.

D. N'avez-vous pas eu connaissance que le voyage, déterminé par votre frère Capet et Marie-Antoinette, pour Saint-Cloud, à l'époque du 18 avril 1791, n'avait été imaginé que pour saisir l'occasion de sortir de France?

R. Je n'ai eu connaissance de ce voyage que par l'intention qu'avait mon frère de prendre l'air, attendu qu'il n'était pas bien portant.

D. Je vous demande s'il n'est pas vrai, au contraire, que le voyage n'a été arrêté que par suite des conseils de différentes personnes qui se rendaient alors habituellement au ci-devant château des Tuileries, notamment de Bonnal, ex-évêque de Clermont, et autres prélats et évêques; et vous même n'avez-vous pas sollicité le départ de votre frère?

R. Je n'ai point sollicité le départ de mon frère, qui n'a été décidé que d'après l'avis des médecins.

D. N'est-ce pas pareillement à votre sollicitation et à celle de Marie-Antionette, votre belle-sœur, que Capet, votre frère, a fui de Paris dans la nuit du 20 au 21 juin 1791?

R. J'ai appris dans la journée du 20 que nous devions tous partir dans la nuit suivante; et je me suis conformée à cet égard aux ordres de mon frère.

D. Le motif de ce voyage n'était-il pas de sortir de France, et de vous réunir aux émigrés et autres ennemis du peuple français.

R. Jamais mon frère ni moi n'avons eu l'intention de quitter notre pays.

D. Je vous fais observer que cette réponse ne paraît pas exacte; car il est notoire que Bouillé avait donné les ordres à différens corps de troupes de se trouver à un point convenu, pour protéger cette évasion, de manière à pouvoir vous faire sortir, ainsi que votre frère et autres, du territoire français, et que même tout était préparé à l'abbaye d'Orval, située sur le territoire du despote autrichien, pour vous recevoir; et vous fais observer, au surplus, que les noms par vous supposés et votre frère, ne permettent pas de douter de vos intentions.

R. Mon frère devait aller à Montmédy, et je ne lui connaissais pas d'autres intentions.

D. Avez-vous connaissance qu'il ait été tenu des conciliabules secrets chez Marie-Antoinette, ci-devant reine de France, lesquels s'appelaient comité autrichien?

R. J'ai parfaitement connaissance qu'il n'y en a jamais eu.

D. Je vous fais observer qu'il est cependant notoire que les conciliabules se tenaient de deux jours l'un, depuis minuit jusqu'à trois heures du matin, et que même ceux qui y étaient admis passaient par la pièce que l'on appelait alors la galerie des tableaux.

R. Je n'en ai aucune connaissance.

D. N'étiez-vous point aux Tuileries les 28 février 1791, 20 juin et 10 août 1792?

R. J'étais au château les trois jours, et notamment le 10 août 1792, jusqu'au moment où je me suis rendue avec mon frère à l'assemblée nationale.

D. Ledit jour 28 février, n'avez-vous pas eu connaissance que le rassemblement des ci-devant marquis, chevaliers et autres, armés de sabres et de pistolets, était encore pour favoriser une nouvelle évasion de votre frère et de toute sa famille, et que l'affaire de Vincennes, arrivée le même jour, n'avait été imaginée que pour faire diversion?

R. Je n'en ai aucune connaissance.

D. Qu'avez-vous fait dans la nuit du 9 au 10 août?

R. Je suis restée dans la chambre de mon frère, où nous avons veillé.

D. Je vous fais observer qu'ayant chacun vos appartemens, il paraît étrange que vous vous soyez réunis dans celui de votre frère; et sans doute que cette réunion avait un motif que je vous interpelle d'expliquer.

R. Je n'avais d'autre motif que celui de me réunir toujours chez mon frère lorsqu'il y avait des mouvemens dans Paris.

D. Cette même nuit, n'avez-vous pas été avec Marie-Antoinette dans une salle où étaient des Suisses occupés à faire des cartouches; et notamment n'y avez-vous pas été de neuf heures et demie à dix heures du soir?

R. Je n'y ai pas été, et n'ai nulle connaissance de cette salle.

D. Je vous fais observer que cette réponse n'est point exacte; car il est établi dans différens procès qui ont eu lieu au tribunal du 17 août 1792, que Marie-Antoinette et vous aviez été plusieurs fois, dans la nuit, trouver les gardes-suisses et que vous les aviez fait boire, et les aviez engagés à confectionner la fabrication des cartouches, dont Marie-Antoinette en vit mordre plusieurs?

R. Cela n'a pas existé, et je n'en ai aucune connaissance.

D. Je vous représente que les faits sont trop notoires pour ne pas vous rappeler les différentes circonstances relatives à ceux par vous déniés, et pour ne pas savoir le motif qui avait déterminé les rassemblemens de troupes de tout genre qui se sont trouvés cette même nuit aux Tuileries : pour quoi je vous somme de déclarer si vous persistez dans vos précédentes dénégations à nier les motifs de ces rassemblemens.

R. Je persiste dans mes précédentes dénégations, et j'ajoute que je ne connaissais pas de motifs de rassemblemens; je sais seulement, comme je l'ai déjà dit, que les corps constitués pour la sûreté de Paris, étaient venus avertir mon frère qu'il y avait du mouvement dans les faubourgs, et que dans cette occasion la garde nationale se rassemblait pour sa sûreté, comme la constitution le prescrivait.

D. Lors de l'évasion du 20 juin, n'est-ce-pas vous qui avez emmené les enfans?

R. Non, je suis sortie seule.

D. Avez-vous un défenseur, ou voulez-vous en nommer un?

R. Je n'en connais pas.

De suite nous lui avons nommé Chauveau-Lagarde pour conseil.

Lecture faite du présent interrogatoire, a persisté; et a signé avec nous et notre greffier.

Signé, ELISABETH-MARIE, A. Q. FOUQUIER, DELIÈGE, DUCRAY, *greffier.*

Pièces jointes à cet interrogatoire.

Paris, 17 floréal, deuxième année républicaine.

« Citoyens,

« Nous joignons un extrait du procès-verbal rédigé par les commissaires de la Convention nationale, le 10 décembre, première année de la république française, contenant la déclaration qu'Elisabeth Capet a fait parvenir à ses frères ses diamans, pour payer les troupes qu'ils entretenaient contre la France.

« Les membres du comité de correspondance,

« *Signé*, CORDIER, P. J. AUDOUIN. »

Au dos est écrit : « Au citoyen Fouquier, accusateur public près le tribunal révolutionnaire.

« 10 décembre, première année de la république.

« Du procès-verbal rédigé le dixième jour de décembre, l'an 1er de la république française,

par les représentans du peuple Prieur (de la
Marne), Bréard, Lecointre et autres ; en exécution
du décret du même jour, lors de la levée des scellés apposés sur les papiers du tribunal créé par la
loi du 17 août, en présence d'un commissaire du
pouvoir exécutif ; du citoyen Salmon, administrateur du département ; des ministres des con-
tributions publiques et de la justice ; des citoyens
Dubail, vice-président dudit tribunal ; Bruslé,
greffier de la première section ; Lavaux, président,
et Réal, accusateur public près la seconde section:
ladite levée des scellés faite par le citoyen Lambert,
juge de paix de la section du Pont-Neuf,

« A été extrait ce qui suit :

Déclaration du citoyen Pépin, qui constate qu'E-
lisabeth Capet a fait passer à ses frères tous
ses diamans, pour payer les troupes qu'ils
entretenaient contre la France.

« Le citoyen Pépin, président de la première
section dudit tribunal a dit : que dans l'instruction
du vol du garde-meuble, il a été établi :

« 1°. Que le 20 juin, Louis Capet, voulant
mettre de côté tous les diamans et richesses déposées au garde-meuble, fit engager l'épouse du
sieur de Crécy, par Thierry, son valet de chambre, à enlever dudit garde-meuble tous ces objets, et à les cacher dans une armoire pratiquée
dans le mur de son alcôve, derrière le chevet de
son lit : ce qui fut fait ;

« 2°. Que vers le même temps, madame Elisabeth envoya à ses frères tous ses diamans au su du roi, pour qu'ils empruntassent dessus, ou les vendissent pour payer les troupes qu'ils entretenaient contre la France ;

« 3°. Que le ci-devant roi avait envoyé à tous ses ambassadeurs et chargés d'affaires dans les cours de l'Europe, une protestation contre son acceptation de la constitution ;

« 4°. Que le 10 août, avant de se retirer à l'Assemblé nationale, Louis Capet fit cacher tous ses diamans ; et a signé ainsi :

PEPIN DE GROUCHETTE.

« Le présent extrait, certifié conforme à l'original, lequel est signé par toutes les personnes y dénommées, par nous membres du comité de correspondance de la Convention nationale, ce 17 floréal deuxième année de la république.

« Ledit original déposé au comité.

« *Signé*, P. J AUDOUIN, CORDIER. »

Le lendemain de cet interrogatoire, Elisabeth parut à la barre du tribunal révolutionnaire, composé comme il suit :

Président : René-François Dumas (1); — juges : Gabriel Deliège, Antoine-Marie Maire ; — subs-

_____

(1) Mis hors la loi ; guillotiné le 10 thermidor an 2 (28 juillet 1794).

titut de l'accusateur-public : Gilbert Lieudon ; — greffier : Charles-Adrien Legris (1); — jurés : Trinchard, Laporte, Renaudin (2), Grenier, Brochet, Auvrest, Duplay, Fauvety (3), Meyère, Prieur (4), Fievez, Besnard (5), Famber, Desbois-seaux (6).

Le Président à *Elisabeth*. Quel est votre nom ?

R. Elisabeth-Marie Capet.

D. Votre âge ?

R. Trente ans.

D. Où êtes-vous née ?

R. A Versailles.

D. Où résidez-vous ?

R. A Paris.

Le greffier donne lecture de l'acte d'accusation, dont la teneur suit :

Antoine-Quentin Fouquier, accusateur-public près le tribunal révolutionnaire, expose que c'est à la famille Capet que le peuple français doit tous les maux sous le poids desquels il a gémi pendant tant de siècles.

« C'est au moment où l'excès de l'oppression a forcé le peuple de briser ses chaînes, que toute

---

(1) Guillotiné à Paris, le 1er thermidor an 2 (19 juillet 1794).

(2) Guillotiné à Paris, le 17 floréal an 3 (6 mai 1795).

(3) Guillotiné à Avignon en l'an 3.

(4) Guillotiné à Paris, le 17 floréal an 3 (6 mai 1795).

(5-6) mis hors la loi le 9 thermidor an 2 ; exécutés le 10 du même mois (28 juillet 1794).

cette famille s'est réunie pour le plonger dans un
esclavage plus cruel encore que celui dont il voulait
sortir. Les crimes de tous genres, les forfaits amon-
celés de Capet, de la Messaline Antoinette, des deux
frères et d'Elisabeth, sont trop connus pour qu'il
soit nécessaire d'en tracer ici le tableau; ils sont écrits
en caractères de sang dans les annales de la révolution; et les atrocités inouies exercées par les barbares
émigrés ou les sanguinaires satellites des despotes;
les meurtres, les incendies, les ravages; enfin les as-
sassinats inconnus aux monstres les plus féroces,
qu'ils commettaient sur le territoire français, sont
encore commandés par cette détestable famille,
pour livrer de nouveau une grande nation au despotisme et aux fureurs de quelques inconnus.

« Elisabeth a partagé tous ces crimes; elle a
coopéré à toutes ces trames, à tous ces complots
formés par ses infâmes frères, par la scélérate im-
pudique Antoinette, et toute la horde des conspirateurs qui s'étaient réunis autour d'eux; elle a été associée à tous les projets, elle a encouragé tous les assassins de la patrie. Les complots de juillet 1789,
la conjuration du 6 octobre suivant, dont les d'Es-
taing, Villeroy et autres, qui viennent d'être frappés du glaive de la loi, étaient les agens; enfin, toute
cette chaîne non interrompue de conspirations,
pendant quatre ans entiers, ont été suivies et secondées de tous les moyens qui étaient au pouvoir
d'Elisabeth. C'est elle qui, au mois de juin 1791,
a fait passer les diamans, qui étaient une propriété
nationale, à l'infâme d'Artois son frère, pour le

mettre en état d'exécuter les projets concertés avec
lui, et de soudoyer des assassins contre la patrie ;
c'est elle qui entretenait avec son autre frère,
devenu aujourd'hui l'objet de la dérision et du
mépris des despotes coalisés chez lesquels il est allé
déposer son imbécille et lourde nullité, la correspondance la plus active ; c'est elle qui voulait,
par l'orgueil et le dédain le plus instant, avilir et
humilier les hommes libres qui consacraient leur
temps à garder leur tyran ; c'est elle, enfin, qui
prodiguait des soins aux assassins envoyés aux
Champs-Elysées par le despote, pour provoquer
les braves Marseillais, et qui pansait les blessures
qu'ils avaient reçues dans leur fuite précipitée.
Elisabeth avait médité avec Capet et Antoinette
le massacre des citoyens de Paris, dans l'immor-
telle journée du 10 août ; elle veillait dans l'espoir
d'être témoin de ce carnage nocturne ; elle aidait
la barbare Antoinette à mordre des balles, et en-
courageait par ses discours des jeunes personnes
que des prêtres fanatiques avaient conduites au
château pour cette horrible occupation. Enfin,
trompée dans l'espoir que toute cette horde de
conspirateurs avait, que tous les citoyens se pré-
senteraient pendant la nuit pour renverser la tyrannie, elle fuit au jour avec le tyran et sa femme,
et fut attendre dans le temple de la souveraineté
nationale, que la horde d'esclaves soudoyés et dévoués aux forfaits de cette cour parricide, eût noyé
dans le sang des citoyens la liberté, et lui eût
fourni les moyens d'égorger ensuite ses représen-

tans, au milieu desquels ils avaient été chercher un asile.

« Enfin, on l'a vue, depuis le supplice mérité du plus coupable des tyrans qui ait déshonoré la nature humaine, provoquer le rétablissement de la tyrannie, en prodiguant, avec Antoinette, au fils de Capet, les hommages de la royauté, et les prétendus honneurs dus au trône. »

LE PRÉSIDENT *à Elisabeth.* Où étiez-vous dans les journées des 12, 13 et 14 juillet 1789, c'est-à-dire aux époques des premiers complots de la cour contre le peuple ?

R. J'étais dans le sein de ma famille ; je n'ai connu aucun des complots dont vous me parlez ; et ce sont des événemens que j'étais bien loin de prévoir et de seconder.

D. Lors de la fuite du tyran votre frère à Varennes, ne l'avez-vous pas accompagné ?

R. Tout m'ordonnait de suivre mon frère, et je me suis fait un devoir dans cette occasion comme dans toute autre de ne point le quitter.

D. N'avez-vous pas figuré dans l'orgie infâme et scandaleuse des gardes-du-corps ; et n'avez-vous pas fait le tour de la table avec Marie-Antoinette, pour faire répéter à chacun des convives le serment affreux d'exterminer tous les patriotes, pour étouffer la liberté dans sa naissance, et rétablir le trône chancelant ?

R. J'ignore absolument si l'orgie dont il s'agit a eu lieu ; mais je déclare n'en avoir été aucunement instruite, et n'y avoir pris part en aucune manière.

D. Vous ne dites pas la vérité, et votre dénégation ne peut vous être d'aucune utilité, lorsqu'elle est démentie, d'une part, par la notoriété
publique, et de l'autre, par la vraisemblance qui
persuade à tout homme sensé qu'une femme aussi
intimement liée que vous l'étiez avec Marie-Antoinette, et par les liens du sang, et par ceux de
l'amitié la plus étroite, n'a pu se dispenser de
partager ses machinations, d'en avoir eu communication, et de les avoir favorisées de tout son
pouvoir. Vous avez nécessairement, d'accord
avec la femme du tyran, provoqué le serment
abominable prêté par les satellites de la cour, d'assassiner et d'anéantir la liberté dans son principe ;
et vous avez également provoqué les outrages
sanglans faits aux signes précieux de la liberté, qui
ont été foulés aux pieds par tous vos complices.

R. J'ai déjà dit que tous ces faits m'étaient étrangers ; je n'y dois point d'autre réponse.

D. Où étiez-vous dans la journée du 10 août
1792 ?

R. J'étais au château, ma résidence ordinaire
et naturelle depuis quelque temps.

D. N'avez-vous pas passé la nuit du 9 au 10 août
dans la chambre de votre frère ; et n'avez-vous
pas eu avec lui des conférences secrètes qui vous
ont expliqué le but et le motif de tous les mouvemens et préparatifs qui se faisaient sous vos yeux ?

R. J'ai passé chez mon frère la nuit dont vous
me parlez ; jamais je ne l'ai quitté : il avait beaucoup de confiance en moi ; et cependant je n'ai

rien remarqué, ni dans sa conduite, ni dans ses
discours, qui pût m'annoncer ce qui s'est passé
depuis.

D. Votre réponse blesse tout à la fois la vérité
et la vraisemblance; et une femme comme vous,
qui a manifesté dans tout le cours de la révolution
une opposition aussi frappante au nouvel ordre
de choses, ne peut être crue, lorsqu'elle veut faire
croire qu'elle ignora la cause des rassemblemens
de toute espèce qui se faisaient au château, la veille
du 10 août : voudriez-vous nous dire ce qui vous
a empêchée de vous coucher cette même nuit?

R. Je ne me suis pas couchée parce que les corps
constitués étaient venus faire part à mon frère de
l'agitation, de la fermentation des habitans de
Paris, et des dangers qui pouvaient en résulter.

D. Vous dissimulez en vain, surtout après les
différens aveux de la femme Capet, qui vous a dési-
gnée comme ayant assisté à l'orgie des gardes du
corps, comme l'ayant soutenue dans ses craintes et
ses alarmes du 10 août, sur les jours de Capet et
de tout ce qui pouvait l'intéresser; mais ce que
vous me niez infructueusement, c'est la part
active que vous avez prise à l'action qui s'est en-
gagée entre les patriotes et les satellites de la tyrannie, c'est votre zèle et votre ardeur à servir les
ennemis du peuple, et à leur fournir des balles que
vous preniez la peine de mâcher, comme devant
être dirigées contre les patriotes et destinées à les
moissonner; ce sont les vœux contre le bien public
que vous faisiez pour que la victoire demeurât au

pouvoir des partisans de votre frère et les encouragemens en tous genres que vous donniez aux assassins de la patrie : Que répondez-vous à ces derniers faits?

R. Tous ces faits qui me sont imputés sont autant d'indignités dont je suis bien loin de m'être souillée.

D. Lors du voyage à Varennes, n'avez-vous pas fait précéder l'évasion honteuse du tyran, de la soustraction des diamans dits de la couronne, appartenant alors à la nation, et ne les avez-vous pas envoyés à votre frère d'Artois?

R. Ces diamans n'ont pas été envoyés à d'Artois; je me suis bornée à les déposer entre les mains d'une personne de confiance.

D. Voudriez-vous nous désigner le dépositaire de ces diamans, ou nous le nommer?

R. Monsieur de Choiseul est celui que j'avais choisi pour faire ce dépôt.

D. Que sont devenus les diamans que vous dites avoir confiés à Choiseul?

R. J'ignore absolument quel a pu être le sort de ces diamans, n'ayant point eu l'occasion de voir M. de Choiseul; je n'en ai point eu d'inquiétude, et ne m'en suis nullement occupée.

D. Vous ne cessez d'en imposer sur toutes les interpellations qui vous sont faites, et singulièrement sur le fait des diamans; car un procès-verbal du 12 décembre 1792, bien rédigé en connaissance de cause par les représentans du peuple, lors de l'instruction de l'affaire relative au vol de ces diamans, constate d'une manière sans réplique que les dits diamans ont été envoyés à d'Artois.

(Élisabeth garde le silence.)

D. N'avez-vous pas entretenu des correspondances avec votre frère, le ci-devant Monsieur?

R. Je ne me rappelle pas en avoir entretenu, surtout depuis qu'elles sont prohibées.

D. N'avez-vous pas donné des soins, en pansant vous-même les blessures des assassins envoyés par votre frère aux Champs-Elysées contre les braves Marseillais?

R. Je n'ai jamais su que mon frère eût envoyé des assassins contre qui que ce soit; s'il m'est arrivé de donner des secours à quelques blessés, l'humanité seule a pu me conduire dans le pansement de leurs blessures; je n'ai point eu besoin de m'informer de la cause de leurs maux pour m'occuper de leur soulagement : je ne m'en fais point un mérite, et je n'imagine pas que l'on puisse m'en faire un crime.

D. Il est difficile d'accorder ces sentimens d'humanité dont vous vous parez, avec cette joie cruelle que vous avez montrée en voyant couler des flots de sang dans la journée du 10 août. Tout nous autorise à croire que vous n'êtes humaine que pour les assassins du peuple, et que vous avez toute la férocité des animaux les plus sanguinaires pour les défenseurs de la liberté. Loin de secourir ces derniers, vous provoquiez leur massacre par vos applaudissemens; loin de désarmer les meurtriers du peuple, vous leur prodiguiez à pleines mains les instrumens de la mort, à l'aide desquels vous vous flattiez, vous et vos complices, de rétablir le despotisme et la tyrannie : voilà l'humanité des dominateurs des nations, qui de tout temps ont sacrifié des millions d'hommes à leurs caprices, à leur ambition ou à leur cupidité.

L'accusée Elisabeth, dont le plan de défense est de nier tout ce qui est à sa charge, aura-t-elle la bonne foi de convenir qu'elle a bercé le petit Capet de l'espoir de succéder au trône de son père, et qu'elle a ainsi provoqué la royauté?

R. Je causais familièrement avec cet infortuné, qui m'était cher à plus d'un titre, et je lui administrais sans conséquence les consolations qui me paraissaient capables de le dédommager de la perte de ceux qui lui avaient donné le jour.

D. C'est convenir, en d'autres termes, que vous nourrissiez le petit Capet des projets de vengeance que vous et les vôtres n'avez cessé de former contre la liberté, et que vous vous flattiez de relever les débris d'un trône brisé, en l'inondant de tout le sang des patriotes.

. L'accusateur-public et les défenseurs ayant été entendus, on a lu le jugement suivant, d'après la déclaration unanime du jury, portant :

« Qu'il a existé des complots et des conspirations formés par Capet, sa femme, sa famille, ses agens et complices, par suite desquels des provocations à la guerre civile dans l'intérieur, ont été formées ; des secours en hommes et argent ont été fournis aux ennemis ; des intelligences crimi-

nelles entretenues avec eux ; des troupes rassemblées, des chefs nommés, et des dispositions
préparées pour assassiner le peuple, anéantir la
liberté et rétablir le despotisme ;

« Qu'il est constant qu'*Elisabeth Capet*, veuve
Delaigle, *Sourdeval*, veuve *Senozan*, femme
Crussol d'Amboise, *Foloppe*, *Bruard*, *Marcel
Letellier* dit *Bullier*, *Cresci - Champillon*, *Hull*,
Alexandre - François Lomenie, *Louis - Marie-
Athanase Loménie*, *Calixte Montmorin*, *Lhoste*,
Martial Loménie, *Megret-Serilly*, *Megret d'Eti-
gny*, *Charles Loménie*, veuve *Montmorin*, femme
Canizi, femme *Rosset - Cercy*, femme *Rosset*,
L'Hermite-Chambertian, femme *Megret-Serilly*
et *Dubois*, sont convaincus d'être complices de ces
complots.

En conséquence, le tribunal après avoir entendu
l'accusateur public en son réquisitoire, et les lois
par lui invoquées sur l'application de la peine, a
condamné à la peine de mort Elisabeth Capet, ainsi
que les 24 autres dénommés ci-dessus, compris
avec elle dans le même acte d'accusation.

Le même jour, entre quatre et cinq heures du
soir, tous ont été conduits sur la place de la révolution, à l'exception de la femme Serilly, que
madame Elisabeth sauva, en faisant avertir les
juges de son état de grossesse.

Elisabeth a été exécutée la dernière ; le bourreau
a montré sa tête au peuple ; son corps a été inhumé
au cimetière de Monceaux.

Le procès-verbal d'exécution, signé Château,

huissier-audiencier du tribunal, porte qu'Elisabeth a reçu le coup fatal à six heures.

On a dit que Robespierre avait imaginé de se créer des droits en forçant la main d'Elisabeth, et que, piqué d'un refus, il l'avait livrée à ses juges. On ne saurait admettre ni la probabilité, ni la vraisemblance de ce fait.

CARRIER (Jean-Baptiste).

Le nom de Carrier est l'un de ceux que l'on ne peut prononcer sans frémir d'horreur. Ce scélérat recula les bornes de la cruauté et épouvanta la Loire de ses nombreux forfaits. Tous les ennemis de la liberté ont fait de ces forfaits le texte éternel de leurs déclamations, comme si la liberté était responsable des crimes commis en son nom !

Carrier naquit, en 1758, à Yolet, près d'Aurillac. Procureur obscur dans cette dernière ville, il avait plus de trente ans à l'époque des premiers événemens de la révolution. On aurait pu croire qu'à cet âge il eût été exempt de l'enthousiasme et des écarts auxquels les âmes neuves et ardentes se livrent facilement ; mais la férocité de son caractère lui tint lieu de jeunesse, et il se précipita au milieu des troubles politiques comme un furieux tourmenté par le besoin de tout renverser, de tout détruire.

Nommé, en 1792, par le département du Cantal, l'un de ses représentans à la convention nationale, Carrier vota la mort du roi, et ne monta à la tribune que pour provoquer les mesures les plus violentes. Le 9 mars 1793, il fit décréter l'établissement du tribunal révolutionnaire ; peu de jours

après, il obtint l'arrestation du duc d'Orléans; et le
31 mai, il se prononça avec une violence sans exemple contre le parti des *Girondins*, dont il poursuivit, plus tard, le reste dans le département du
Calvados.

De retour de cette mission, qui fut si funeste
à Barbaroux, à Pétion et aux patriotes modérés du
département de la Normandie, Carrier fut envoyé
par la convention contre les rebelles de la Bretagne et de la Vendée. A peine arrivé à Nantes, il
prononce contre les habitans les plus horribles
imprécations. Bientôt après, il fait de cette ville
le théâtre de ses fureurs et de ses crimes. Monte-
t-il à la tribune de la société populaire, c'est le sabre à la main qu'il invite le peuple à s'armer et à
piller les riches; veut-il faire déclarer la ville en
état de rébellion, il excite des émeutes, et comme
ce moyen ne lui réussit point, il déclare que si,
dans un délai de quelques jours, les aristocrates,
les modérés, les Girondins et les accapareurs ne
lui sont pas signalés nominativement, il fera décimer la population toute entière.

D'accord avec Francastel, son collègue, il orga-
nisa une *compagnie* dite de *Marat*, composée de
banqueroutiers, de faussaires et d'escrocs. Le service de cette troupe consistait à arrêter les victimes désignées par Carrier, à les conduire au lieu du
supplice et à les précipiter dans la Loire. Indépendamment d'une paie de trois cents francs par mois,
chacun de ces soldats avait le privilège de dépouiller les malheureux qu'ils conduisaient à la mort.

Le commandant de cette compagnie était investi du droit de surveiller, dans Nantes et dans tout le département, les suspects, les étrangers et les malveillans. Il avait également le droit de les dénoncer, de les arrêter et de faire enfoncer les portes de tous les lieux qu'il lui plairait de visiter.

La commission militaire qui existait à Nantes prononçait journellement sur le sort de deux cents malheureux environ ; déjà, dans l'espace de vingt jours, elle en avait envoyé à la mort près de quatre mille ; mais ces boucheries ne satisfaisaient pas encore l'impitoyable Carrier. Il assembla un comité secret, et proposa de faire périr les prisonniers en masse. Cette proposition sanguinaire effraya les plus hardis, et malgré tous ses efforts, il ne put parvenir à la faire adopter.

Cependant Carrier voulait à tout prix vider les prisons : c'est alors qu'il imagina les *noyades,* qui rappelleront éternellement les plus grands de ses crimes. On croit cependant que ce fut un des membres du tribunal révolutionnaire de Nantes qui lui en suggéra l'idée. Quoi qu'il en soit, il chargea *Lamberty* et *Fouquet* de ces cruelles expéditions, dont la première eut lieu à la suite d'une orgie. On but à la santé de ceux qui, selon l'expression de Carrier et de ses complices, *allaient boire à la grande tasse.*

On pratiqua des soupapes à une galiote hollandaise, au moyen desquelles les victimes étaient précipitées dans les flots. Afin que la Loire leur servît à toutes de tombeau, des mariniers armés de leurs avirons, assommaient celles qui, sachant nager, cherchaient à gagner le rivage. Après avoir servi aux crimes de la nuit, la galiote servait aux plaisirs du jour. Plusieurs festins somptueux y furent célébrés, et Carrier, à la fin du repas, se faisait rendre compte du résultat des expéditions nocturnes, par ceux qu'il avait chargés de leur exécution.

Mais bientôt la galiote devint insuffisante ; Carrier fit construire d'autres bateaux à soupapes : vieillards, femmes, enfans, prêtres, nobles, riches, gens du peuple, furent entraînés sur ces barques fatales, et noyés indistinctement. Là, ne se bornèrent pas tant d'horreurs ; la dérision la plus impie fut mêlée au fanatisme de la destruction : on liait deux à deux, des jeunes garçons à de jeunes filles, dépouillés, entièrement nus, et après les avoir suspendus quelque temps sous les bras, on les précipitait dans la Loire. Ce supplice, que n'aurait pas trouvé la cruauté inventive de Néron, s'appelait un *mariage républicain* (1).

---

(1) « La guillotine avait une action trop lente au gré du farouche proconsul, et son imagination infernale inventa un bateau à soupape propre à contenir cent personnes, dont quatre-vingt-quatorze prêtres firent le premier essai, et cinquante-huit le second. Il fit dépouiller de leurs habits et attacher ensemble de jeunes femmes et de jeunes hommes pour les faire jeter ensuite dans la Loire, appelant cela des *mariages républicains* Vieillards, femmes enceintes, enfans,

Tandis que la Loire voyait flotter sur ses rives les cadavres des noyés, des milliers de prisonniers étaient entassés dans un lieu de douleur appelé l'Entrepôt; d'autres gémissaient dans des maisons servant de prisons, dans lesquelles il n'y avait ni lits, ni siéges, ni paille et où ils manquaient d'alimens. Si quelques personnes, touchées de compassion, cherchaient à leur en procurer, Carrier, ou ses agens, les faisaient incarcérer. Souvent les conducteurs des prisonniers les sabraient pour s'épargner la peine de les traîner jusqu'à la prison. Un grand nombre de prisonniers de guerre furent fusillés par l'ordre de Carrier qui, n'épargnait pas même ceux qui se présentaient volontairement. Il osa même s'en faire un mérite dans une lettre qu'il écrivit, le 30 frimaire an II, à la Convention nationale. Il disait dans cette lettre : « C'est par principe d'humanité que je les envoie à la mort. » Quelques jours auparavant il avait fait passer par les armes, sur la place de la ville, 80 cavaliers qui s'étaient présentés, et qui avaient promis de ramener beaucoup de leurs cama-

---

n'obtinrent pas grâce à ses yeux; et la population entière du pays se serait ainsi écoulée, si Robespierre n'eût fait rappeler ce grand scélérat. — « La quantité des cadavres engloutis « dans la Loire a été telle, et l'eau en a été infectée au « point qu'une ordonnance de police en interdit l'usage « aux habitans de Nantes, interdisant aussi de manger du « poisson. » — Saint-Edme, *Dict. de la Pénalité*, etc., t. IV, p. 429.

rades. Pour toute grâce ils ne demandaient tous qu'à servir la république.

Afin de s'exciter au crime et de se soustraire aux remords, Carrier se plongeait dans l'ivresse et dans la débauche. La peur s'était emparée de lui, il devint inaccessible, n'admit auprès de sa personne que quelques affidés, et ne reçut plus que les autorités militaires. Les membres du comité révolutionnaire ne lui paraissaient point assez patriotes; il se plaignait de la commission militaire qui, selon lui, ne se montrait pas assez rigoureuse; enfin, les hommes du club, ceux qu'il avait d'abord cités comme étant *les patriotes par excellence*, lui devinrent suspects; aussi fit-il fermer pendant plus de trois mois la société populaire.

La crainte de tomber dans quelque embuscade, soit de la part des Vendéens, soit de la part des patriotes qu'il avait justement irrités, l'empêchait de sortir de la ville. Souvent il faisait dire qu'il était malade, ou bien à la campagne. Une nuit, il fit arrêter et amener devant lui quelques personnes qui se plaignaient de l'isolement où il vivait; il en souffleta plusieurs et les envoya ensuite toutes en prison, après les avoir accablées d'injures; car la plus faible résistance, la plus légère contradiction l'enflammait de colère, et alors un torrent d'expressions sales, grossières, venait se presser sur ses lèvres avec une abondance extraordinaire.

Tout à la fois furieux et timide, il maltraitait quiconque n'osait lui répondre, et devenait tremblant quand il craignait un péril réel. Voici une anecdocte que nous avons puisée dans les *Mémoires politiques et militaires* (t. II, p. 134), qui vient à l'appui de ce que nous avançons. « Un grenadier d'un des bataillons de l'Ardèche était sans souliers ; il va en demander à Carrier ; celui-ci le reçoit fort durement. — Est-ce que je suis cordonnier ? lui dit-il ; je vais t'en f..... — A ces mots, il va chercher son sabre. — Est-ce que tu voudrais te battre tout de bon, lui dit le grenadier ? Eh bien ! battons-nous, c'est mon métier ; il se met en garde. Carrier pâlit ; mais feignant de n'être point déconcerté : — Tu es un bon b....., lui dit-il ; quel est ton pays ? — Le Cantal. — Eh ! tu es de mon pays ; il n'y a que de braves gens chez nous. Il le fait déjeûner, et lui donne douze francs et un bon pour deux paires de souliers. »

Carrier avait des espions de tous les côtés. Il interceptait les lettres et les décachetait.

«Une de ces lettres, écrites par un agent du comité de salut public, et adressée à ce comité, retraçait avec une indignation profonde et une vive énergie les fureurs et les crimes de Carrier. Dans son premier transport, il fit arrêter et conduire devant lui le courageux auteur de cette lettre, qui se trouvait à Nantes : c'était Julien, fils du député de la Drôme. Dès qu'il l'aperçut, Carrier éclata en menaces ; il avait montré par trop d'exemples que de la menace à la mort la distance était très courte ; cependant il ne parvint point à intimider son jeune adversaire. Carrier n'était point accoutumé à tant de résistance, elle abattit son féroce orgueil. L'adolescent fit trembler le tyran viril, qui, par un ton doux et des paroles mielleuses, chercha à désarmer celui qui venait de se déclarer son ennemi. Il ne put le fléchir; une nouvelle lettre de Julien provoqua et fit enfin prononcer le rappel de Carrier. Le gouvernement de Robespierre ayant été renversé au 9 thermidor, les plus fougueux agens de ce niveleur sanguinaire furent poursuivis par les imprécations et les cris de la France entière. Le comité révolutionnaire de Nantes fut mis en jugement, et dès-lors tous les crimes de Carrier furent révélés. Dans le cours des débats, les accusés cherchèrent à se justifier en disant qu'ils n'avaient fait qu'obéir aux ordres du farouche proconsul, et plusieurs fois l'auditoire frémissant d'horreur et interrompant les débats, appela Carrier à cris redoublés..... (1)?

Une dénonciation directe de Phelippes, dit Tronjoly, président des tribunaux criminel et révolutionnaire de Nantes, donna lieu à la réunion de tous les comités qui, d'après le compte qui leur fut rendu par le tribunal révolutionnaire de Paris, décidèrent qu'il y avait lieu à examiner la conduite du représentant Carrier. Dans la séance du 8 brumaire an III (29 octobre 1794), la convention nationale nomma à cet effet une commission composée de 21 membres pris dans son sein; et le 21 du même mois, Romme, rapporteur de cette

---

(1) *Biographie nouvelle des Contemporains.*

commission, monta à la tribune. Il annonça que la commission s'était renfermée dans les dispositions de la loi du 8 brumaire qui avait fixé la nature de ses fonctions et le mode de travail qu'elle devait suivre. Elle reçut le 10 les pièces relatives à Carrier; elle prit dès cet instant toutes les précautions nécessaires pour en constater le nombre, la nature, l'état et en assurer la conservation. Quatre autres envois successifs de pièces lui furent faits par les comités réunis; toutes furent communiquées à Carrier, qui en reçut copie sans déplacement, et fut entendu autant de fois qu'il le désira.

Le rapporteur donna ensuite l'analyse des pièces dont voici la substance.

« Carrier, quelques jours après son arrivée à Nantes, a fait entendre, en présence du représentant du peuple, Ruelle, les plus grandes imprécations contre les habitans de Nantes. Il a déclaré que si l'on ne lui dénonçait pas les contre-révolutionnaires, il ferait incarcérer tous les marchands et négocians pour les faire décimer et fusiller. Il a tout fait pour occasionner une émeute à Nantes, afin de la faire déclarer en état de rebellion, disant qu'elle était la retraite des brigands de la Vendée. Il a déclamé souvent à la tribune de la société populaire contre les riches, a donné le signal des proscriptions contre eux, a partagé leurs trésors avec ses satellites. Il voulait soulever le peuple contre les marchands; toutes les familles étaient dans le deuil, chacun était réduit à une demi-livre de pain par jour; il menaçait de faire déclarer Nantes en état de rebellion, et de faire marcher la force armée contre cette commune.

«Il a dit : « Comment le f.... comité révolutionnaire travaille-t-il donc? il fallait faire tomber cinq cents têtes, et je n'en vois pas une. » Il a fait arrêter tous les courtiers, tous les interprètes, les acheteurs et acheteuses, les revendeurs et revendeuses de denrées de première nécessité, sans exception. Il a molesté un juge de paix et voulu jeter au feu son greffier, parce qu'il s'était refusé à une levée illicite de scellés. Il se plaignait du comité révolutionnaire de Nantes, et l'accusait de ne prendre que des demi-mesures. Il n'était accessible que pour l'état-major ; il maltraitait les députations qui lui étaient envoyées par les sociétés populaires et les administrations. Il a fait arrêter un officier général pour lui avoir parlé en homme libre. Il a maltraité, menacé, fait arrêter des citoyens qui avaient fait la motion de le rayer de la société populaire, s'il s'obstinait à ne pas fraterniser avec elle. Il a reçu, avec des soufflets, des membres de la société populaire, et à coups de sabre, des officiers municipaux qui lui demandaient des subsistances. Il a dit à un maire qui lui demandait du pain pour sa commune, que la sentinelle avait eu tort de ne pas lui passer sa baïonnette au travers du corps. Il a écrit au général Haxo, le 28 frimaire.

« J'apprends, mon brave général, que les com-
« missaires de la Vendée veulent partager les sub-
« sistances avec ceux de la Loire-Inférieure. Il est

« bien étonnant que la Vendée réclame des grains.
« Il entre dans mes projets, il est dans l'intention
« de la convention, d'enlever tous les grains de ce
« pays, de brûler les maisons, de détruire les ha-
« bitans qui ont déchiré la patrie par une guerre
« atroce. Fais tout enlever; en un mot, qu'il ne
« reste rien dans ce pays maudit, que tout soit en-
« voyé à Nantes. » — Toutes les lettres étaient
interceptées; on n'osait plus parler, écrire, penser. L'esprit public était mort. Un volontaire de la
section des Gardes-Françaises représentait à Carrier qu'une escorte de quinze hommes était trop
faible pour accompagner un convoi parti de Nantes. Carrier tira son sabre comme pour le frapper.
et le menaça de la guillotine. Le convoi partit, fut
pris par les brigands, et douze hommes furent
tués.

« Un marinier lui demandait quand il lèverait
l'embargo mis sur les bateaux de la Loire; il lui répondit : Je vais te le dire. Il tire son sabre et
lui en porte un coup que celui-ci n'évite qu'en
fuyant.

« On aurait pu s'emparer de Charette et de son
état-major, si l'on eût suivi les projets de la société populaire de Nantes; Carrier ne voulut pas
les adopter. Ce fut par ses ordres que fut formée
la compagnie Marat, dont chaque membre recevait
dix livres par jour de salaire, et dont les fonctions
étaient de surveiller les habitans de Nantes, les
étrangers, les accapareurs, etc., etc. On reproche
à Carrier d'avoir investi de pouvoirs illimités un

nommé Batteux, chef d'une armée révolutionnaire, qui s'est permis les plus affreux excès. Quand ce Batteux fut arrêté par ordre du représentant du peuple, Tréhouart, Carrier le fit mettre en liberté, et défendit à qui que ce fût d'attenter à sa personne. Il publia un arrêté portant défense d'obéir au représentant, sous prétexte que c'était un fédéraliste.

« On accuse Carrier d'avoir mis en place des hommes sans mœurs, des banqueroutiers, de jeunes citoyens de la première réquisition; d'avoir approuvé les comptes d'un nommé Normand, convaincu de malversation, et de lui avoir donné une autre place de 8 mille livres, prix du commerce qu'il entretenait avec sa femme. Pendant le séjour de Carrier à Nantes, quatre-vingts prêtres réfractaires furent noyés par ses ordres, quoiqu'ils ne fussent sujets qu'à la déportation. Carrier reprochait sans cesse à la commission militaire, de ne pas juger assez vite les brigands, quoiqu'elle en eût jugé plusieurs mille en un mois.

« On accuse Carrier d'avoir fait fusiller un escadron entier de brigands qui s'étaient rendus avec armes et bagages, après une amnistie solennellement proclamée. Plusieurs femmes ont été, dit-on, noyées, pour n'avoir pas voulu consentir à la passion de Carrier. Plusieurs témoins ont assuré avoir vu les ordres de Carrier pour noyer des trois cents personnes à la fois. Lamberty et Goulin, membres du comité révolutionnaire de Nantes, ont déposé l'original d'un ordre par lequel Carrier les autorisait à requérir la force armée pour des *expéditions secrètes* (c'est ainsi qu'il appelait les noyades). Une foule de lettres parlent aussi de ce qu'on appelait à Nantes, *les mariages républicains...*

« ... Des témoins déclarent avoir vu Carrier dîner avec ses satellites dans le bateau même qui servait à exécuter les noyades ; y faire venir des femmes enlevées par ses sicaires, et les précipiter ensuite dans la Loire après en avoir joui.

« La femme Brovin vint un jour lui demander la permission de voir son frère, qui était incarcéré. « Bientôt, lui répondit-il, ton frère sera f.... à l'eau, et si tu répliques, je t'y ferai f..... aussi. » Il la rappela ensuite, et lui offrit la liberté de son frère si elle voulait assouvir sa passion. Elle refusa, et le lendemain son frère fut noyé.

« Une lettre adressée au tribunal révolutionnaire par un citoyen de Nantes, porte que Carrier fit fusiller, sans jugement, un citoyen qui nuisait aux liaisons qu'il entretenait avec sa femme. »

La lecture de ces pièces fut fréquemment interrompue par des frémissemens d'horreur et d'indignation.

Le rapporteur présenta le vœu de la commission qui estimait qu'il y avait lieu à accusation contre le représentant du peuple Carrier. Quelques membres de la convention demandèrent l'arrestation provisoire. Carrier obtint la parole et lut un discours justificatif dont nous allons donner une analyse succincte.

« Il y a six mois que sa tête était couverte de

lauriers. Aujourd'hui il est accusé; serait-ce parce
qu'il a éteint les torches du fanatisme qui embra-
saient plusieurs départemens; parce qu'il a pris
toutes les mesures pour empêcher une descente de
trente mille Anglais et émigrés qui se préparaient
dans les îles de Jersey et de Guernesey; parce qu'il
a si puissamment contribué à finir la guerre qui
menaçait de rendre le royalisme à la France, parce
qu'il a envoyé au tribunal révolutionnaire le neveu
de Pitt, le frère de Grenville.

» Il dit que ne pouvant l'accuser de dilapidation,
de conspiration, on l'attaque sur des mesures de
détails auxquelles il n'a point eu de part. Il s'élève
contre le tribunal révolutionnaire, présidé, dit-il,
par un homme qui appartient à la Vendée, puisque Dopsent est né dans le département des deux
Sèvres, composé de royalistes, de fédéralistes,
de contre-révolutionnaires, de brigands et de
chouans, dont la horde vient ensuite peupler les
tribunes de la Convention pour influencer les délibérations. Il déclare que la femme dont la déposition a fait tant d'impression était une *brigande*.
Il dit que ce procès est celui de Charette contre les
vainqueurs de la Vendée.

« Il rappelle les époques où ce *brigand* passa la
Loire avec 60,000 hommes. Du moment où il fut
chargé de le poursuivre avec les généraux Haxo
et Dutruy, Charette fut battu, Noirmoutiers fut
pris; dans toutes les occasions les femmes se bat-
taient ainsi que les enfans; les plus jeunes portaient
des cartouches. Au Mans, ces rebelles tombèrent

sous le fer des soldats de la liberté; à Ancenis,
5,000 périrent par le fer et dans les flots. Ces faits,
annoncés à la Convention, y furent vivement ap-
plaudis. Tous les brigands qu'on a conduits à
Nantes avaient été pris les armes à la main. Il demande où sont les arrêtés, où sont les ordres
signés de lui pour faire précipiter dans la Loire
des femmes et des enfans. Il défie qu'on lui en
produise un seul.

« Il dit que ce n'est point lui qui a créé le comité
révolutionnaire de Nantes; il n'est entré dans cette
commune que deux mois après sa formation. Il
cite un arrêté pris de concert par lui, Bourbotte
et Tourreau, par lequel il était défendu à la commission militaire de mettre en jugement des enfans, depuis 12 ans et au-dessous, jusqu'à 16.
Il avoue l'arrêté donné à Lamberty, qu'il avait
arraché des mains des brigands prêts à le fusiller;
mais cet arrêté est du 16 frimaire, et l'événement
des prêtres était du 28 brumaire. D'ailleurs cet
arrêté portait l'ordre au commandant de le laisser
passer, et il aurait pu faire les noyades sans sortir,
puisque le port est dans la cité; s'il en a signé
d'autres, c'est de confiance, sans les connaître; ils
ne sont ni de son écriture, ni de celle de son secrétaire; ceux dont il a eu connaissance ne portaient
que l'ordre de faire fusiller les brigands pris les
armes à la main, mais la loi y était formelle.

« Il lit un décret de la Convention qui met hors
de la loi tous les ennemis du peuple, tous ceux qui
arboraient la cocarde blanche; il ajouta qu'il y

avait long-temps qu'on ne faisait plus de prisonniers brigands , lorsqu'il arriva à l'armée de
l'Ouest.

« Il s'appuie encore d'une proclamation de la Convention nationale, répandue avec profusion dans
cette armée, et conçue en ces termes : « Il faut
que les brigands de la Vendée soient exterminés
avant le mois d'octobre. » Il rappelle aussi que
Levasseur de la Sarthe ayant proposé à la Convention une amnistie en faveur des rebelles de la
rive gauche de la Loire, sa proposition fut couverte d'une improbation universelle. Il déclare
que cette guerre n'a repris de la consistance qu'a-
près son départ, et parce qu'on a attaqué les communes soumises; mais le général Haxo, avec lequel il a fait la guerre, n'en a pas attaqué une
seule.

« Il s'élève ensuite contre ses dénonciateurs : il
dénonce Phelippes Tronjoly, comme un intrigant,
un homme immoral, un fédéraliste, un contre-
révolutionnaire. Il dénonce au peuple français, à
la Convention, le tribunal révolutionnaire, l'accusateur public, son substitut Petit, et tous les jurés
de la section qui doivent juger le comité révolutionnaire de Nantes, comme suivant le complot
d'attaquer la Convention, de la détruire et de favoriser les brigands.

« Il présente un tableau révoltant des horreurs
qui ont été commises de la part des rebelles ; il s'indigne de ce que l'on s'apitoie sur eux lorsque les
défenseurs de la liberté ne trouvent pas de ven-

geurs. Il se déchaîne contre les preuves vocales, et
dit que si elles étaient une fois admises contre un
député, elles perdraient bientôt la Convention tout
entière.

« Et croyez-vous, s'écrie-t-il, que l'insatiable
aristocratie s'en tiendra au sacrifice de quelques
victimes? Qu'on se désabuse promptement, si on
pouvait avoir conçu une pareille erreur. Ce n'est
point à la perte d'un faible individu, de quelques
représentans du peuple, que cette coalition infernale attache le succès de ses projets ; c'est l'anéan-
tissement de la représentation nationale tout entière qui fait l'objet de ses complots ; mais ne pouvant la détruire en masse, elle veut essayer de la
dissoudre en détail. Ce projet est aujourd'hui bien
connu. Un groupe de scélérats rassemblés le 8 brumaire, entre onze heures et midi, au café Élie,
rue Honoré, en a déclaré bien évidemment la
cruelle intention. Ils se disaient entre eux : — Notre coup est sûr, si nous réussissons dans l'affaire
de Carrier. Si une fois nous pouvons commencer
par un, nous finirons bien aisément par le dernier.

« Le 20, un groupe considérable criait hautement : *A bas la république!* Ce sont là des faits
dont je suis en état de fournir la preuve.

« Que dans ce bouleversement d'opinions politiques je sois en butte à la persécution, il n'y a rien
d'étonnant ; mais dans tous les pays où l'on a quelqu'idée de liberté, je serais absous par l'intention
seule d'avoir voulu servir ma patrie. Il y a des

malheurs inséparables des révolutions ; et il ne s'a-
git pas seulement ici de révolution , mais de guerre
civile, de la guerre la plus longue, la plus désas-
treuse qui ait encore existé sur la terre.

« A-t-on jamais calculé combien les guerres civiles de Cicéron et de Catilina, de Sylla et de Ma-
rius , ont coûté à l'espèce humaine , de malheurs ,
de larmes, de deuil et de calamités publiques et
privées?

« A-t-on calculé ce que les guerres civiles de
l'Angleterre ont fait périr d'hommes , combien de
massacres elles ont occasionnés?

« A-t-on calculé les plaies terribles et sanglantes
qu'ont faites à l'humanité le fanatisme des prêtres,
la férocité ou la faiblesse des rois , les partis des
cours ?

« A-t-on calculé les atrocités que des prêtres et
des courtisans firent commettre à Paris, lors de la
Saint-Barthélemi, contre ceux qui n'avaient d'autre crime que de ne pas entendre la messe ?

« L'humanité a gémi après les orages ; mais ,
a-t-on instruit des procédures judiciaires après les
guerres civiles, ces fléaux inséparables des révolutions politiques et des combats de quelques factions?

« Quelle est donc cette procédure que l'on instruit contre moi ? Les ennemis les plus acharnés
de la révolution pourraient seuls les combiner, y
donner des suites scandaleuses ; elle n'est seulement
pas dirigée contre moi, je suis le plus chétif objet
de leur âme. Qu'importe aux contre-révolution-

naires qu'un homme de plus ou de moins existe
dans la république? S'ils avaient un instant de pouvoir ou d'espérance de succès, on les verrait faire
une boucherie épouvantable de tous les patriotes.
Ce n'est point la tête de l'individu Carrier qu'il
faut à leur rage insatiable, c'est la tête d'un représentant du peuple, pour pouvoir, par la suite,
atteindre tous les représentans.

« C'est le procès à la Convention même qu'on
veut intenter, puisqu'elle a approuvé, commandé
par des décrets les mesures prises par tous les représentans du peuple qui ont été en mission. Il
était aussi politique que sage de terminer promptement l'affreuse guerre de la Vendée; c'était le
vœu fortement exprimé de la Convention nationale, la volonté du peuple français manifestée à
grands cris; son salut, le triomphe de la liberté
publique l'exigeaient impérieusement. J'ai concouru puissamment à remplir cette importante tâche, et cependant je suis aujourd'hui abreuvé de
tout le fiel de la calomnie; vexé, diffamé, pour des
mesures de détail auxquelles je n'ai pris ni pu
prendre aucune part. Qu'elles sont donc bizarres
les vicissitudes des révolutions !

« C'est faire le procès à l'armée, puisqu'elle a
exécuté contre les brigands la mise hors la loi prononcée par la Convention nationale. Ce que j'a-
vais annoncé à ce sujet dans mon rapport, se vé-
rifie aujourd'hui à la lettre. Déjà l'on entend à
Nantes des témoins contre l'armée de l'Ouest; je
suis nanti des déclarations; bientôt, sans doute,

on voudra faire regarder comme un crime d'avoir
délivré la république des royalistes et fanatiques
armés contre la liberté; bientôt on fera un crime,
on poursuivra nos braves défenseurs, pour n'avoir
point fait de prisonniers anglais et hanovriens, en
obéissant aux décrets de la Convention; bientôt le
même système de persécution s'élevera contre l'armée des Pyrénées-Orientales, qui, depuis la rup-
ture du traité de Collioure, par les perfides Espa-
gnols, leur a fait la guerre à mort.

« C'est faire le procès à la révolution même,
par cette manière insidieuse et adroitement contre-
révolutionnaire de séparer les faits et les événemens de la révolution, des crises révolutionnaires
qui les ont amenés; par ce moyen, bien digne de
ses auteurs, on fera le procès à toutes les époques
mémorables de notre révolution : déjà on a commencé à le faire à la journée 31 mai.

« On ne tardera pas ensuite à le faire aux hommes du 10 août; on dira qu'ils ont tué des Suisses
après la victoire du peuple, qu'ils ont immolé des
Brestais qui défendaient la cause populaire.

«On reprochera aux hommes et aux femmes, des
5 et 6 octobre, d'avoir tué les gardes du tyran, le
lendemain du mouvement qui se fit à Paris et à
Versailles, et au moment où ils ne faisaient plus
de résistance.

« On reprochera aux vainqueurs de la Bastille
et aux nombreux et braves citoyens de Paris qui
partagèrent leur gloire, d'avoir fait périr l'intendant Berthier dix à douze jours après l'affaire du

14 juillet; c'est ainsi qu'en isolant les faits et les événemens, en les séparant des révolutions qui les ont entraînés, on fera le procès à la révolution tout entière.

« Entendre en témoignage, contre un représentant du peuple qui s'est toujours fortement prononcé pour les principes républicains, les fédéralistes, les royalistes, les fanatiques de Nantes et de la Vendée, c'est comme si on entendait tous les fédéralistes contre la journée du 31 mai, les chevaliers du poignard contre les hommes du 10 août, les gardes du tyran Capet contre les hommes et les héroïnes des 5 et 6 octobre, et les émigrés contre les vainqueurs de la Bastille. République française, quelles seraient tes destinées, si un renversement de choses et de principes aussi étrange pouvait s'opérer !

« C'est faire le procès au peuple tout entier, puisqu'il a fait toutes les révolutions, puisqu'il est des maux qui en sont inséparables : qu'on le juge donc, qu'on le punisse en masse.

« C'est faire le procès à la liberté même, puisqu'elle ne peut se défendre que par une lutte continuelle, énergique et révolutionnaire, contre ses ennemis, et l'union des patriotes chargés de la protéger et de la conserver.

« Mais n'est-ce pas le but où tendent tous les efforts, toutes les machinations des ennemis de la liberté ? Qu'on y prenne bien garde, qu'on arrête le mal dans son principe : les mesures tardives entraînent toujours les conséquences les plus funestes.

Qu'on se rappelle surtout qu'il ne faut jamais regarder en arrière en révolution; que tout peuple qui a voulu jeter un regard, un examen rétrograde sur ses révolutions, en a toujours perdu les avantages, en se perdant lui-même ; il retombe dans le gouffre affreux de l'ancien régime dès qu'il perd un instant le but que la liberté lui a désigné.

« Quant à moi, vous m'aviez délégué l'importante et difficile mission de terminer la guerre de la Vendée; vous m'aviez investi de pouvoirs illimités. J'étais environné de tous les dangers, des plus grands obstacles : j'ai dû prendre toutes les mesures que le salut de la république et le sentiment de la liberté m'inspiraient. Descendez dans mon cœur, examinez mes intentions, examinez ma conduite politique, et prononcez.

« Les mesures de détail ne me concernent pas; je n'y ai point participé ni pu participer. Elles n'appartiennent point à la mission d'un représentant du peuple : la responsabilité n'en peut peser sur sa tête. La Convention nationale est-elle responsable des dilapidations, des excès, des délits commis à l'ombre de ses décrets ? Un général qui prend une place de vive force est-il garant des vols, des viols que quelques scélérats glissés parmi les soldats peuvent se permettre ? J'ai sauvé les ports de la Bretagne, les départemens qu'elle renferme, Granville, Angers, Nantes et la république. S'il faut actuellement tout mon sang pour cimenter la liberté publique, j'en offre jusqu'à la dernière goutte au peuple, à ma patrie. Il y a long-temps

que j'ai fait le sacrifice de ma vie : les cris de ma
conscience ne m'importunent point ; le calme de
mon âme me rassure ; la pureté de mon cœur
adoucit la rigueur de mes persécutions : nouveau
Décius, je me dévouerai sans peine au salut de
ma patrie. »

Pendant le cours de cette lecture, qui dura
plusieurs heures, la Convention garda le plus profond silence ; et lorsque les spectateurs manifes-
tèrent des mouvemens d'indignation, ou quelques
applaudissemens, le président les rappela au respect qu'ils devaient à un représentant du peuple
accusé.

On demanda l'impression et l'ajournement. La
Convention passa à l'ordre du jour, motivé sur
l'existence de la loi.

On demanda l'arrestation provisoire.

Carrier s'écria : Mon arrestation provisoire est
superflue : les brigands n'ont jamais vu mes talons !

Châles demanda que la dénonciation fût signée
du dénonciateur, et lue avant tout à la tribune.
Romme convint que la loi était très-imparfaite,
et peut-être une arme dangereuse pour la représentation nationale entre les mains d'un tribunal.
Merlin de Douai démontra que la loi était suffisante ; il fit annuler l'ordre du jour sur la proposition de Châles. Le décret d'arrestation, mis
aux voix, fut adopté à une grande majorité.

On réclama l'appel nominal. Carrier demanda
à rester prisonnier chez lui. On décréta qu'il res-

terait chez lui en arrestation, sous la garde de quatre gendarmes.

Le 28 brumaire, Carrier écrivit à la Convention, à l'effet d'obtenir une décade pour méditer sa défense, et pour que les dénonciations de Philippe Tronjoly, et le rapport contre lui, lui fussent communiqués. Le délai fut refusé, et la communication accordée.

Le 1er frimaire, Carrier, accompagné des quatre gendarmes qui avaient été préposés à sa garde, fut amené à la Convention pour présenter sa défense. Il monta à la tribune, analysa les dénonciations ou déclarations faites contre lui, et répondit à chacune d'elles. Le lendemain, il continua sa défense. Une discussion relative à plusieurs ordres donnés par lui, s'engagea entre plusieurs représentans du peuple, et la Convention décréta qu'un courrier extraordinaire irait chercher à Nantes les pièces originales, et que néanmoins la discussion continuerait. Dans la séance du 3 du même mois, Carrier continua sa justification : il prédit à la Convention qu'en faisant son procès elle faisait le sien propre. Il déclara n'avoir d'autre bien qu'une propriété de la valeur de six mille livres; rappela qu'il avait le plus contribué à éteindre la guerre de la Vendée; que s'il s'y était commis des excès, ils furent provoqués par les cruautés exercées par les Vendéens. Il termina son discours par ces paroles : «J'envisage le brasier de Mutius Scévola, « la ciguë de Socrate, la mort de Cicéron, l'épée de « Caton, l'échafaud de Sidney; j'endurerai leurs

« tourmens, si le salut du peuple l'exige : je n'ai
« vécu que pour ma patrie, je saurai mourir pour
« elle. »

L'assemblée décréta qu'elle allait passer à l'appel
nominal. Carrier demanda à y être présent. Merlin de Douai s'y opposa. L'accusé fut ramené à son
domicile. On fit l'appel nominal pour savoir s'il
y avait lieu à accusation contre Carrier. Le résultat
de cet appel fut que 500 membres avaient voté :
498 pour le décret d'accusation, et 2 conditionnellement. Le président déclara en conséquence que
la Convention avait porté l'acte d'accusation contre
Carrier, et que ce représentant du peuple serait à
l'instant conduit à la Conciergerie et désarmé.

Ce décret contenait plus de cent chefs d'accusation, dont le moins grave appelait la peine capitale sur la tête de son auteur.

Pendant que ces choses se passaient à la Convention nationale, le procès des membres du tribunal révolutionnaire de Nantes se suivait devant
le tribunal révolutionnaire de Paris. Ce tribunal
ayant reçu officiellement l'acte d'accusation contre
Carrier, rendit un jugement, par lequel il déclara
qu'attendu la connexité de l'affaire de cet accusé
avec celle du comité de Nantes, il connaîtrait de
l'accusation portée contre ce représentant du
peuple.

Vainement Carrier récusa-t-il l'accusateur-public, et toute la section qui était occupée de l'affaire de Nantes ; vainement réclama-t-il auprès du
président de la Convention nationale le droit ac-

cordé à tout accusé d'être jugé par des jurés choisis par le sort : on n'eut aucun égard à ses demandes, et le 20 frimaire il parut devant le redouta-
ble tribunal révolutionnaire.

A l'arrivée de Carrier, tant et depuis si long-
temps dénoncé par les débats comme le destruc-
teur de l'humanité, le peuple ne put se défendre
d'un mouvement d'indignation. Tous les yeux se
tournèrent sur lui. Il avait la taille haute, et se tenait un peu courbé. Il portait les cheveux noirs et
plats, suivant la mode de l'époque. Son geste avait
quelque chose de forcé, de brusque et de menaçant. Il avait la voix dure et rauque, l'œil petit
et hagard, le teint basané, l'air sombre et commun.

Le calme, un moment troublé par la présence
de Carrier, étant rétabli, l'accusé décline ses
nom, prénoms et qualités. Le greffier donne lecture de l'acte d'accusation, divisé en dix articles,
et cette lecture est suivie des observations de Carrier : « J'ai écrit, dit-il, au substitut de l'accusateur-public ; je lui ai adressé mes motifs de récu-
sation, tant contre le président que contre le substitut et les jurés. Je demande qu'il en soit référé à
la Convention, qui seule a le droit de prononcer
sur mes demandes. Je n'ai point d'ailleurs subi le
premier interrogatoire prescrit par la loi, et je
suis autorisé, comme tout autre citoyen, à réclamer l'observation des formes tracées par le corps-
législatif. »

Un long débat s'engage à ce sujet entre le pré-

sident et Carrier, à la suite duquel le tribunal se
retire dans la chambre du conseil pour en délibérer. De retour à l'audience, le tribunal ordonne
que, sans égard pour les récusations de l'accusé,
il sera passé outre à l'instruction avec lui. Ce dernier fait observer alors qu'il n'a pas encore choisi
de défenseur; en conséquence la séance est remise
au lendemain.

Cette séance s'ouvre par l'audition de VAUJOIX,
accusateur-public de la commission militaire de
Nantes.

Il déclare avoir entendu dire que deux généraux
étaient chargés d'ordres des représentans du peuple pour faire fusiller hommes, femmes et enfans déposés à l'entrepôt. Dans le nombre de ces
détenus, se trouvaient des femmes enceintes,
et sur le point d'accoucher. Dans mes différens
transports à la prison, je vis et reconnus Fouquet et Lamberty qui voulaient faire extraire les
femmes enceintes. Je leur dis que cela ne les regardait pas. — Nous avons cependant des pouvoirs
illimités, auxquels personne ne résiste ni ne peut
résister. — Je demande la représentation de ces
pouvoirs illimités. — Je le veux, dit Lamberty, et
sur-le-champ il me montre un ordre du 17 frimaire
conçu en ses termes : *Carrier, représentant du*
peuple près l'armée de l'Ouest, au commandant
de la force armée, et à tout autre composant la
garde nationale. « Je vous invite et vous requiers,
« au nom de la loi, de fournir à Fouquet et à
« Lamberty de la force armée à suffisance pour

« une expédition que je leur ai confiée, et de les
« y laisser vaquer de jour et de nuit. » Cet ordre
me parut destructif de tout principe et de toute
humanité , continue le témoin. Je fis observer à Lamberty que j'avais de la peine à croire que
le représentant l'eût chargé d'un pareil ordre. Alors
il me menace de me dénoncer à Carrier, et de me
faire guillotiner; il tire son sabre, qu'il appelait
le glaive de la loi , et dit qu'il va me sabrer. Je lui
impose par ma contenance ferme; et me revêtant
de mes insignes, je lui défends de passer outre. Il
feint de se calmer ; il exige de moi un refus par
écrit : je le lui remets, et il va le porter à Carrier.
Celui-ci, furieux de trouver une telle opposition à
ses volontés ; car j'avais donné la consigne de ne
souffrir aucune extraction de femmes enceintes ,
demande la commission militaire. Le président de
cette commission se transporte chez lui. Du plus
loin que Carrier l'aperçoit, il s'écrie : C'est donc
toi, vieux j...f....., qui veux juger ? Juge donc ; si
dans deux heures tout l'entrepôt n'est pas vidé, je te
fais fusiller, toi et tes collègues. Ce président est
mort peu de temps après cette scène. Enfin, le
15 germinal, Lamberty est arrêté par ordre du
comité, et traduit devant la commission militaire,
pour avoir soustrait des femmes de l'entrepôt. Je
dois le dire au tribunal, cette instruction dévoila
les plus grandes horreurs. Les représentans qui
succédèrent à Carrier, trouvèrent mauvais que la
commission donnât tant d'importance et de pu-
blicité à l'affaire de Fouquet et de Lamberty , sur-

tout pour les noyades et autres horreurs commises par ces misérables. »

Le reste de la déposition de ce témoin roule sur les conférences qu'il eut avec ces mêmes représentans, et sur la question de savoir si Carrier avait ou non donné des ordres à Fouquet et à Lamberty, relativement à l'extraction des femmes enceintes. Ce point important n'a pu être éclairci. Le témoin termine en disant qu'il a entendu dire que Carrier allait souvent se divertir dans une galiote hollandaise qu'il avait donnée à Lamberty. Après la condamnation de celui-ci, cette galiote, qui pouvait valoir 30 à 40 mille livres, a été vendue par le district.

Le Président, à Carrier. Vous venez d'entendre la déposition du témoin; vous allez y répondre.

Carrier fait observer que des *ouï-dire*, des *on dit*, sont les seules bases solides de toutes les inculpations dirigées contre lui. Il demande que l'on ne divague pas et que l'on se renferme dans l'acte d'accusation. Il demande également pourquoi, lorsque le témoin a trouvé Lamberty au dépôt, il n'est pas venu s'assurer lui-même s'il avait véritablement donné des ordres. « Je nie, ajoute-t-il, l'avoir chassé de ma présence ; il est bien venu me trouver pour réclamer des habits. Il pouvait également m'instruire des extractions qu'il blâmait.

Le Témoin. J'ai dénoncé à Carrier la situation malheureuse des enfans déposés à l'entrepôt : il n'a pas ignoré que ces enfans étaient dans l'ordure

jusqu'au cou. Gaudet a été chargé d'en informer
l'accusé; il s'est acquitté de cette mission, et nous
a rapporté avoir trouvé Carrier couché, et que ce
dernier, en l'apercevant, était sauté au milieu de
son lit en lui disant : J.... f.... pourquoi viens-tu
troubler mon sommeil? Tu ne sais donc pas que je
ne me suis couché qu'à deux heures du matin.

Carrier nie ce fait. Il résulte de sa réponse qu'il
n'a vu qu'une fois, en mars, le président de la
commission militaire, lequel, à cette époque, était
attaqué de l'épidémie pestilentielle; il lui offrit de
l'argent pour se faire traiter, et le chargea de prendre tous les moyens possibles pour purifier l'entrepôt : lui-même nomma plus tard une commission
de santé à cet effet. A l'égard des pouvoirs illimités
qu'il a donnés à Lamberty, il attend les pièces originales pour fournir ses explications sur ces ordres.

Le Président. Est-ce vous qui avez organisé la
commission militaire, et a-t-elle opéré pendant
votre mission?

Carrier. L'établissement de cette commission
n'est pas mon ouvrage : elle est cependant entrée
en activité de mon temps ; mais je ne m'occupais
aucunement de ses travaux.

D. Avez-vous eu connaissance des fusillades?

R. J'en ai entendu parler : on disait qu'elles
avaient été ordonnées par la commission.

D. Pourquoi, en votre qualité de représentant,
ne leur avez-vous pas demandé compte de leurs
travaux?

R. Cette commission avait été établie par mes

collègues, et je croyais devoir respecter leur ouvrage. Quant aux fusillades, on en usait à Nantes,
à cet égard, comme à Angers, à Saumur, à Laval,
et partout ailleurs.

D. Avez-vous eu connaissance des noyades?

R. Point d'autre que celle des prêtres, dont j'ai
rendu compte à la Convention, comme d'un événement que j'ai toujours cru fort naturel; sans cela
je n'eusse pas eu la maladresse d'en faire mention.

D. Il est bien étonnant que vous ayez ignoré les
noyades, tandis que tout Nantes en retentissait; il
est bien difficile de croire que Lamberty et Goulin
ne vous aient point entretenu de ces noyades.
Avez-vous ordonné à Goulin la noyade du 24 au
25 frimaire? Avez-vous su l'évasion de Leroi ?

R. Je le nie; et cela est si faux, que l'acte d'accusation n'en fait aucune mention.

Le Président fait observer aux jurés que pour
couvrir les noyades, Carrier a signé l'extraction des
détenus deux mois après la noyade.

Goulin, membre du comité révolutionnaire de
Nantes, accusé. Lorsque je demandai à Carrier un
ordre écrit qui nous servît de garantie, il me répondit que le comité ne pouvait être inquiété pour
la noyade du Bouffay, à moins qu'il n'y eût une
contre-révolution; qu'on n'avait fait périr que des
brigands.

Sur l'interpellation du président, Carrier dit
qu'il ne se rappelle pas avoir signé l'ordre de noyer
les prisonniers du Bouffay.

Chaux, autre membre du comité révolutionnaire de Nantes, également accusé. Ce défaut de mémoire est plus que surprenant. Carrier veut donc oublier le dîner à la suite duquel il signa cet ordre, qui, en apparence, n'était qu'une translation à Belle-Ile, mais qui, dans la vérité, était un ordre de noyer.

Carrier se rappelle bien le dîner ; mais il ne se souvient point d'avoir signé l'ordre dont on lui parle. Alors Bachelier, collègue de Goulin et de Chaux, prend la parole : il fait un long discours, dans lequel il désigne Carrier comme l'auteur de la noyade des détenus du Bouffay, et de toutes les cruautés reprochées au comité. Carrier répond qu'à Paimbœuf, à Angers, à Saumur, il a été fait des noyades de brigands, et que Nantes et le comité n'ont fait que suivre l'exemple des villes voisines ; qu'il ne se mêlait de remédier aux grands abus, qu'il ne prenait des arrêtés que d'après les rapports qui lui étaient faits ; qu'il a pu être trompé, et que, dans tous les cas, il persiste à nier avoir ordonné la noyade du Bouffay ; qu'il s'est borné à ordonner le transfèrement des détenus de cette maison à Belle-Ile.

L'accusé Foucault déclare avoir lu un ordre signé de Carrier à Lamberty pour une expédition secrète : ces ordres, comme ceux qu'il a été chargé d'exécuter, étaient autant de noyades. Carrier dit qu'il ne s'est jamais servi de Lamberty que comme d'un espion précieux dans la Vendée, connaissant ce pays, parce qu'il y avait été fait prisonnier.

Le témoin Affilé est entendu. Il dépose de la

noyade du 15 au 16 frimaire; il déclare que Carrier est venu au comité ordonner cette noyade; qu'il lui ordonna de faire les sabords, et que sur la demande que lui, témoin, fit d'un ordre écrit pour la construction de ces sabords, Carrier répondit : « Je suis représentant, tu dois avoir con-« fiance en moi pour les travaux que je te com-« mande. »

Le témoin Richard. Je déclare qu'il me fut ordonné, vers les huit heures du soir, de transporter les prêtres à l'entrepôt; qu'on me dit que Carrier le demandait. Je rencontre le représentant; je l'informe du dépôt que je viens de faire de 50 prêtres à l'entrepôt. Carrier me dit : « Il ne faut pas les garder dans cette maison; pas tant de mystère, il faut f..... tous ces b...... là à l'eau.

Carrier nie le propos d'Affilé et les déclarations de Richard. Tous les accusés persistent à soutenir que c'est lui qui a dirigé et ordonné cette noyade; c'est par ses ordres que le montant du mémoire d'Affilé a été payé.

Le président lui demande pourquoi il faisait fusiller les rebelles qui venaient se rendre avec armes et bagages. « Ces gens-là, répond-il, faisaient mine de vouloir servir la république et de se rendre de bonne foi; mais c'était pour nous nuire ensuite.

Réal, défenseur de l'un des accusés, présente à ce sujet une lettre écrite le 30 frimaire par Carrier à la Convention. Il disait dans cette lettre : « La défaite des brigands est si complète qu'ils arrivent

par centaines; je prends le parti de les faire fusiller.
Il en vient autant d'Angers; je leur assure le même
sort, et j'invite Francastel à en faire autant. C'est
par principe d'humanité que je purge la terre de
la liberté, de ces monstres. »

Carrier ne désavoue pas le fait, parce qu'il vient,
dit-il, à sa décharge, sa lettre ayant reçu la sanc-
tion de la Convention dont il prenait l'avis. Il
demande ensuite un défenseur. Hureau, employé
au parquet de l'accusateur, est nommé d'office.

Le président de la commission militaire est entendu. Perrotin, président du tribunal criminel
du département, me dit, en apprenant le départ
de Carrier : Nous allons donc respirer, voilà un
scélérat de moins. Lors de l'arrestation de Lamberty, Carrier envoya deux émissaires à la prison
de Bouffay pour défendre au concierge de le recevoir, et donna une mission à Robin le jeune pour
l'empêcher d'être inquiété sur les noyades.

Le président somme Carrier de répondre s'il a
joint Robin à Orléans. Carrier garde le silence. Le
président répète trois fois son interpellation, et
déclare à l'accusé que s'il persiste à se taire, le
fait sur lequel il est interpellé sera tenu pour constant. Carrier, au nom de la loi, somme le président de ne pas s'en écarter. Ce dernier fait à l'accusé plusieurs autres interpellations, auxquelles
il répond par des dénégations pures et simples.

Le témoin Forget, concierge de la maison de
Sainte-Claire, accuse Carrier d'avoir fait fusiller

beaucoup de *brigands* qui s'étaient rendus volontairement.

Lecoq, concierge des moulins de la Sécherie, déclare avoir vu, à la fin de ventôse, ou au commencement de germinal, Robin, dans la dernière noyade, frapper un homme sur la tête à coups de sabre.

Carrier fait remarquer qu'il n'était plus à Nantes à cette époque; car il arriva à Paris le 5 ventôse. Il ajoute que ce que vient de dire le témoin prouve qu'il y a eu des excès commis à Nantes après son départ. « Il est également démontré, dit-il, que les noyades ont commencé à Angers, à Saumur, etc. Ce n'est que par la suite qu'elles ont eu lieu à Nantes. On rappelle aujourd'hui le souvenir de ces scènes qui affligent l'humanité... (Murmures.) Je demande à ceux qui murmurent : Est-ce moi qui ai ordonné les noyades d'Angers, de Saumur, etc.

Le Président. Carrier se rappelle sans doute la lettre qu'il a écrite à Francastel.

Carrier. C'est à la Convention que j'ai adressé cette lettre : elle est connue de toute la France. Aujourd'hui que l'on est dans le calme, ces horreurs font frémir ; mais reportez-vous au temps et aux circonstances, rappelez-vous les tortures que les rebelles ont fait éprouver à nos braves défenseurs. Dans une guerre civile, on use malheureusement de représailles. Cependant, lorsqu'on annonçait que quatre mille cinq cents brigands avaient été précipités à Fontenay, on applaudissait : c'était l'opinion d'alors.

A cette époque, on se persuadait qu'on ne pouvait être patriote sans être exalté. Le gouvernement était instruit de ces mesures : pourquoi ne s'y opposait-on pas? Aujourd'hui tout roule sur ma tête, quoique les patriotes y aient participé. On ne peut me reprocher que des excès. Un témoin m'accuse maladroitement d'avoir été payé par Pitt et Cobourg, et c'est moi qui ai fait arrêter les parens de Pitt. Ma femme et moi nous n'avons pas 10,000 livres de capital : j'ai cependant eu des millions dans les mains, et il ne me reste que 31 livres. On m'accuse d'avoir voulu éterniser la guerre de la Vendée ! Je désire qu'elle finisse par la voie de la douceur; mais il n'y a pas d'exemples que les guerres civiles aient été ainsi terminées. Mon intention fut toujours de respecter les communes paisibles ; mais mon projet était de réduire Charette. Alors, pour le service de la patrie, j'aurais dispersé sur des bâtimens tous ceux qui auraient porté les armes contre la république ; et je lègue ce projet à ma patrie...

... Les décrets ordonnaient d'incendier et d'exterminer. Je déclare que j'ai instruit de mes opérations la Convention, et notamment le gouvernement. Je revins à la Convention, j'y fus bien reçu, et un an après on m'attaque!

Réal, défenseur. Je dois à Carrier, je dois aux jurés un fait qui jettera de la clarté sur ce qui vient d'être dit. Il est évident que le gouvernement d'alors connaissait le plan de destruction. Réal cite à l'appui de son assertion un mémoire de Lequinio, fourni au comité de salut public, et dans lequel il cherche à combattre ce plan.

Carrier. Ce plan existait pour tous les brigands qui avaient passé la Loire. Levasseur proposa une amnistie, elle fut rejetée. Peut-être un jour rendra-t-on justice à ces malheureuses victimes qui sont à côté de moi. Je dirai tout pour qu'elles ne soient pas atteintes..... J'observe, en finissant, qu'il a été accordé une amnistie aux brigands qui rentreraient dans le devoir, et qu'on se propose d'en accorder une aux malheureux patriotes égarés ou qui ont obéi. Il me semble que la même indulgence devrait être accordée aux victimes qui sont à côté de moi : elles ont pu se tromper ; elles ont pu partager cette erreur avec beaucoup d'autres.

Séance du 22 frimaire.

Létoublon, grenadier, gendarme près la Convention, assigné à la requête de Carrier, déclare n'avoir rien à dire contre ce représentant. Carrier lui demande si à la colonne où il servait on faisait fusiller à l'instant des brigands. Le témoin répond que les prisonniers étaient conduits dans un dépôt, et ensuite fusillés. D'autres témoins déposent des mêmes faits.

Crosnier, inspecteur des relais militaires à Nantes. Je déclare avoir connu Carrier au café Baucaine, à Paris, où se réunissaient les patriotes, l'avoir vu depuis à Montaigu, où il accueillit les brigands qui venaient se rendre à lui. Arrivé à

Nantes, je fus chargé de commander l'artillerie et
d'aller chercher des grains dans la Vendée : je re-
cevais les ordres du représentant Carrier. J'ai entendu parler des noyades à Nantes; mais il y avait
alors des crises violentes; on amenait journellement des brigands. Le peuple de Nantes demandait pourquoi on les amenait, pourquoi on ne les
fusillait pas. Il disait qu'ils apportaient la peste.

Séance du 24.

A l'ouverture de la séance, Carrier demande la
parole. Il dit : « Comme, par des conseils funestes
et des ménagemens inutiles, j'ai pu, dans plusieurs circonstances, avoir caché la vérité; comme
il existe une multitude d'effets et d'événemens dont
je ne me suis pas souvenu, et dont je ne me souviens pas encore, je prie le tribunal de me faire
des questions si tous les détails ne se représentent
pas à l'instant à ma mémoire : je les donnerai le
lendemain; je ne tairai rien. Il est vrai que par
des conseils, par des ordres supérieurs ou égaux
aux miens, j'ai quelquefois été obligé de frapper
ceux que la loi désignait; mais je n'ai jamais participé aux détails des exécutions. Si les Nantais
étaient vrais, ils diraient que plus d'une fois ils
m'ont vu pleurer, sans en connaître les motifs,
des ordres que j'ai reçus. Plusieurs sont égarés; je
livrerai ceux qui me restent, et je donnerai des
preuves de ma franchise.

....Quant au dîner sur la galiote, un jour j'avais

mal à la tête. Plusieurs personnes étaient chez moi.
On m'engagea, pour me dissiper, à aller dîner sur
cette galiote. Nous nous y rendîmes tous, mais
sans mauvaise intention. Je ne me rappelle pas du
tout ce qui y fut dit, mais je promets de dire la
vérité tout entière, et de donner tous les renseignemens que ma mémoire fournira.

Parmi les autres témoins à décharge cités par
Carrier, on distingue les représentans Bô, Hentz
et Francastel. Ils déclarent ne l'avoir jamais connu
que comme un patriote dont les mesures avaient
pu être outrées, mais dont les intentions n'avaient
pas cessé d'être pures.

Réal. Carrier a dit, il y a deux jours, et il a
répété aujourd'hui qu'il révélerait de grands secrets. Je l'invite, je le somme même de faire ses
déclarations.

Carrier. Outre les décrets, j'avais des ordres de
ne faire aucun quartier aux brigands qui avaient
passé la Loire. Lalloue vint à Nantes. Je ne prétends pas l'injurier ; mais il me dit qu'il avait une
mission de Robespierre, et que dans peu le
gouvernement m'enverrait un commissaire. Il
m'ajouta qu'il entrait dans le plan du gouvernement d'alors de ne pas plus laisser subsister de prêtres que de brigands. A cette époque, je donnai
l'ordre qu'on connaît, à Lamberty. Il m'en fit
donner un autre pour retirer la garde qui était sur
la galiote des prêtres, et ils furent noyés ; mais je
n'ai jamais commandé de noyer des femmes. Les
agens ont passé leurs pouvoirs ; c'était Lalloue qui

était à la tête de ces expéditions. J'ai égaré beaucoup de pièces ; si je les retrouve, je les d onnerai ;
si elles sont perdues, il est inutile d'en parler. Je
suis dévoué, ma vie n'est rien ; mais je déclare,
pour ma mémoire, que mon cœur n'a jamais participé à aucune expédition.

Carrier rappelle encore les circonstances terribles
dans lesquelles il s'est trouvé : les dénonciations
de conspirations, les propositions faites de fusiller
ou de juger en masse les prisonniers de Nantes,
l'état de cette ville et de la Vendée.

On lui fait plusieurs interpellations sur son apparition, le 16 frimaire, au greffe du comité, où
les ordres furent donnés, en sa présence, à Colas et
à Affilé, de préparer les bateaux à soupapes ; sur
ce qui a précédé et accompagné la noyade du 24
au 25 ; sur l'ordre d'une prétendue translation de
prisonniers à Belle-Ile, signé par Carrier, postérieurement à leur noyade, et pour la couvrir. Il
donne des réponses vagues ; mais il promet de se
rappeler ces faits, et de déclarer demain ceux sur
lesquels il n'a pas encore donné des renseignemens
positifs.

Séance du 25.

A neuf heures et demie, le président demande
aux accusés s'ils ont encore quelques interpellations à faire. Les jurés en font plusieurs à Carrier.
Celui-ci déclare que beaucoup de détails lui sont
échappés, qu'il a repassé cette nuit tous les faits

sur lesquels il fut interpellé hier, qu'il ne s'est souvenu d'aucun, mais qu'on peut prendre ses incertitudes pour des aveux.

On m'a demandé, ajoute Carrier, les preuves
que le gouvernement avait connu les mesures dont
il est question. Il m'en restait encore quelques-
unes il n'y a pas long-temps : je n'ai pas voulu les
conserver ; j'ai voulu tout ensevelir avec moi.

A dix heures et demie les débats furent fermés.

Le substitut de l'accusateur-public. C'est en
vain que certains individus veulent persuader au
peuple que c'est faire le procès aux patriotes,
que de poursuivre la réparation de tous les actes
arbitraires commis dans la Vendée. Punir les bri-
gandages, les atrocités les plus révoltantes, les
violations faites aux lois, ce n'est pas détruire la
révolution, c'est la consolider.

Le substitut retrace ensuite avec clarté et préci-
sion tous les faits de cette volumineuse procédure.

La séance est suspendue. Elle est reprise à cinq
heures. Le président déclare que l'affaire sera terminée sans désemparer.

Tronçon-Ducoudray, Réal, Villeneuve, Gail-
lard et Villain, défenseurs, prononcent successivement, en faveur des accusés dont la défense leur
a été confiée, des discours pleins de force et d'é-
loquence.

Le 26, à minuit et demi, la parole est accordée à Carrier. Il rappelle, à dater de juillet 1793,·
toutes les missions qu'il a eues dans les départemens
de l'Eure, du Calvados, de la Loire-Inférieure, et

la conduite qu'il y a tenue ; il répète tout ce qu'il a dit dans le cours de l'instruction. A quatre heures et demie, il termine ainsi sa défense : « Fatigué, exténué, je m'en rapporte à la justice des jurés. Ma moralité est décrite dans une adresse de mon département. Je demande tout ce qui peut être accordé pour mes co-accusés ; je demande que si la justice nationale doit peser sur quelqu'un, elle pèse sur moi seul.

Villain, nommé par jugement défenseur de Carrier, se renferme dans les considérations générales fournies par la difficulté des circonstances politiques, et les malheurs trop réels de la guerre de la Vendée.

Le président résume les débats et pose les questions. A cinq heures du matin, les jurés se retirent dans leur chambre pour délibérer. Quand ils rentrent, le président prononce le jugement suivant :

« Vu la déclaration du jury, portant qu'il est constant qu'il existe dans le département de la Loire-Inférieure, et particulièrement à Nantes, des manœuvres et intelligences contre la sûreté du peuple et la liberté des citoyens, en ordonnant et commettant des actes arbitraires ; en ordonnant d'exécuter sans jugement des brigands, parmi lesquels il y avait des femmes et des enfans ; en disposant de la vie des citoyens qui n'étaient point brigands ; en faisant cruellement périr, par des noyades et des fusillades, des prêtres sujets à la déportation, et des citoyens contre lesquels il n'y avait aucune preuve de délit, ou qui expiaient, par

une détention momentanée une faute légère ; en
s'emparant des fortunes et des propriétés; en com-
primant, par la terreur, tous les citoyens ; en armant les citoyens les uns contre les autres; en
abusant des pouvoirs délégués par le peuple (la
déclaration du jury fut unanime sur tous ces points,
à l'exception de celui qui porte : en armant les
citoyens les uns contre les autres).

I. « Que Jean-Baptiste Carrier, représentant du
peuple, s'est rendu auteur ou complice d'aucuns
de ces faits ; qu'il a cherché à avilir la représentation nationale ;

« 1°. En donnant, les 27 et 29 frimaire, l'ordre
à Philippe Tronjoly, pésident du tribunal criminel
du département de la Loire-Inférieure, de faire exécuter sur-le-champ, et sans jugement, des brigands,
parmi lesquels étaient des enfans et des femmes ;

« 2°. En faisant noyer et fusiller un grand nombre de brigands qui avaient déposé leurs armes à
la faveur d'une amnistie ;

3° En faisant subir le même sort à 80 et quelques cavaliers qui s'étaient volontairement rendus,
et promettaient de livrer leurs chefs, si on leur
accordait la vie ;

4° En ordonnant ou tolérant des noyades
d'hommes, d'enfans et de femmes;

5° En donnant des pouvoirs illimités à Lamberty, qui s'en servait pour noyer hommes, femmes et enfans.

6° En défendant de reconnaître l'autorité de
Trenouard, représentant du peuple, envoyé en

mission dans le département du Morbihan , parce qu'il avait fait arrêter le nommé Lebatteux , à qui il avait conféré des pouvoirs absolus, dont il abusait pour lever des taxes arbitraires, et condamner à mort les citoyens qu'il lui plaisait de désigner;

7° En donnant l'ordre au général Haxo, de faire exterminer tous les habitans de la Vendée, et d'incendier toutes leurs habitations ;

8° En donnant à chacun des membres de la compagnie Marat des pouvoirs illimités, dont ils abusaient pour attenter à la liberté des citoyens.

II. Que Moreau Grandmaison est auteur ou complice de ces manœuvres et intelligences, en signant l'ordre du 15 frimaire de fusiller , celui donné à Affilé, charpentier, celui du 24 frimaire ; en assistant à la noyade, et mutilant les victimes qu'il a conduites à la mort, etc.

III. Que Pinard est auteur ou complice de ces manœuvres et intelligences, en exécutant les ordres les plus arbitraires, en tuant et massacrant impitoyablement femmes et enfans , en volant 4,800 livres à la famille Labauche, en incendiant tout dans les contrées qu'il parcourait, et de l'avoir fait avec des intentions criminelles et contre-révolutionnaires.

Le tribunal a condamné les trois susnommés à la peine de mort.

Par le même jugement du 26 frimaire, les autres accusés , dont la majeure partie était membres du comité révolutionnaire de Nantes, furent acquittés et mis en liberté.

Le même jour, 26 frimaire an III, Carrier, Moreau Grandmaison et Pinard, subirent leur arrêt sur la place de la Révolution.

Les mémoires politiques et militaires auxquels nous avons déjà fait un emprunt, s'expriment en ces termes, sur Carrier (tom. II, pag. 134 et 135).
« Mis en jugement, il se regardait comme un homme qu'on voulait sacrifier à une réaction. *Quand le vent tourne*, disait-il à son défenseur officieux, *les tuiles vous tombent dessus*. Interrogé par ce dernier comment il avait pu faire noyer des enfans de cinq à six ans, il répondit : *Leurs pères, leurs mères, leurs précepteurs, leurs gouverneurs étaient royalistes ; en faisant périr les loups, pouvais-je conserver les louveteaux?*

« Rien de plus étonnant que le calme et le sangfroid qu'il montra lorsqu'il apprit sa condamnation à mort. Le jour même de son supplice, il donna de bon matin à déjeuner à quelques-uns de ses amis ; il ne mangea presque point, ne but qu'un verre de vin, et passa tout le temps à faire la description de son voyage de la prison à l'échafaud, de la manière dont il serait accueilli, lors de son passage, par les spectateurs, des discours qu'ils tiendraient. Les uns diront : « Le voilà, ce scélérat qui a fait périr tant d'innocens à la Vendée! qu'il est laid! D'autres répliqueront: ce n'est point lui qui a fait tout le mal !

« Nous tenons ces détails d'un homme digne de foi, à qui le défenseur de Carrier les communiqua dans le temps. Il avait assisté à ce déjeuner.

Tous les crimes de Carrier, ajoutait ce défenseur, appartiennent à sa tête, bien plus qu'à son cœur : il ne voyait partout que des conspirateurs, que des traîtres; que si, durant son proconsulat, ses mains furent presque toujours trempées dans le sang, elles ne furent pas du moins souillées par l'or de l'étranger : il ne laissa point en mourant de quoi payer son défenseur. »

FOUQUIER-TINVILLE.

ANTOINE-QUENTIN FOUQUIER-TINVILLE naquit à Hérouel, village à trois lieues un quart de Saint-Quentin, département de l'Aisne, d'un cultivateur jouissant de quelque fortune. Antoine fit ses études à Saint-Quentin, vint se fixer à Paris, suivit le barreau, acquit une charge de procureur au Châtelet, dispersa son patrimoine et finit par une banqueroute.

La misère le pressa. Il fit des vers à la louange de Louis XVI pour en obtenir un emploi, et les adressa à l'abbé Aubert, en 1785, pour être insérés dans ses *Petites Affiches*. L'abbé Aubert les a publiés en 1805, et l'abbé Delille les a fait entrer dans les notes de son poëme de la *Pitié*.

Accueilli ensuite dans le bureau de la police, il y remplit un emploi obscur.

Il se fit connaître de Robespierre, on ne sait comment, après les massacres des 2 et 3 septembre 1792, et Robespierre le protégea.

Lors de l'organisation du tribunal criminel révolutionnaire, son protecteur le fit nommer (1)

(1) Nous ferons remarquer que le décret de nomination

substitut de l'accusateur-public (Faure), qu'il remplaça quelques mois plus tard.

Il n'est pas inutile de remarquer que depuis le mois de juillet 1793, époque de sa nomination, jusqu'au 27 juillet 1794 (9 thermidor an 2), 4,000 personnes, parmi lesquelles 900 femmes, ont passé par le tribunal criminel pour aller à l'échafaud, et plus de 2,000 sur ses actes d'accusation.

Nous citerons de lui des traits qui feront apprécier son caractère.

Un M. de Gamache est conduit à l'audience; l'huissier fait observer que ce n'est pas l'accusé. *C'est égal*, dit Fouquier, *amène toujours*. L'instant d'après, le véritable Gamache est introduit, et tous les deux sont condamnés à la fois à la guillotine.

Un agent du gouvernement lui témoignant un jour des craintes, il lui répondit : Patriote ou non, si Robespierre le voulait, tu y viendrais toi-même, et je te ferais monter sur mes petits gradins : quand Robespierre m'a indiqué quelqu'un, il faut qu'il y passe.

Soixante ou quatre-vingts prévenus (1) étaient

---

fausse son nom; il y est écrit *Foctainville* (*Moniteur* du 17 mars 1793, n° 76).

Dans le *Moniteur* du 3 mai et dans celui du 1ᵉʳ août de la même année, on le nomme *Thinville*, et on lui fait signer sa dénonciation à la Convention contre Montané, président du tribunal révolutionnaire, du nom de *Fouquainville*. Tous ses actes d'accusation, dont nous avons vu un grand nombre, sont signés *A. Q. Fouquier*.

(1) Le tribunal criminel révolutionnaire siégeait dans la

souvent confondus dans la même accusation, sans
s'être jamais vus ni connus. Lorsque Fouquier voulait les expédier en masse, il se contentait de dire
aux jurés : « Je pense, citoyens, que vous êtes con-
« vaincus du crime des accusés. » Sur cette seule
observation, les jurés déclaraient, obéissant à leurs
propres craintes, « leur conscience suffisamment
« éclairée, » et faisaient *feu de file :* c'était le mot
de convention.

Il allait habituellement dans le café contigu à
l'arcade de la conciergerie, dans la grande cour,
où se trouvaient Dumas, Coffinhal, Villatte, Renaudin et les jurés de son tribunal. Là, on récapi-
tulait le nombre de têtes tombées pendant la décade. « Combien croyez-vous que j'ai fait gagner
« à la république aujourd'hui? » disait Fouquier.
Des convives, pour lui faire leur cour, répon-
daient : « tant de millions. » Et il ajoutait aussitôt : « La semaine prochaine, j'en *déculotterai* trois
« ou quatre cents, et encore quelques mois, j'aurai
« *déculotté* tous les riches. »

---

grande salle qu'occupe aujourd'hui la Cour de cassation.
Dans cette salle, l'une des plus grandes du Palais, on avait
fait construire un amphithéâtre sur lequel il y avait, dans
l'origine, deux banquettes où pouvaient s'asseoir cinq ou six
personnes avec autant de gendarmes. Fouquier fit successivement augmenter le nombre de ces banquettes : il y en avait
quatre au 9 thermidor, occupées, ce jour-là, par 70 personnes des deux sexes. — Il faut remarquer aussi qu'on avait
ordonné le transport à Paris de tous les prévenus des départemens.

On se bornait dans ce café à des félicitations
d'amour-propre; mais juges, principaux jurés et
Fouquier se réunissaient ordinairement chez Lecointre, de Versailles, et là, à table, on dressait
les listes de mort, auxquelles Fouquier ajoutait
toujours de nouveaux noms.

Si l'on croit le conventionnel Monnel (*Mém.
d'un prêtre régicide*), Robespierre inspirait Fouquier dans les dîners où il l'appelait chez lui, chez
Venua ou à Maisons.

Un nombre considérable de ses victimes allant
un jour à l'échafaud, Fouquier, qui n'avait pas
assisté au jugement, rencontra les jurés, et leur demanda sur quel délit ils avaient prononcé : « Nous
n'en savons rien, répondirent-ils; mais il n'y a
qu'à courir après les condamnés pour le savoir : »
Et tous se mirent à rire, disant : « C'est autant
de moins. »

Le 27 juillet, à l'instant même où Robespierre
était décrété d'accusation, il fit condamner et sup-
plicier quarante-deux personnes. Consulté par le
commandant du poste de la gendarmerie du Palais, qui émettait l'avis de surseoir à l'exécution
jusqu'à l'issue des événemens, il lui répondit :
« N'importe, la justice doit avoir son cours. »
Cependant un délai d'une heure eût sauvé ces
malheureux.

Un vieillard dont la langue était paralysée, ne
pouvait répondre à une interpellation que lui
adressait Fouquier. « C'est un défaut de langue,
dit l'un des juges. — Bah, reprit-il, ce n'est pas

« de la langue, c'est de la tête dont j'ai besoin. »

La duchesse de Maillé devait comparaître au tribunal; l'huissier s'était mépris, et avait amené de sa prison une dame Maillet : l'erreur ne s'expliqua qu'au tribunal. « Bon, bon! dit Fouquier, Maillé ou Maillet, autant vaut qu'elle y passe aujourd'hui que demain. » Et la dame Maillet fut envoyée au supplice.

Le 7 thermidor, un huissier se présente à la prison de St.-Lazare, et demande Loizerolles fils. Le père répond, est conduit au tribunal. Fouquier fait changer sur la pièce d'appel les dénominations et l'âge, et envoie le vieillard à l'échafaud.

« Quelquefois cependant le monstre affectait un certain respect pour les formes de la justice, et il faisait entendre des témoins; mais quels témoins, grands dieux! Des hommes gagés, connus dans les prisons sous la dénomination de *moutons*, se présentaient, et juraient solennellement de dire la vérité. Leurs dépositions toutes mensongères aggravaient tellement la position des prévenus, qu'ils avaient à peine cessé de parler que l'arrêt de mort était prononcé. Un jour, un témoin de cette espèce, mais nouveau, et dont on n'était pas encore bien sûr, réclame la parole. Fouquier-Tinville le regarde d'un air inquiet, et lui dit : « Si tu as à déposer contre l'accusé, tu peux parler; si ce que tu veux dire est en sa faveur, tu n'as pas la parole. Au reste, ajouta-t-il à demi-voix, regarde-moi et tu sauras ce que tu dois faire. » Dans les prétendues conspirations de prison, qui ont tant fait sacrifier d'infortunés, deux de ces *moutons* paraissent au tribunal comme complices. Par oubli, Fouquier-Tinville n'avait pas donné, suivant son usage dans de semblables cas, le mot qui devait avertir les juges du rôle de ces deux hommes. Le tribunal les condamne à mort avec les autres victimes. Ces deux hommes réclament; on va avertir Fouquier. « F....., dit-il, c'est un oubli : mais c'est égal; pour cette fois ça passera comme ça. »

Indigné du courage qu'avait montré sur les bancs du tribunal la jeune Amélie de Ste-Amaranthe, âgée seulement de 18 ans, et l'une des plus belles personnes de son temps, il s'écria : « Conçoit-on l'effronterie de cette coquine-là! « Il faut que j'aille la voir monter sur l'échafaud, « dussé-je ne dîner que demain. »

On lit dans les mémoires de madame Fars Fausselandry (t. I, p. 539) : « J'allai solliciter Fouquier-Tinville... Je voulais que ce monstre me donnât une permission pour voir ma mère : il me l'accorda pour trois décades, et le lendemain il la fit conduire à l'échafaud! »

Quand on manquait d'indices sur un prisonnier, Fouquier disait : « Il n'y a qu'à le remettre à la première conspiration. »

Il avait soin de laisser sur les listes de mort des places en blanc « pour ceux qui pourraient venir encore augmenter le casuel. »

L'abbé Emery inspirait aux victimes le calme et la résignation. Il le laissa vivre, parce que, prétendait-il, « ce petit prêtre les empêchait de crier. »

Les détails que nous a conservés Fabre de l'Aude (*Mém. d'un pair de France*, t. II, p. 313 et suiv.), méritent d'être rappelés.

« Il me donna aussitôt (Augustin Robespierre) un billet conçu à peu près en ces termes : « Le citoyen Robespierre, jeune, prie le citoyen Fou- « quier-Tinville, de donner à la citoyenne Alber- « tine P..., la permission de voir son père, incar- « céré au Luxembourg : La liberté ou la mort. » A la suite venait sa signature et puis le nombre 42. Je fis observer en riant à Augustin Robespierre que ce n'était pas le quantième du mois. « Gar- « dez-vous bien de l'effacer, me dit-il, de peur « que mal ne vous arrive..»

« Cela me fit comprendre qu'il y avait quelque mystère dans l'insertion de ce chiffre, et je ne doutais pas qu'il me servît de sauve-garde ; c'était cependant un acte bien hardi que d'aller se mettre, sans besoin, en présence de Fouquier-Tinville ; ce monstre ne peut inspirer, malgré tout ce qu'on a écrit sur son compte, autant d'horreur mainte- nant, qu'il nous inspirait d'effroi à nous, témoins de ses crimes. Véritable hyène altérée de sang hu- main, c'était pour lui un besoin que de le répan- dre ; la nature avait voulu graver dans ses horri- bles traits la perversité de son âme : on pouvait voir, sans doute, des visages plus laids, mais au- cun qui portât plus profondément l'empreinte d'une scélératesse consommée. Le jeu de ses mus-

cles était hideux, son sourire était infernal, et
la sombre flamme que lançaient ses yeux, n'avait
pu être allumée qu'au brasier de Satan ; un tic
convulsif, un mouvement involontaire de la mâ-
choire, ajoutait à sa laideur physique : ses cheveux
en désordre, ses vêtemens délabrés, une chemise
sale, achevaient de le rendre dégoûtant.

« Il avait la voix rauque et forte, le geste impérieux et menaçant ; il se complaisait à persifler le
malheur, à faire le bel esprit en présence du supplice. « Cette femme est sourde, lui disait-on un
« jour. — Eh bien ! répondit-il, elle aura conspiré
« sourdement. » C'était avec des manières de tigre
qu'il comparaissait au tribunal révolutionnaire :
se regardant comme ennemi personnel des accusés, il mettait son amour-propre à les faire condamner ; tout lui était odieux, et les jurés, s'ils
montraient une ombre de pitié ou de justice, [et
les juges, s'ils n'appliquaient pas la loi à tort et à
travers, et ceux qui, comme témoins, cherchaient
à lui arracher des victimes ; alors il devenait comme
enragé, il hurlait plutôt qu'il ne parlait, il ajoutait aux charges de la prétendue procédure, il in-
ventait même des griefs afin que le prévenu ne lui
échappât point. C'était pour lui un jour de deuil
que celui où un acquittement était prononcé, et
en pareil cas, un jour, il s'écria, en regardant
avec colère les jurés : « Les s... c..., ils sont félons :
« à la guillotine. »

« Il faut l'espérer, jamais un pareil monstre
ne se représentera ; et c'était à lui qu'il fallait

m'adresser! Ce ne fut qu'en me faisant une violence extrême, que je me rendis chez lui. On
n'entrait pas facilement dans sa demeure ; elle était
gardée par des cerbères qui faisaient payer les audiences au poids des écus, non qu'il lui en revînt
rien ; car, par le contraste le plus bizarre, cet
homme qui ne demandait que des supplices, préférait le sang à l'or : il dédaignait d'acquérir la
fortune immense que sa position lui eût permis
de faire en quelques mois. Simple dans ses goûts,
il aimait la table, mais il lui fallait peu pour contenter sa gourmandise toute grossière. Nous l'a-
vons vu ne laisser à sa veuve qu'une pauvreté complète, et poussée à tel point, que cette misérable
femme est morte de faim, au pied de la lettre,
dans les derniers mois de 1827 ou au commencement de l'année 1828, je ne me rappelle pas
bien l'époque précise. Ce qu'on a pu dire de son
avidité est controuvée ; c'était un homme trop
exalté dans son opinion pour s'attacher à d'autres
combinaisons que celles nécessaires pour la faire
triompher.

« Le nom de Robespierre fut le talisman qui,
à défaut d'espèces, me fit ouvrir son cabinet. Il
me reçut en manches de chemise, et encore n'é-
taient-elles pas propres ; un bonnet rouge, sale et
gras, couvrait sa tête ; il paraissait enseveli derrière
un bureau de simple bois blanc, au milieu de plusieurs monceaux de procédures, qui toutes renfermaient des condamnations. Il jeta sur moi un
regard sinistre. — « Que me veux-tu ? me dit - il,

sois bref; mon temps appartient à la république.»

« Je n'avais aucune envie de le lui faire perdre; aussi je me hâtai de lui conter rapidement ce qui m'amenait vers lui. Il m'interrompit. « Ton nom? je le lui dis. — Ta demeure? » je la lui donnai pareillement; et il se mit à écrire : ceci m'inspira une vive inquiétude, et je me rappelai alors que j'avais à lui remettre le billet de Robespierre jeune. « Que diable ne le montrais-tu d'abord ? me dit - il avec une mauvaise humeur manifeste. Il le lut, vit sans doute la marque convenue entre eux , car il s'adoucit visiblement, froissa dans ses mains le papier sur lequel il venait d'écrire et me remit la permission que j'étais venu solliciter. Je le remerciai à la hâte et je m'enfuis de devant lui , plutôt que je m'en éloignai , tant sa présence m'était insupportable ; il me semblait que son cabinet exhalait une odeur cadavéreuse ; on avait de la peine à y respirer , et les yeux de ce misérable fascinaient comme ceux du basilic. »

Tous les partis, sans exception, sont tombés sous la hache de Fouquier : émigrés, royalistes absolus, partisans des deux chambres, constitutionnels de 91, girondins, dantonistes, hébertiste, robespierristes. On le croyait dévoué à Robespierre, et solidaire avec les jurés et les juges, des jugemens rendus par le tribunal. Mais, lorsque la Convention , par son décret du 9 thermidor , eut mis les uns et les autres hors la loi , ce fut Fouquier qui constata en personne leur identité et requit leur supplice. Il eut même l'audace de se rendre à la

barre de la Convention pour la féliciter du grand
acte de justice qu'elle venait de consacrer.

Aussi, sur la proposition de Barrère, fut-il
maintenu au nouveau tribunal révolutionnaire en
sa qualité d'accusateur-public.

Mais cette faveur ne lui fut pas conservée. Dans
la séance de la Convention du 14 thermidor, présidée par Collot d'Herbois, des députés élevèrent
la voix pour demander sa mise en jugement.

« *Fréron.* J'ai vu avec un étonnement mêlé
d'horreur, sur la liste des nouveaux membres présentés pour composer le tribunal révolutionnaire,
des hommes que l'estime publique réprouve. Tout
Paris vous demande le supplice justement mérité
de Fouquier-Tinville.

(On applaudit.)

Vous avez envoyé au tribunal révolutionnaire l'infâme Dumas, et les jurés qui, avec lui, partageaient
les crimes du scélérat Robespierre. Je vais vous
prouver que Fouquier est aussi coupable qu'eux.
Car si le président, si les jurés étaient influencés
par Robespierre, l'accusateur-public l'était également, puisqu'il rédigeait les actes d'accusation
dans les mêmes vues. Je demande que Fouquier-
Tinville aille expier dans les enfers le sang qu'il a
versé. Je demande contre lui le décret d'accusation.

(On applaudit.)

« *Plusieurs membres.* Aux voix le décret d'accusation.

« *Tureau.* Je m'oppose au décret d'accusation. ce serait faire trop d'honneur à ce scélérat. Je demande qu'il soit mis simplement en arrestation, et en jugement, et traduit au tribunal révolutionnaire.

« Cette proposition est décrétée.

(On applaudit à plusieurs reprises (1).)

Fouquier espérait du secours de ses amis de l'Assemblée. Il demanda donc à être entendu par la Convention. Voici ce qui se passa à ce sujet dans la séance du 24 thermidor, présidée par Merlin de Douai.

Un des secrétaires fait lecture de la lettre suivante :

« Citoyen président, j'ai des faits importans pour la chose publique à communiquer à la Convention, en même temps qu'ils sont nécessaires à ma justification. Je sollicite en conséquence de la Convention la faveur d'être admis à la barre, pour lui en donner le développement. »

> *Signé* A. Q. Fouquier, *ex-accusateur public près le tribunal révolutionnaire, et décrété d'arrestation.*

Lecointre. Je convertis en motion la pétition de Fouquier - Tinville, non pour qu'il échappe au

---

(1) *Moniteur* du 15 thermidor an II (2 août 1794), n° 315).

glaive de la loi, mais pour que la Convention puisse apprendre de sa bouche quels étaient les leviers qui le faisaient mouvoir.

(On applaudit.)

La Convention décrète que Fouquier-Tinville sera traduit à la barre pour y être entendu.

Pocholle. Fouquier-Tinville ne peut venir vous parler que de lui ou des autres. Il ne doit parler de lui que devant le tribunal révolutionnaire.

(On murmure.)

Il me semble qu'on ne doit pas suivre pour lui d'autres mesures que pour les autres individus accusés.

Un des secrétaires fait lecture de la rédaction du décret rendu sur Fouquier.

Lefiot. La demande faite par Fouquier-Tinville ne me semblait pas susceptible d'être accueillie; c'est un homme immoral et jugé par l'opinion publique. Il est clair qu'il ne peut venir ici que pour jeter le tison de la discorde, par une suite du système qu'il avait embrassé dans l'exercice de ses fonctions; il peut venir ici rallumer des haines.

(On murmure. — *Plusieurs voix.* Il n'y a point de haines parmi les membres de la Convention.)

Je dis qu'il a existé des partis, je dis qu'il est à craindre que cet individu ne vienne les ranimer.

(Nouveaux murmures.)

J'entends dire que s'il était renvoyé aux comités, il serait possible qu'il accusât les comités, et que la vérité ne fût pas connue. Eh bien ! nommez une commission prise dans votre sein.

(On murmure.)

J'ai dû dire ce que j'avais dans la pensée.

Le Président. L'observation n'étant pas appuyée, je mets aux voix le maintien du décret.

Le décret est maintenu.

« Le président annonce que Fouquier est arrivé.

« La Convention ordonne qu'il sera entendu.

« Le président lui accorde la parole.

« *Fouquier.* Informé que le décret d'arrestation qui a été porté contre moi avait pour base principale les conférences présumées avec Robespierre, parce que j'allais chaque soir au comité de salut public, j'ai cru devoir demander à être entendu de la Convention, pour lui rendre compte des faits et des motifs de ces démarches.

« Jusqu'à l'époque du gouvernement révolutionnaire, le tribunal et l'accusateur-public n'avaient de rapport avec le comité de salut public qu'autant qu'ils y étaient mandés. Ils en avaient de plus fréquens avec le comité de sûreté générale, qui est chargé des arrestations et de la police révolutionnaire de la république ; cependant, ils ne se rendaient à ce comité qu'autant qu'ils y étaient mandés également. Quinze jours après l'établissement du gouvernement révolutionnaire, je fus appelé au comité de salut public. Je m'y rendis , et lorsque je fus arrivé dans la pièce qui précède celle où le comité délibère, Robespierre vint à moi et me fit une scène très violente, parce que je ne rendais pas compte au comité de ce qui se passait au tribunal. Je lui dis que je n'étais pas dans l'usage de le faire, que je n'en avais point encore reçu l'ordre; mais que je le ferais, si c'était l'intention du comité. Il me répondit avec ce ton despotique qu'on lui a connu, *que le comité le voulait ainsi.* D'après cela, je fus tous les soirs au comité, et pendant plusieurs jours je ne vis que lui seul, qui me reçut dans la même pièce où je l'avais vu la première fois, et où il me faisait sans cesse des reproches très-amers sur ce que je ne faisais pas juger tels généraux, tels individus.

« Enfin, un jour je fus introduit dans le comité, et j'y rendis compte de toutes les opérations du tribunal. A l'époque du procès d'Hébert, il s'établit des rapports plus exacts ; j'instruisis le comité assemblé de tous les renseignemens qui venaient successivement à la connaissance du tribunal, relatifs à cette faction.

« Avant que la loi du 22 prairial fût rendue, je fus informé qu'on avait le projet de restreindre le nombre des jurés à sept ou à neuf ; je regardai ce projet comme dangereux. Je fus au comité, où, en présence de plusieurs membres, je dis qu'il était impolitique de réduire le nombre des jurés dans un tribunal qui avait joui jusqu'alors de la confiance publique ; que ce serait faire croire que c'est parce qu'on ne trouvait pas assez de créatures qu'on diminuait le nombre. Robespierre me dit qu'il n'y avait que des aristocrates qui pussent raisonner ainsi. On m'a dit depuis que ces observations m'avaient valu d'être rayé du tableau des membres du tribunal, et il serait à désirer que je l'eusse été. On m'a ajouté que Robespierre avait le projet de me faire arrêter; il paraît qu'il ne put parvenir ni à l'une ni à l'autre de ces fins, puisque j'ai été conservé.

Quand je lus cette loi du 22 prairial, je la trouvai affreuse. Je n'en parlai pas au comité, parce que Robespierre était toujours là pour vous fermer la bouche. J'en témoignai seulement ma douleur à quelques membres du comité de sûreté générale, et des citoyens Amar, Voulland et Vadier m'avaient dit qu'ils s'occupaient d'en faire réformer quelques articles. Le despotisme de Robespierre rendit ce projet impossible à exécuter, car il arrachait tous les décrets qu'il voulait.

« Dans l'affaire de Danton, j'écrivis au comité pour savoir si je devais faire droit à la demande des accusés de faire entendre des témoins qu'ils désignaient; pour réponse, je reçus un décret qui me ferma la bouche, et j'obéis à la loi.

« Après avoir examiné une affaire dans laquelle étaient impliqués le citoyen Gayvernon, frère du député, et un adjudant nommé Barthélemy, je vis qu'il n'y avait rien à leur charge, et je me proposai de demander leur mise en liberté. Robespierre me dit : *J'ai appris que vous aviez le projet de faire élargir ces deux individus ; je vous ordonne, au nom du comité d'apporter les pièces.* Je lui répondis que c'était au tribunal à examiner l'affaire, et à prononcer la mise en liberté, s'il y avait lieu. Le citoyen Gayvernon vint me demander pourquoi je ne faisais pas sortir son frère qui n'était pas coupable. Je lui répondis que j'avais eu la main forcée, qu'il pouvait dénoncer le fait à la Convention, et que je le soutiendrais. Ce fut encore au comité (car jamais je ne le vis en particulier ni chez lui, ni ailleurs) qu'il voulut connaître les noms des députés qui avaient déposé à la décharge de Kellerman ; je dis que je ne m'en rappelais pas. Il insista et me dit : *N'est-ce pas Dubois-Crancé Gauthier ?* Je m'excusai toujours sur ma mémoire. Il fit la même chose à l'égard du général Hoche. C'était toujours au nom du comité qu'il me parlait, et si j'avais suivi les ordres qu'il me donnait, il y a long-temps que le procès de ces citoyens serait terminé.

« On a dit que l'on fournissait à Robespierre des listes de personnes qui devaient être jugées. Je serais un grand coupable, si j'y avais participé, et je déclare que je ne l'ai fait en aucune manière, mais Robespierre avait des espions, des agens dans le tribunal, et le président Dumas était son complice.

« Il avait fait prendre au comité de salut public un arrêté qui existe encore dans mon tiroir, et qu'on me notifia, de crainte que je ne l'oubliasse. Cet arrêté portait que je serais tenu de fournir chaque décadi, au comité, l'état des personnes qui devaient étré mises en jugement dans la décade suivante. Je fournissais aussi chaque soir, et cela pour me conformer à un autre arrêté, qui me fut également notifié, la liste des personnes qui avaient été condamnées ou acquittées dans la journée, et c'est alors que Robespierre se permettait des observations fâcheuses pour le porteur de cette liste.

« Jamais je n'ai assisté à aucun conciliabule avec Robespierre; jamais je n'ai reçu de lui aucun ordre isolément. Le citoyen Merlin de Tionville peut même vous dire que dans un repas, où se trouvait aussi le citoyen Lecointre, j'y parlai de Robespierre d'une manière peu avantageuse. Cela me valut d'être dénoncé au conciliabule secret de Robespierre, comme conspirant avec des députés contre lui. Je n'ai jamais eu communication avec lui, je gémissais sur son despotisme; je n'agissais que d'après les lois et les arrêtés, et je n'aurais pas fait un pas au-delà.

« *Merlin de Thionville.* Je demande que Fouquier s'explique sur la conspiration de l'étranger et sur celle du Luxembourg.

« *Bréard.* Je demande qu'il s'explique sur Catherine Theos.

Plusieurs voix. Point de discussion.

« *Tallien.* La Convention ne doit pas faire subir d'interrogatoire à Fouquier. Il avait demandé à être entendu ici sur des choses très-importantes, et jusqu'à présent je n'ai encore rien entendu qui fût digne d'être recueilli. La conspiration de Robespierre tient à une infinité de fils qui sont encore cachés, et qui seront bientôt découverts ; mais il ne convient pas à la Convention d'interroger Fouquier sur des faits particuliers. S'il a des déclarations à faire pour le salut de la patrie, qu'il les fasse spontanément ; et un homme comme lui, qui a été initié dans tous les mystères d'iniquités, doit savoir des choses précieuses. Je pourrais aussi lui reprocher des faits, mais il est inutile de l'accuser, car depuis long-temps la France l'accuse. Je demande qu'on ne lui fasse pas subir d'interrogatoire à la barre.

« *Merlin.* Je demande qu'on l'entende.

« *Fouquier.* Je vais rendre les faits tels qu'ils se sont passés : « C'est Lane, agent de Robespierre, qui a été chargé d'aller au Lubembourg découvrir s'il y avait eu une conspiration ; et c'est d'après son rapport qu'on m'envoya du comité la liste des personnes qui avaient trempé dans cette conjuration.

« Dumas voulut que l'on mît de suite en jugement 160 accusés à la fois. Il disait que le comité l'avait ordonné. Je ne le crus pas, et j'écrivis au comité. J'appris que ma lettre avait été décachetée par Robespierre, qui n'y voulait pas faire de réponse. Je fus le soir au comité, je le trouvai assemblé, et je me rappelle d'y avoir vu les citoyens Collot, Billaud, Saint-Just, Robespierre, et un autre dont je ne me souviens pas bien, mais que je crois être le citoyen Carnot, et il fut décidé que ces

160 personnes seraient mises en jugement en troi
fois.

« Quant à Catherine Theos, je reçus ordre de
porter les pièces au comité, après le décret qui avai
ordonné la mise en jugement. Je m'y rendis, j'y
trouvai, dans la première pièce, Dumas, à qu
sans doute Robespierre avait donné parole. Le comité était assemblé, je remis les pièces sur le bureau, Robespierre s'en empara, et lorsqu'il commença à les lire, tout le monde sortit, de manière
que je restai seul avec lui et Dumas, il m'ordonna
de laisser la liasse; j'obéis, et je rendis compte au
comité de sûreté générale, qui était chargé spécialement de surveiller le tribunal.

« Le président ordonne aux gendarmes qui ont
amené Fouquier, de le reconduire dans la maison
d'arrêt (1). »

A l'assemblée, comme dans les deux mémoires
qu'il a publiés, comme dans les interrogatoires
qu'il a subis au tribunal révolutionnaire, Fouquier accuse de sa conduite les exigences des membres des comités de salut public et de sûreté générale, et se défend de toute complaisance pour
Robespierre.

Quelques mois s'écoulèrent sans qu'il fût question de son jugement. Dumont en entretint la Convention dans la séance du 14 frimaire an 3, présidée par Clauzel (*Moniteur* du 17, 7 décembre
1794, n° 77).

_____

(1) *Moniteur* du 23 thermidor an II (10 août 1794), n° 323.

« *André Dumont.* Après avoir demandé la mise
en jugement de Lebon, il ajouta : « Il est temps
qu'on traduise aussi devant la justice cet ancien
accusateur public du tribunal de Robespierre,
Fouquier-Tinville. L'instruction de leur procès
vous fera découvrir leurs chefs, ceux qui leur
commandaient toutes les horreurs dont ils se sont
rendus coupables (Vifs applaudissemens). Je demande que la Convention décrète que sous huit
jours les trois comités lui feront un rapport sur la
conduite de J. Lebon.

(Les applaudissemens redoublent.)

Les propositions de Dumont furent décrétées.

Dans la séance du 30, présidée par Rewbel,
Clauzel demanda la réorganisation du tribunal révolutionnaire et provoqua l'exécution du décret
rendu le 14.

Il se passa plusieurs mois encore avant que la
Convention s'en occupât de nouveau. Dans la
séance du 30 ventôse, présidée par Thibaudeau,
Moniteur du 4 germinal an III, 24 mars 1795,
n° 184), Lesage revint sur l'accusation.

« *Boissy-d'Anglas* propose d'annuler les jugemens rendus par les tribunaux révolutionnaires
depuis le 22 prairial, et propose un décret à ce sujet.

« *Lesage* (d'Eure-et-Loir). On ne sait pas assez
de l'horrible histoire du tribunal révolutionnaire;
je tiens à la main une expédition certifiée véritable
par le greffier actuel et figurée sur le registre de
la séance du 21 messidor. On y voit qu'en vertu

d'un arrêté du comité de salut public, Fouquier accusa quarante-deux personnes d'une conspiration de prison, au Luxembourg ; on transcrit l'accusation, puis on laisse trois pages en blanc après lesquelles les juges signent. — Le même jour, 21 messidor, les quarante-deux accusés, contre lesquels il n'existe point de jugement, ont été mis à mort, et leurs biens sont confisqués, et leurs biens font partie des domaines nationaux...... Comme cet affreux tribunal se jouait de la vie des hommes ! Tantôt son chef apportait le jugement de mort écrit et signé avant même que les accusés eussent paru à l'audience ; tantôt il dédaignait même de s'informer des noms des prévenus, et si l'un d'eux observait cet oubli : *Tu ne seras pas oublié au départ*, lui répondait le monstre ; *tu auras ta place dans la charrette*. Tantôt il disait à un accusé qui lui rapportait des certificats de civisme : *Les conspirateurs en ont toujours ;* et dans la même séance, dans le même instant, il disait à un autre qui n'avait point cet acte à présenter : *Les conspirateurs n'en ont jamais*, et les deux accusés étaient également envoyés à la mort....

« Il appuie le projet de Boissy-d'Anglas, mais propose une nouvelle rédaction du décret. »

Enfin, la Convention prit une détermination positive dans sa séance du 29 germinal an X, présidée par Boissy-d'Anglas (*Moniteur* du 4 floréal an III , 23 avril 1795, n° 214).

Rovère fait un rapport sur une conspiration

tramée contre la Convention, à la suite duquel il propose le projet du décret suivant :

« La Convention nationale, après avoir entendu le rapport de ses comités de salut public et de sureté générale, décrète :

« Art. 1er. Les représentans du peuple *Cambon*, *Thuriot*, *Ruamps*, *Levasseur* (de la Sarthe), *Maignet*, *Moïse*, *Bayle* et *Hentz*, décrétés d'arrestation, se constitueront prisonniers dans le délai de vingt-quatre heures...

« Art. 2. Le tribunal révolutionnaire restera en permanence jusqu'au jugement définitif de *Fouquier-Tinville* et de ses co-accusés.

« Art. 3. L'insertion du présent décret au bulletin, tiendra lieu de publication. »

L'instruction se poursuivit dès-lors avec une grande activité, et le procès commencé le 8 floréal finit le 17.

En voici l'analyse fidèle.

La longue durée des débats ne tint pas seulement à la complication de cette cause et au grand nombre de prévenus, mais encore à l'extrême latitude qui leur avait été accordée pour produire tous leurs moyens de défense. Malgré la prolixité de leurs objections et leurs divagations fréquentes, jamais la parole ne leur fut interdite. Une longue suite de témoins à décharge fut admise à déposer même sur la moralité des accusés la plus antérieure aux fonctions sur l'exercice desquelles leur conduite était soumise à l'examen du tribunal.

La fatigue et les dégoûts d'une instruction si prolongée, et devenue permanente, également pénible, il est vrai, pour les prévenus et pour le tribunal, n'ont occasionné ni découragement ni
précipitation. Les jurés ont montré jusqu'à la fin
toute l'impassibilité qu'exige cette institution su-
blime. Souvent troublés par les murmures impa-
tiens de l'auditoire, par l'exaspération des esprits
qui se manifestait à tous momens contre les prévenus, malgré les représentations énergiques du
président et de l'accusateur public, ils paraissaient
à peine s'apercevoir de ces inconvenances. Aussi,
leur patience et leur attention soutenues inspi-
raient-elles la plus grande confiance aux accusés.

Le caractère impérieux de Fouquier-Tinville a
rendu quelquefois les séances très-orageuses. Il se
déchaînait avec violence contre l'auditoire, et
regardant aussi comme une injustice les observations pressantes du ministère public, il l'accusait
lui-même de partialité.

Dans ces luttes énergiques d'une part, et indé-
centes de l'autre, Fouquier s'abandonnait à toute
la fureur de son caractère; il lui arrivait même
d'adresser à sa partie adverse des expressions inju-
rieuses.

Dardenne, l'un des substituts, a plusieurs fois
tonné avec une éloquence foudroyante contre le
système horrible de dépopulation, dont le tribunal du 22 prairial fut un des moyens d'exécution
les plus actifs. Entraîné par une indignation gé-
néreuse, il s'écartait peut-être un peu des bornes

de son rigoureux ministère, et Fouquier en prenait aussitôt l'occasion de répondre avec véhémence. Privé de véritables talens, doué seulement d'une astucieuse perspicacité, il puisait quelquefois, dans l'excès de son mécontentement, une certaine force de logique et des mouvemens oratoires qui le faisaient écouter avec un peu plus de calme. Mais le désordre de son ame était au comble, lorsque les greffiers, huissiers et autres employés du tribunal, qu'il avait eus long-temps sous sa direction, venaient développer, en qualité de témoins, tout ce qu'ils avaient connu de sa conduite ostensible, et les détails particuliers qu'eux seuls avaient pu saisir dans la continuité de leurs relations avec lui.

En général les plaidoyers des défenseurs ont été plus oiseux qu'utiles aux prévenus. Ceux-ci s'étaient défendus eux-mêmes avec tout le soin et l'étendue que leur intérêt pouvait les porter à y donner. Fouquier a improvisé sa défense avec une impétuosité soutenue; et si elle a été impuissante sur l'esprit des jurés, c'est moins par l'insuffisance et la faiblesse des moyens présentés que par le nombre et l'évidence des délits qu'il lui était impossible de réfuter victorieusement.

La plupart ont prononcé des défenses écrites : celle d'Hermann renfermait des observations pleines d'une philosophie profonde, et qui annonçaient un homme exercé à réfléchir, et par conséquent moins qu'un autre susceptible de s'être égaré involontairement. Villate a répété, dans un long plaidoyer, une partie des détails consignés dans les trois volumes des *Causes secrètes*. On a remarqué néanmoins, à travers des déclamations ampoulées, un tableau piquant des deux factions de l'ancien gouvernement, de leur marche simultanée, de leur rivalité, de leurs divisions et de leur divergence, pour arriver ensuite l'une ou l'autre à un but presque égal.

Hermann et quelques autres ont fait de leur vie privée des tableaux assez touchans, et cependant très-mal accueillis du public. Renaudin, dont l'exagération révolutionnaire était devenue célèbre, s'est défendu sans préparation avec une simplicité et une modération surprenantes ; en parlant de sa moralité privée, de son attachement pour son épouse, de la délicatesse avec laquelle il avait toujours rempli les devoirs de la piété filiale, il paraissait vivement ému, et quelques sanglots étouffaient sa voix. Des murmures de l'auditoire ont repoussé sans pitié cette sensibilité infructueuse. La philosophie souffre d'une sévérité si grande, mais elle est peut-être un cri salutaire de la morale publique, exprimant cette maxime terrible : Que l'homme qui a violé les saintes lois de la justice et de l'humanité, a en quelque sorte perdu le droit de peindre et de sentir la nature.

Nous croyons devoir faire connaître les détails consignés dans la pièce suivante :

*Extrait des principaux actes d'accusation dressés
contre Fouquier-Tinville et ses co-accusés.*

« 1º Que les dénonciations et les déclarations
faites par les témoins, attestent qu'il avait existé,
dans le mois de messidor de l'an II, dans différentes maisons d'arrêt de Paris, une conspiration
dont le but était d'égorger les comités de salut
public et de sûreté générale, la Convention nationale, le tribunal révolutionnaire, les jacobins, la
gendarmerie nationale, etc.; que, cependant les
mêmes témoins ont déclaré qu'il n'avait jamais
existé de conspiration, ce qui fait présumer que
plus de trois cents hommes, détenus dans ses maisons, ont péri victimes innocentes d'une conspiration qui n'eut jamais la moindre réalité;

« 2º Qu'il paraît que Lanne, adjoint à la commission des administrations civiles, police et tribunaux, a suborné quelques prisonniers, pour les
engager à faire des listes de différens détenus, sous
prétexte d'une conspiration; qu'il disait aux uns
qu'il ne s'agissait que d'un simple transfèrement à
Vincennes, accordait aux autres une plus grande
latitude de liberté, une nourriture plus abon-
dante: que, non content des listes que faisaient les
détenus, il s'est permis d'ajouter de sa main, sur
les mandats d'extraction délivrés par Fouquier, les
noms de certains prisonniers, et d'en effacer d'autres; et ce qui prouve sa complicité avec ce dernier, c'est que ceux dont il a ajouté les noms sur

ces listes ont été condamnés avec les autres, quoiqu'il ait déclaré, dans les débats, qu'il ne croyait pas qu'il eût jamais existé de conspiration au Luxembourg.

3° Que Verney, ci-devant porte-clés de cette maison d'arrêt, paraît être un de ceux qui ont le plus favorisé les projets populicides de Fouquier et complices, en administrant à Lanne les détenus qu'il croyait les plus propres à entrer dans ses vues, même en employant contre eux la menace de les déclarer conspirateurs; qu'il a lui-même signé ces listes de proscriptions, en déclarant aux autorités qu'il existait une conspiration, quoique depuis il a constamment reconnu que jamais il n'y avait eu le plus petit trouble dans cette maison ; que Verney dit à Boyenval et Beausire, après qu'ils eurent fait une liste de cent quarante-cinq à cent quarante-sept personnes, que l'administration et les comités ne seraient pas contens, attendu qu'ils avaient espéré que cette liste comprendrait deux cent cinquante ou trois cents individus, ce qui prouve que ces prétendues conspirations n'étaient qu'un moyen trouvé pour égorger des citoyens;

« 4° Que Boyenval, aussi faiseur des listes de proscription, secondait parfaitement ces vues populicides, par une correspondance très active avec les anciens comités de gouvernement, et que, malgré qu'il eût déclaré au tribunal qu'il n'y avait point eu de conspiration au Luxembourg, il a cependant été un des plus acharnés contre les accusés, puisqu'ils ne pouvaient pas dire un mot pour

leur défense, qu'il ne s'élevât contre eux de la manière la plus scandaleuse.

« Il n'attendait jamais qu'on l'interrogeât; il
était toujours debout. Aussi disait-il de ses anciens
camarades de chambre : Pour celui-là, nous le
ferons bientôt guillotiner; c'est pour la première
fournée, ainsi que Fosse et son beau - père. C'est
moi qui suis chargé de cela par le comité de salut
public : je vous le menerai bon train. Nous en
laisserons quelques-uns, comme cela pour amorcer les autres, et nous les ramasserons ensuite en
peloton. Aussi, Fouquier comptait-il sur lui plus
particulièrement que sur les autres. Il le faisait
entrer mystérieusement dans son cabinet avant
l'audience, et lui commandait de déposer comme
il savait.

« 5º Benoît, ci-devant agent du pouvoir exécutif, paraît aussi avoir été un des faiseurs de listes
au Luxembourg, quoiqu'il ait déclaré qu'il n'y
avait pas eu de conspiration.

« Les anciens comités de gouvernement furent
si contens des services qu'il leur rendit dans cette
maison, qu'ils le firent transférer dans celle des
Carmes, pour y moutonner les malheureux détenus. Son arrivée y fut signalée par une liste de
prétendus conspirateurs, qui furent jugés et condamnés.

« Sa correspondance avec les anciens comités
était très-active; quoiqu'en apparence il ne remplît
aucune fonction publique, puisqu'il était détenu,

il n'en cachetait pas moins les lettres qu'il leur envoyait, avec un sceau à l'empreinte de la république, avec cette légende : *Commissaire national.*

« 6° Guyard, ancien concierge de la maison du
Luxembourg, paraît avoir été un des agens de la
faction populicide, par sa cruauté envers les détenus. Il cherchait à les soulever, pour les dénoncer
comme conspirateurs. Il faisait si peu de cas de la
vie des citoyens, qu'ayant un jour confondu le
nom d'un prévenu avec un autre; qu'importe,
celui-là ou un autre, dit-il, pourvu que j'aie mon
nombre? Qu'il passe aujourd'hui ou demain, cela
n'est-il pas égal?

« 7° Beausire, vivant de son bien, paraît également avoir trempé dans cette conspiration, et
avoir été d'une parfaite intelligence avec Boyenval.
Il convient avoir écrit au Luxembourg de ces listes
de conspiration; ceux dont les noms ont été ins-
crits ont été condamnés, et cependant il prétend
aujourd'hui que cette conspiration n'a jamais
existé.

« 8° Dupommier, administrateur de police paraît avoir été l'inventeur de la première conspiration de Bicêtre. Cruel envers les détenus, il les menaçait à chaque instant de les envoyer à Fouquier,
et souvent les menaces étaient suivies de l'exécution.

« Toutes ses listes de proscription ont été suivies
d'un jugement et d'une mort prompte. Il y em-
ployait quelques témoins affidés qu'il faisait traiter
avec plus de douceur, et sur la porte desquels il

eut l'effronterie de placer cette inscription : *Chambre des amis de la patrie*. C'étaient deux scélérats déjà condamnés à vingt ans de fers, pour crime de faux témoignages, et ces deux scélérats étaient toujours administrés à Fouquier, comme témoins des prétendues conspirations. »

Le deuxième acte d'accusation est dirigé contre Hermann et Valagnose. En voici l'extrait :

« Le citoyen Hermann, ci-devant membre de la commission des administrations civiles, police et tribunaux, assigné en témoignage dans l'affaire de Fouquier et de ses complices.

« Examen fait de la déposition et des débats, il en résulte qu'il a été un des principaux agens des anciens comités de gouvernement, pour l'exécution du système de dépopulation imaginé par Robespierre, pour pouvoir parvenir plus sûrement à la dictature, après laquelle il soupirait ; que déjà, en sa qualité de président du tribunal révolutionnaire, et lors de l'affaire de Danton, Camille, etc., Hermann avait donné des preuves de son entier dévouement à ces comités, puisque, de concert avec Fouquier, il avait alors fait le triage des jurés, et que, le jour de leur condamnation, ils entrèrent dans leur chambre, pour les déterminer sans doute à voter contre eux ; qu'Hermann, après avoir vociféré contre les accusés tout ce que la passion peut inventer de plus affreux, montra aux jurés une lettre qu'il dit venir de l'étranger, adressée à Danton, et que cette lettre les avait déterminés à voter pour la mort ; que cette condamnation lui parut sans doute si extraordinaire, qu'il n'osa pas la prononcer en présence des accusés, et qu'il envoya à la Conciergerie un commis-greffier pour leur en faire lecture.

« Ces différentes machinations furent récompensées par Robespierre.

« Hermann, le lendemain du jugement, obtint la place de commissaire des administrations civiles, police et tribunaux, pour que, dans ce nouveau poste, il fût plus à portée de servir leurs vengeances et leurs passions. Une lettre de Louis Valagnose, peintre en bâtimens, en présenta bien vite l'occasion.

« Ce Valagnose, déjà condamné à douze années de fers, pour avoir abusé de sa qualité de membre du comité révolutionnaire, écrivit de Bicêtre qu'il s'était formé dans cette maison un complot, parmi les condamnés comme lui aux fers, de s'échapper dans leur route.

« Il adressa une seconde lettre au comité révolutionnaire de la section, dans laquelle il déclara qu'une troupe de scélérats, avec qui les détenus correspondaient au-dehors, devaient assurer un plein succès à cette révolte, et il promettait d'indiquer des témoins pour attester les faits. Le comité révolutionnaire transmit cette lettre au comité de salut public ; Robespierre et Barère l'envoyèrent à Hermann, qui venait d'être élevé à l'administration de police, pour prendre, sur l'avis de Valagnose, les mesures convenables.

« Cet administrateur se transporta à Bicêtre, et

jusqu'alors, les rapports journaliers du concierge de cette maison avaient annoncé que tout y était parfaitement tranquille : mais sans doute que, d'après son rapport, il fut convenu entre le comité de salut public et lui, de transformer ce projet d'évasion en une conspiration horrible, qui ne tendait à rien moins qu'à égorger la Convention nationale, le tribunal révolutionnaire, la gendarmerie nationale, les jacobins, etc.

« D'après ce plan, un arrêté du comité de salut public, du 25 prairial, traduisit seize individus au tribunal révolutionnaire : ils furent jugés et condamnés.

« Ce même comité autorisa Hermann à faire traduire tous les complices.

« Cette autorisation, mendiée par Hermann, ne fut pas inutile entre ses mains : il en fit part à Fouquier, et l'engagea à aller avec lui ou avec Lanne, son adjoint, faire la recherche des complices. Il en coûta la vie à trente-sept autres individus, contre qui l'acte d'accusation fut dressé avant même la réception des pièces. D'autres complices furent encore recherchés.

« La précipitation avec laquelle on avait traduit les précédens n'avait pas donné le temps de les dénoncer tous : on en donna une liste de trente-un, en déclarant qu'il y en avait beaucoup d'autres, mais qu'ils avaient été transférés à Saint-Lazare.

« Cette déclaration fut recueillie par Dumoutier et Dupommier.

« Le lendemain 7, la liste fut envoyée à Fouquier, qui dressa contre eux, le même jour, l'acte d'accusation; il en ajouta cinq autres, dont Offelin était du nombre, et y accola deux volontaires, qui n'étaient pas de Bicêtre. Les deux volontaires furent acquittés : les trente-six autres individus périrent le 8 messidor.

« Les deux comités de gouvernement rendirent cette conspiration commune à toutes les prisons. Hermann prépara les moyens de dénonciation, avec certains individus, connus dans les maisons d'arrêt, sous le nom de *moutons*. Par ces moyens cent cinquante-cinq individus furent extraits du Luxembourg, divisés en trois fournées, jugés, condamnés et exécutés les 19, 21 et 22 messidor.

« Hermann passa du Luxembourg aux autres maisons d'arrêt de Paris, y engagea les *moutons* à lui donner des listes de proscription; et par le moyen de ces listes, et de ses rapports faux et mensongers qu'il allait faire aux comités de gouvernement, plus de quatre cents individus ont péri victimes d'une conspiration qui n'a jamais existé.

Le 16, à six heures, après un résumé qui en a duré cinq, les questions ont été posées. Il s'est élevé quelques débats : à cette question : *A-t-il agi volontairement?* a été substituée celle-ci : *A-t-il agi avec mauvaise intention?* Les jurés se sont retirés dans leur chambre pour délibérer; ils ne sont rentrés à l'audience que le 17, vers une heure après midi. Le président a proposé à chaque juré nominativement, et sur chacun des accusés successivement les questions de fait, de complicité et de mauvaise intention.

Fouquier-Tinville a été déclaré, à l'unanimité, auteur des manœuvres et complots détaillés dans la question de fait : il y a eu également unanimité sur celle de mauvaise intention.

Parmi les ex-juges, vice-présidens et substituts, Scellier, Foucault et Garnier-Launay ont été condamnés à la majorité de plus ou moins de voix sur l'intention.

La question de complicité a été négative, à l'unanimité, pour Beausire seul ; affirmative à l'unanimité pour tous les autres prévenus , à l'exception de trois.

Guyard a eu 2 voix pour la négative ; Dupommier 1 voix ; Valagnose, 4.

Ceux des jurés condamnés sur la question intentionnelle, sont : Leroi, dit *dix août*, Renaudin, Prieur, Châtelet et Girard (à l'unanimité); Villatte seul a eu 2 voix négatives.

Ceux acquittés sont : Duplay, Brochet, Chrétien, Trey, Ganet et Trinchard.

Trey et Ganet (à l'unanimité); Brochet, 10 voix négatives; Duplay, 8 voix ; Trinchard et Chrétien 6 voix.

Parmi les autres prévenus, d'abord témoins dans la procédure, puis devenus co-accusés à la diligence de l'accusateur public , Vernet, Benoit et Lanne ont été condamnés à l'unanimité. Boyenval a eu une seule voix négative. — Hermann en a eu 5 ; Dupommier 4.

Valagnose a été acquitté à la majorité de 2 voix Guyard à celle de 4.

Cette opération a duré jusqu'à 5 heures. Les juges se sont retirés à la chambre du conseil pour procéder à la rédaction du jugement.

Un des fils de Foucault, profitant de cet intervalle, s'était glissé dans la salle d'audience. Après avoir interrogé avec l'air de l'indifférence un des gendarmes, il apprend que son père vient d'être condamné; il s'échappe aussitôt en faisant retentir la salle de cris perçans et douloureux, et vole à la Convention, pour implorer la grâce de son père.

Les juges sont rentrés vers les 6 heures. Les accusés non convaincus ont été appelés pour entendre leur jugement d'acquit, Beausire et Guyard ont seuls obtenu leur liberté.

On a fait monter ensuite les accusés déclarés convaincus. Une force imposante entourait les gradins.

Le président a lu le jugement de condamnation. La plus grande partie des condamnés ont manifesté leur mécontentement de la manière la plus scandaleuse, d'abord individuellement à mesure qu'ils étaient nommés, puis tous ensemble avec des démonstrations plus ou moins énergiques.

Scellier s'est montré le plus emporté. Pendant toute la procédure, il avait affecté beaucoup de douceur et de modération ; mais au moment fatal, il a développé toute la terreur d'un caractère orgueilleux et méchant. Quand le président a prononcé ces mots : La déclaration du juré est que

Scellier est complice, et qu'il a agi avec mauvaise intention. *Ils en ont menti*, a répondu Scellier. Plusieurs autres ont fait la même exclamation. Nous pensons tous de même, ont répété simultanément la plupart. Scellier s'était couvert; un gendarme a voulu lui ôter son chapeau. Scellier l'a jeté par la fenêtre avec un mouvement de rage.

Hermann, nommé à son tour, a, sans proférer un seul mot, lancé un livre à la tête du président. *C'est Hermann*, ont dit plusieurs des condamnés. Scellier, dont les forces physiques étaient presque éteintes par un état continuel de maladie, a voulu déclamer quelques phrases accompagnées de gestes oratoires. Le désespoir et la faiblesse étouffaient sa voix; il est retombé sur son gradin, épuisé et toujours plein de colère. A tous momens il proférait de nouvelles injures. *Votre tour viendra, f....., et ça ne sera pas long.*

Foucault et Garnier ont crié : *Vive la république !*

Renaudin a dit avec douleur : « Je péris innocent, et pour avoir aimé ma patrie; j'atteste que je n'ai jamais eu aucune mauvaise intention. »

Boyenval a dit : « Je demande au peuple qui est dans cette salle, et à toute la république, puisque je dois périr, de me laisser expier mes fautes sans nous injurier sur notre passage. »

Je lègue aux vrais patriotes ma femme et mes six enfans, a dit Foucault.

Villatte s'est emporté comme un énergumène,

gonflé de vanité autant que de colère : « Il est bien inconcevable, a-t-il dit, qu'on soit assez injuste pour me confondre avec un individu tel qu'un Fouquier. » Celui-ci n'a point paru sensible à cet outrage. Villatte a parlé des vérités qu'il laissait à ses concitoyens : ses idées se sont brouillées; il a parlé sans pouvoir rendre sa pensée intelligible.

Pendant ce temps, le président poursuivait le prononcé de la sentence. Un murmure sourd, mêlé aux phrases incohérentes de Villatte et à quelques sorties perdues d'autres condamnés, rendaient cette scène vraiment hideuse.

L'accusateur public a procédé aux formalités réservées à son ministère. A l'article de la confiscation des biens au profit de la république. *Elle n'aura f..... rien de moi*, a dit Scellier.

Fouquier a demandé la parole; elle lui a été accordée. Il a réclamé contre l'application de la peine. « Après avoir fait une procédure dans laquelle les seuls auteurs des crimes que l'on nous imputait n'ont point paru, on prononce contre nous la mort, quoique les vrais coupables n'aient été que déportés! Où est la justice? Mais la postérité jugera. Je n'ai plus qu'un mot à dire : je demande que l'on me fasse mourir sur-le-champ, et que vous montriez autant de courage que j'en ai. » Il n'a plus rien dit.

Girard, ex-juré, a demandé la parole a son tour. Il a dit avec un ton pénétré, mais calme : « Je meurs à la place de ceux qui ont causé les maux de ma patrie. Je souhaite que ceux qui nous survivent soient plus heureux que nous. »

A la suite des conclusions de l'accusateur-public, un des juges, en prononçant son opinion, s'exprimait avec beaucoup de difficulté, soit qu'elle fût naturelle ou bien occasionnée par la scène qui se passait : *Apprends donc à lire*, dit Sellier.

Le président a terminé les formalités de la procédure.

Voici le texte du jugement :

« Vu par le tribunal la déclaration du jury, portant :

1° Qu'il a été pratiqué au tribunal révolutionnaire séant à Paris, dans le courant de l'an IIe de la république française, des manœuvres ou complots tendans à favoriser les projets liberticides des ennemis du peuple et de la république, à provoquer la dissolution de la représentation nationale et le renversement du régime républicain, et à exciter l'armement des citoyens les uns contre les autres ;

Notamment, en faisant périr, sous la forme déguisée d'un jugement, une foule innombrable de Français de tout âge et de tout sexe ; en imaginant, à cet effet, des projets de conspiration dans les diverses maisons d'arrêt de Paris ;

En dressant ou faisant dresser dans ces différentes maisons des listes de proscription ;

En rédigeant, de concert avec certains membres des anciens comités de gouvernement, des
projets de rapports sur ces prétendues conspirations, propres à surprendre la religion de ces
comités et de la Convention nationale, et à
leur arracher des arrêtés et des décrets sanguinaires ;

En amalgamant dans le même acte d'accusation,
mettant en jugement, faisant traduire à l'audience
et au supplice plusieurs personnes de tout âge, de
tout sexe, de tout pays, et absolument inconnues
les unes aux autres;

En requérant et ordonnant l'exécution de certaines femmes qui s'étaient dites enceintes, et dont
les gens de l'art avaient déclaré ne pouvoir pas
constater l'état de grossesse ;

En jugeant dans deux, trois ou quatre heures
au plus, 30, 40, 50, et jusqu'à 60 individus à la
fois ;

En encombrant sur des charrettes destinées
pour l'exécution du supplice, des hommes, des
femmes, des jeunes gens, des vieillards, des
sourds, des aveugles, des malades et des infirmes;

En faisant préparer des charrettes dès le matin,
et long-temps avant la traduction des accusés à
l'audience;

En ne désignant pas dans les actes d'accusation,
les qualités des accusés d'une manière précise, de
sorte que, par cette confusion, le père a péri pour
le fils, et le fils pour le père;

En ne donnant pas aux accusés connaissance de

leur acte d'accusation, ou le leur donnant au moment où ils entraient à l'audience;

En livrant, avant la rédaction, des jugemens, à la signature du greffier, sur des papiers blancs; de sorte qu'il s'en trouve encore plusieurs dans le préambule et le vu desquels se trouvent rappelées grand nombre de personnes qui toutes sont exécutées, mais contre lesquelles ces jugemens ne renferment aucune déposition;

En n'écrivant pas ou ne faisant pas écrire la déclaration du jury au bas des questions qui lui étaient soumises;

Lesquelles deux dernières prévarications, suite nécessaire de la prévarication criminelle des juges dans l'exercice de leurs fonctions, ont pu donner lieu à cette foule d'erreurs et de méprises, dont une se trouve parfaitement constatée dans la personne de l'infortunée Pérès;

En refusant la parole aux accusés, à leurs défenseurs; en se contentant d'appeler les accusés par leurs noms, âges et qualités, et leur interdisant toute défense;

En faisant rendre, sous prétexte d'une révolte qui n'exista jamais, des décrets pour les mettre hors des débats;

En ne posant pas les questions soumises au jury en présence des accusés;

En choisissant les jurés, au lieu de les prendre par la voie du sort;

En substituant aux jurés de service d'autres jurés de choix;

En jugeant et condamnant des accusés sans témoins et sans pièces ;

En n'ouvrant pas celles qui étaient envoyées pour leur conviction ou leur justification , et ne voulant pas écouter les témoins qui étaient assignés ;

En mettant en jugement des personnes qui ont été condamnées, exécutées avant la comparution des témoins, et l'apport des pièces demandées et jugées nécessaires pour effectuer leur mise en jugement ;

En faisant conduire sur le lieu destiné au supplice un grand nombre d'accusés , et rester exposé, pendant le temps de leur exécution, le cadavre d'un de leurs co-accusés, qui s'était poignardé pendant la prononciation du jugement ;

En donnant une seule déclaration sur tous les accusés en masse ;

En proposant de saigner les condamnés pour affaiblir le courage qui les accompagnait jusqu'à la mort ;

En corrompant la morale publique par les propos les plus atroces et les discours les plus sanguinaires ;

En entretenant des liaisons, des correspondances et des intelligences avec les conspirateurs déjà frappés du glaive de la loi (1) ;

---

(1) Cet exposé est le résumé succinct des actes d'accusation dressés contre tous les accusés généralement.

2º Que Fouquier est auteur de ces manœuvres et complots, et qu'il a agi avec de mauvaises intentions;

3º Qu'Etienne Foucault, ex-juge;

Gabriel-Toussaint Sellier, ex-président;

François-Pierre Garnier de Launay, ex-juge;

Pierre-Nicolas-Louis Leroi, dit *Dix-Août*, ex-juré;

Léopold Renaudin, ex-juré;

Joachim Villatte, ex-juré;

Jean-Louis Prieur, ex-juré;

Claude-Louis Châtelet, ex-juré;

François Girard, ex-juré;

Pierre-Joseph Boyenval, tailleur d'habits;

Pierre-Guillaume Benoit, ci-devant agent du pouvoir exécutif;

Marie-Joseph-Emmanuel Lanne, adjoint à la commission des administrations civiles, police et tribunaux, ex-juge;

Joseph Verney, ci-devant porte-clefs au Luxembourg;

François Dupommier, ex-administrateur de police;

A. M. J. Hermann, commissaire des administrations civiles, police et tribunaux, ex-président, ne sont pas auteurs, mais qu'ils sont complices de ces manœuvres et complots, et qu'ils ont agi dans de mauvaises intentions, le tribunal a condamné les sus-nommés à la peine de mort.

4º. Qu'antoine Maire, ex-juge; Gabriel Deliége, ex-président; Marie-Claude Naulin, substitut, ex-

président ; François-Marie Delaporte , ex-juge ;
Jean-Baptiste Lohier, ex-juge ; François Trinchard,
ex-juré; Jean-Etienne Brochet , ex-juré ; Pierre-
Nicolas Chrétien, ex-juré; George Ganney, ex-
juré ; Benoît Trey , ex-juré; Jean Guyard, ancien
concierge du Luxembourg ; J. L. Valagnose,
peintre en bâtimens , ne sont pas auteurs, mais
qu'ils sont complices de ces manœuvres et complots , mais qu'ils n'ont pas agi avec de mauvaises
intentions , le tribunal les a acquittés ;

5°. Que Jean-Baptiste-Toussaint Beausire, vivant
de son bien ; Maurice Duplay, ex-juré , ne sont ni
auteurs ni complices de ces manœuvres et complot , le tribunal les a également acquittés (1).

Fouquier avait montré dans ses interrogatoires
une présence d'esprit imperturbable. Il écrivait
sans cesse ; mais comme Argus, il était tout yeux
et tout oreilles, et en écrivant, pas un mot du
président, d'un accusé, d'un témoin, d'un juge,
de l'accusateur public ne lui échappait.

Le 18 floréal, à onze heures du matin , on conduisit les seize condamnés sur la place de Grève ,
placés dans trois charrettes , au milieu d'une immense population, qui les poursuivait de huées et
de malédictions. On criait à Fouquier : «Fouquier,

---

(1) « On découvrit dans les dernières séances, que l'infortunée et fanatique Charlotte Corday avait été menacée de
voir toute sa famille entraînée dans sa condamnation , si elle
n'avouait que son projet avait été d'assassiner Robespierre.»
— Toulongeon, *Histoire de France* , t. V, p. 231.

tu n'as pas la parole. » Et il répondait par d'ignobles grimaces et par des mots grossiers, crachant sur les spectateurs les plus rapprochés de lui, et leur disant : « Canaille, va donc chercher tes trois onces de pain à la section ; moi, je m'en vas le ventre plein. » En effet, il avait fait de copieuses libations avant son départ de la Conciergerie. Cependant sa figure était pâle et livide, ses muscles contractés, ses yeux égarés ou animés par la colère.

Au pied de l'échafaud, il sembla éprouver des remords ou de la crainte ; il y monta en tremblant. Le peuple ayant demandé sa tête, l'exécuteur la saisit par les cheveux, et l'offrit aux regards de la multitude.

LESURQUES (Joseph).

On doit regarder comme une calamité publique le supplice d'un homme innocent qui meurt sur l'échafaud ; toute la société devrait en prendre le deuil.

Juges de Lesurques, quelle fut votre erreur ! quels doivent être vos remords !

Né à Douai, en 1765, d'une famille honnête et justement estimée, Lesurques reçut une bonne éducation qui lui inspira une sorte de passion pour les arts. Il servit pendant assez long-temps dans le régiment d'Auvergne, et lorsqu'il rentra dans sa patrie, il obtint dans les bureaux du district une place de chef de bureau. La manière dont il s'y conduisit lui mérita les suffrages de tous ceux qui le connurent ; il ne cessa pas un seul jour de jouir de la réputation d'homme de bien et d'homme d'honneur.

Lesurques ne tarda pas à contracter un mariage avec une demoiselle de bonne famille. La dot de sa femme et les émolumens de sa place, joints à son patrimoine, lui composèrent un revenu d'environ 10,000 livres de rente. C'était beaucoup pour un homme comme Lesurques, dont les goûts étaient simples, l'ambition modérée, et qui habi-

tait la province. Devenu père de plusieurs enfans,
il conçut le projet, à l'âge de trente-trois ans, de
venir s'établir à Paris pour y suivre leur éducation.
Il loua un appartement chez M. Monnet, notaire,
demeurant rue Montmartre, et se livra au plaisir
de rendre commode et agréable sa nouvelle demeure. Jusqu'alors la fortune lui avait souri;
elle lui préparait les revers les plus funestes.

On sait que les étrangers qui viennent de la
province à Paris, perdus dans cette grande ville,
forment leurs premières liaisons avec les personnes
de leur pays. Lesurques connaissait le sieur
Guesno, qui tenait une maison de roulage à Douai,
et auquel il avait prêté une somme de 2,000 fr.

Le sieur Guesno vint le voir, et lui remettre la
somme qu'il en avait reçue; il l'invita même à déjeuner chez lui. Guesno logeait chez un sieur Richard, né à Douai comme lui, mais homme d'une
vie dissipée. Ce Richard s'était lié avec un individu
tout-à-fait étranger à Lesurques : il se nommait
Couriol. Richard fut du déjeuner; Couriol survint
et s'y trouva aussi.

Cette réunion avait lieu quatre jours après l'événement affreux que nous allons rapporter.

Au mois de floréal an 4, six individus formè-
rent, à Paris, le projet d'assassiner le courrier de la
malle sur la route de Lyon, pour le voler. Ces misérables se nommaient Vidal, Couriol, Rossi, Dubosc, Durochat et Bernard. Ce dernier fut chargé
seulement de procurer quatre chevaux de selle
pour l'exécution de cet horrible complot.

Le 8 floréal, Durochat retint une place pour Lyon, sous un faux nom, et partit dans la voiture de la malle, où il s'assit à côté du courrier.

Le même jour, Vidal, Couriol, Rossi et Dubosc montèrent les chevaux fournis par Bernard, sortirent de Paris par la barrière de Charenton, et allèrent dîner à Montgeron, à l'auberge des diligences. Après dîner, ils poursuivirent leur route vers Melun. Ils s'arrêtèrent à Lieursaint : un d'eux y fit raccommoder ses éperons, dont les chaînons s'étaient brisés. Ils s'éloignèrent ensuite, et allèrent attendre le courrier dans un bas-fond, près d'un petit bois bordant la route, au lieu dit : *Entre les deux Auberges*.

Au milieu de la nuit, le malheureux courrier arriva sur le lieu où il était attendu. Deux scélérats se précipitent sur le postillon et l'égorgent. Au même instant Durochat poignarde le courrier à côté de lui. On abandonne les deux cadavres, on dévalise la malle, on se partage le fruit du crime, et Durochat, détachant un des chevaux de la voiture, le monte, et prend avec ses complices la route de Paris, où ils rentrent tous cinq au point du jour.

La justice ne tarda pas à se mettre sur les traces de cet épouvantable assassinat. On trouva le cheval de poste abandonné près de la place Royale ; on découvrit bientôt que le nommé Bernard avait fourni les chevaux : on l'arrêta ; les quatre autres complices s'enfuirent ou se cachèrent.

Les quatre assassins avaient été vus par un grand

nombre de personnes à Montgeron, où ils avaient dîné, où ils avaient joué au billard, et à Lieursaint, où ils s'étaient arrêtés, ainsi que nous l'avons rapporté.

Cependant Guesno était allé à Château-Thierry pour ses affaires. Couriol, qui n'était pas sans inquiétude, s'y rendit aussi, et alla loger dans la même maison que lui. On l'arrêta, on s'empara de ses papiers, de ceux de Guesno, et même du sieur Goher, chez lequel ils demeuraient. Ces deux derniers mandés à la police, parurent exempts de tout reproche, et on les remit en liberté; Couriol seul fut retenu. Guesno ayant obtenu la permission d'aller reprendre ses papiers, le malheur voulut qu'il rencontrât Lesurques au moment où il se rendait pour la seconde fois au bureau central de la police. Il lui proposa de l'accompagner, dans le projet de passer ensuite une partie de la journée ensemble. Lesurques le suivit; il ne se doutait pas que le seuil qu'il allait franchir était pour lui le seuil de l'éternité. Les deux amis entrèrent l'un et l'autre avec la confiance que donne une bonne conscience.

Ici commencent tous les malheurs de Lesurques.

A cette époque, M. Daubanton était juge de paix de la division du Pont-Neuf, et officier de police judiciaire. Le bureau central, dont il était voisin, lui livra l'instruction préliminaire de cette affaire.

A l'instant où il arrivait au bureau central pour prendre connaissance de tous les renseignemens relatifs à la procédure qui allait s'entamer, M. Daubanton rencontra Guesno qui s'y présentait pour ravoir ses papiers : il le remit au lendemain, après qu'il en aurait fait l'examen, ainsi que de tous les autres.

Son premier soin fut de rechercher et de rassembler tous les témoins qui pouvaient l'éclairer dans l'instruction dont il venait d'être chargé. Il donna l'ordre à l'officier de paix Heudon de partir sur-le-champ, et de lui ramener le lendemain tous les témoins dont il lui avait donné la liste.

Le lendemain, averti de l'arrivée de tous les témoins qu'il avait demandés, M. Daubanton se rendit au bureau central pour les interroger. A peine était-il dans le cabinet où il devait travailler, que l'officier de paix Heudon vint lui dire que deux des témoins, deux femmes qu'il avait amenées de Montgeron, venaient de reconnaître dans la salle voisine deux des hommes qui avaient dîné et pris le café à Montgeron le jour même de l'assassinat du courrier de Lyon, et que l'on soupçonnait de l'avoir commis.

Il parut d'abord inconcevable à M. Daubanton que deux assassins pussent pousser l'audace jusqu'à venir se mettre sous sa main. Il fut même tellement frappé de cette réflexion, qu'elle lui échappa involontairement et tout haut en présence des gendarmes et agens de police qui se trouvaient alors dans son cabinet.

Cependant il dit à Heudon de faire entrer une de ces femmes. Il demanda à celle-ci si elle était

sûre d'avoir reconnu dans la pièce qui précédait
son cabinet deux des hommes qu'elle avait vus à
Montgeron le jour de l'assassinat du courrier de
Lyon. Cette femme affirma qu'elle ne se trompait
pas.

M. Daubanton se fit amener l'autre femme : il lui
adressa la même question ; elle fit la même réponse.

La surprise que cet événement avait causée à ce
magistrat n'était pas encore dissipée; il fit à ces
deux femmes la même observation que celle qu'il
avait déjà faite à ceux qui l'entouraient. Il leur dit
qu'il allait faire entrer ces deux hommes ; il les invita à les bien examiner encore en sa présence,
leur dit de faire bien attention à eux, et de prendre bien garde de se tromper, attendu que leurs
déclarations pourraient les conduire à la mort.

M. Daubanton fit appeler ensuite un des deux
particuliers que ces deux femmes avaient désignés :
c'était Guesno, à qui il avait promis de remettre
ce jour-là ses papiers, après qu'il les aurait examinés. Il fut stupéfait alors de l'aventure qui le for-
çait à s'occuper de lui plus qu'il ne l'aurait cru.
Cependant il eut assez d'empire sur lui-même pour
cacher l'impression contraire aux déclarations de
ces deux femmes, qu'il éprouvait, et qui le portait
à n'en faire aucun cas. Il demanda à Guesno ce
qu'il venait faire au bureau central. Guesno lui
répondit : « Je viens reprendre mes papiers que
« vous avez promis de me rendre. Je suis accom-
« pagné d'un de mes amis de Douai, mon pays...

« Il se nomme Lesurques... Je l'ai rencontré che-
« min faisant : il est de l'autre côté. »

M. Daubanton fit entrer alors l'autre particulier
indiqué par les deux femmes de Montgeron, qui
étaient assises auprès de ce magistrat ; c'était Lesurques, dont lui avait parlé Guesno. Il causa avec
eux assez long-temps, et les renvoya ensuite dans
l'autre pièce, après toutefois avoir dit secrètement
à l'officier de paix de ne pas les perdre de vue.

Lorsqu'ils furent sortis, M. Daubanton demanda
à ces deux femmes si elles persistaient dans les déclarations qu'elles lui avaient faites. Elles lui répondirent toutes les deux, sans hésiter, qu'elles ne
se trompaient pas. M. Daubanton reçut leurs déclarations par écrit ; après quoi il se vit forcé de
faire arrêter Lesurques et Guesno.

Voilà par quelle fatalité extraordinaire le premier se trouva compromis dans le procès de Couriol, l'un des assassins du courrier de Lyon.

M. Daubanton continua son instruction. Guesno
et Lesurques furent également reconnus pour avoir
été vus à Montgeron et à Lieursaint, le jour de
l'assassinat du courrier, par plusieurs autres témoins. Lesurques fut également reconnu pour être
celui des quatre particuliers vus à Lieursaint, qui
avait fait raccommoder ses éperons.

En conséquence de ces reconnaissances, M. Daubanton lança contre les deux amis un mandat d'arrêt, comme prévenus d'avoir participé à l'assassinat
et au vol du malheureux courrier de Lyon.

La déposition des deux femmes de Montgeron

était inexcusable à l'égard de Guesno, car il ne ressemblait à aucun des vrais coupables ; mais elle pouvait être justifiée à l'égard de Lesurques, qui, par une fatalité peut-être sans exemple, avait une ressemblance parfaite avec l'un des brigands signalés à la justice.

La nouvelle de l'arrestation de Lesurques répandit la consternation dans sa famille et parmi ses amis. Tous s'empressèrent de lui donner les marques du plus vif intérêt. Comment concevoir, en effet, qu'un homme qui possédait une fortune de plus de 10,000 livres de rente, qui, jusqu'alors, avait joui d'une réputation sans tache, qui venait s'établir à Paris avec sa femme et ses enfans ; qui louait un appartement chez l'un des notaires les plus connus ; qui prenait plaisir à le décorer, n'avait quitté son pays que pour venir assassiner le courrier de Lyon sur la route de Melun. La somme volée au courrier était de 20,000 livres environ. Le nombre des coupables, y compris celui qui avait fourni les chevaux, était de six ; c'était donc pour se procurer trois mille et quelques cents livres, qu'un homme d'honneur, un homme riche, s'était tout-à-coup transformé en meurtrier de grand chemin.

Quoi qu'il en soit, l'instruction se poursuivit avec tout le zèle dont les magistrats étaient animés à une époque où les brigands infestaient, et où les courriers étaient fréquemment arrêtés et les deniers de l'Etat volés à main armée.

Le jour de son arrestation, Lesurques écrivit à un de ses amis :

« Mon ami,

« Depuis que je suis à Paris, je n'ai éprouvé que
« désagrémens; mais je ne m'attendais pas et ne
« pouvais m'attendre au malheur qui m'accable
« aujourd'hui. Tu me connais, et tu sais si je suis
« capable de me souiller du moindre crime : eh
« bien ! le plus affreux m'est imputé. La seule pen-
« sée me fait frissonner. Je me trouve impliqué
« dans l'affaire de l'assassinat du courrier de Lyon.
« Trois femmes et deux hommes de la campagne,
« que je ne connais pas, ni même le lieu de leur
« domicile (car tu sais que je ne suis pas sorti de
« Paris), ont eu l'impudence de déclarer qu'ils
« me reconnaissaient, et que j'étais le premier qui
« s'était présenté chez eux, à cheval. Tu sais aussi
« que je n'ai point monté depuis que je suis à Pa-
« ris. Tu sais de quelle conséquence est une pa-
« reille déposition, qui ne tend à rien moins qu'à
« me faire assassiner juridiquement. Oblige-moi
« de m'aider de ta mémoire, et tâche de me rap-
« peler où j'étais et quelles sont les personnes que
« j'ai vues à Paris à l'époque où l'on me soutient
« impudemment m'avoir vu dehors Paris (je crois
« que c'est le 7 ou le 8 du mois dernier), afin que
« je puisse confondre ces infâmes calomniateurs,
« et leur faire subir les peines prescrites par les
« lois. »

Il indique ensuite les personnes qu'il a vues ce jour-là : le sieur Tixier, le général Cambrai, la demoiselle Eugénie, M. Hilaire Ledru, le coiffeur de sa femme, les ouvriers de son appartement, le portier de la maison, etc. « Tu m'obligeras, « ajouta-t-il, de voir souvent ma femme et de la « consoler, etc. »

Lesurques, Guesno, Couriol, Bernard et Richard ne tardèrent pas à être traduits devant le tribunal criminel.

Les faits que nous venons de rapporter se trouvèrent bientôt confirmés par les informations judiciaires. Ils furent à peu près exposés de la manière suivante dans l'acte d'accusation :

« Il était environ huit heures et demie, lorsque le courrier de Lyon partit de Lieursaint. A trois quarts de lieues de là, quatre hommes à cheval arrêtent le postillon, et après avoir détourné les chevaux, lui ouvrent le crâne d'un coup de sabre, lui abattent une main, et lui percent le corps de trois coups mortels. Le courrier reçoit trois coups de poignard; l'assassin lui coupe le cou. Ce ne fut que le lendemain, entre quatre et cinq heures du matin, qu'on apprit cet événement.

« Le jour même de l'assassinat, on avait vu sur la route de Melun quatre individus à cheval. Entre midi et une heure, un d'entre eux était descendu à l'auberge de Montgeron, tenue par le sieur Évrard. Il avait d'abord demandé à dîner pour lui seul, était ensuite sorti plusieurs fois devant la porte, regardant attentivement sur la route, était rentré et avait demandé à dîner pour *quatre* : trois hommes montés à cheval arrivèrent en effet. Après le dîner, deux d'entre eux avaient demandé des pipes, et ils étaient allés tous les *quatre* prendre du café chez la dame Châtelain.

« A trois heures, ils étaient remontés à cheval, s'avançant très-lentement vers Lieursaint. Arrivés dans ce village, l'un d'eux descendit chez la veuve Feuillet ; les trois autres s'arrêtèrent chez le sieur Champeaux, aubergiste de Lieursaint. Un des trois vint appeler par la fenêtre celui qui buvait chez la veuve Feuillet. Ce dernier demanda à l'aubergiste de faire ferrer son cheval, et alla avec lui chez le sieur Motteau, maréchal-ferrant ; il se promena ensuite à pied avec celui qui était venu le chercher ; ce qui le fit remarquer par plusieurs témoins. Enfin, ils remontèrent à cheval entre sept heures et sept heures et demie. Ils s'avançaient lentement sur la route de Melun, lorsque l'un d'eux s'aperçut qu'il avait oublié son sabre à Lieursaint, il retourna sur ses pas pour le reprendre, but un verre d'eau-de-vie, fit précipitamment brider son cheval, et repartit au grand galop. *En ce moment le courrier arrivait à Lieursaint et relayait. Il était à peu près huit heures et demie.*

« Après l'assassinat et le partage des effets volés, les assassins reprirent la route de Paris, Laborde (1)

---

(1) Durochat avait pris sur son passeport le nom de Laborde ; son nom véritable était Véron.

montant le cheval de volée du postillon tué vers
une heure du matin. Deux personnes, l'officier et
la sentinelle de garde à Villeneuve-Saint-Georges,
les virent passer *tous les cinq*. Ils entrèrent à Paris
entre quatre et cinq heures du matin, par la barrière de Rambouillet.

« La police fit des recherches actives, et parvint
à découvrir que le 9 floréal (28 avril) un individu
ramena entre quatre et cinq heures du matin
quatre chevaux chez un sieur Muiron, rue des
Fossés - Saint - Germain - l'Auxerrois, et que vers
sept heures il vint les reprendre avec un autre individu. Le cheval du postillon fut trouvé abandonné
près de la Place-Royale. »

Appelées aux débats, les deux femmes qui pré-
tendaient avoir reconnu Guesno et Lesurques,
s'obstinèrent dans leur déclaration. Guesno la fit
tomber, en prouvant jusqu'à l'évidence son *alibi*.
Brues, reconnu par un aubergiste de Lieursaint,
prouva avec la même évidence qu'il n'avait eu
et qu'il n'avait pu avoir aucune part au crime dont
on poursuivait la vengeance.

Lesurques se croyait aussi sûr qu'eux de démontrer son innocence. Il appela quinze témoins,
pour la plupart des citoyens recommandables, des
hommes d'une profession honnête, et jouissant de
l'estime publique.

Ces témoins étaient :

Adrien-Joseph LEYNAUD, bijoutier, demeurant
à cette époque, rue de Chartres; — *Emmanuel-
Claude* ALDENHOF, bijoutier, rue Neuve-Égalité;—

Hilaire LEDRU, dessinateur, rue Croix-des-Petits-
Champs; — *Clotilde-Eugénie* D'ARGENCE, ouvrière
en linge, rue du Four-Honoré; — *Angélique*
TIERCENETTE, rue Sauveur, n° 5; — *François* BEUDART, peintre, rue du Coq-Honoré; —
André LESURQUES, rue Montorgueil; — *Bonne*
MARTIN, sa femme, *idem;* — *Pierre* FROURÉ,
maison Égalité; — WANDENELISKEN, colleur de
papiers, rue Roch; — *Luc* DIXIER, orfèvre, rue
Beaujolais; — *Charles* CHAUFFER, bijoutier, rue de
la Lanterne; — *François - Augustin - Dieudonné*
GERMAIN, rue de Jérusalem; — *Charles* DEGAUD,
rue Martin, n° 19; — *Louis-Marie* AUBERT, rue
de Chartres, n° 328.

Ces quinze témoins déposèrent tous que le 8 floréal ils avaient vu, non-seulement Lesurques, mais
qu'ils avaient dîné avec lui, qu'ils s'étaient pro-
menés avec lui, qu'ils avaient passé la soirée avec
lui; et pour le prouver, pour démontrer aux juges
qu'il n'y avait point d'erreur dans la date, l'un
d'eux se rappela qu'il était de garde ce jour-là, et
les registres de la garde nationale confirmèrent sa
déposition.

Deux bijoutiers du Palais-Royal attestèrent que
le même jour Lesurques avait acheté chez l'un
d'eux une cuillère à œil, et changé des boucles
d'oreilles. Le tribunal exigea la représentation des
livres. Ici, nouvelle fatalité : la date du registre
portait une surcharge.

Telles étaient la gravité des circonstances, et les
dispositions du tribunal, que cet incident arma

tout à coup les juges des plus fortes préventions. Dès ce moment on ne voulut plus rien entendre. Toutes les dépositions reçues ne parurent plus dèslors que des actes de connivence, quoiqu'elles n'eussent rien perdu de leur autorité. Un excès de confiance perdit Lesurques. S'il n'eût pas voulu multiplier les preuves, si l'on se fût contenté d'entendre seulement les ouvriers qui avaient préparé son appartement, nul doute que son *alibi* n'eût été démontré.

Plus de quatre-vingts témoins attestèrent sa probité. La plupart vinrent de Douai à leurs frais, et pour rendre témoignage à son innocence et à sa vertu, on ne voulut voir que la surcharge du registre du bijoutier. D'un autre côté, on présenta à Lesurques un éperon argenté trouvé sur la route, et la femme qui l'accusait, lui dit : Je vous l'ai vu raccommoder...; je vous ai donné du fil pour en rattacher les chaînons.

Lesurques n'opposa à tant de funestes apparences, à tant de charges qui paraissaient l'accabler, que la contenance assurée d'un homme dont la conscience est exempte de tout reproche. Couriol et ses complices nièrent obstinément leur crime.

Cependant les débats ayant été fermés, l'accusateur prit ses conclusions; elles furent telles qu'on devait les attendre d'un magistrat connu par sa sévérité et prévenu par un concours de circonstances que le malheur semblait avoir rassemblées à dessein sur la tête de Lesurques.

Les jurés étaient réunis dans leur chambre; ils

se disposaient à prononcer sur le sort des accusés, lorsqu'une femme, pressée par sa conscience, voulant éviter au tribunal une erreur funeste, demanda avec instance à parler au président. Amenée devant lui, elle déclare « qu'elle sait positivement que Lesurques est innocent; que les témoins, trompés par une fatale ressemblance, l'ont confondu avec le véritable coupable, qui se nommait Dubosq, comme ils ont confondu Guesno avec Vidal. »

Toujours plein de ses préventions contre Lesurques, le tribunal fit chasser cette femme de sa présence, alléguant que les débats étaient fermés; comme si dans une circonstance aussi extraordinaire, il n'existait aucun moyen de sauver aux jurés une erreur capitale.

Cette femme, c'était la maîtresse de Couriol, la confidente de ses plus secrètes pensées : c'était Madelaine Brébau, qui abandonnait Couriol pour sauver Lesurques!

Lorsque l'audience fut reprise, les jurés firent leur déclaration : Couriol, Lesurques et Bernard furent condamnés à la peine de mort. Richard ne fut condamné qu'à 24 ans de fers : son délit était d'avoir donné retraite à Couriol après l'assassinat, recelé ses effets, préparé et facilité sa fuite. Guesno et Brues furent acquittés.

L'arrêt venait à peine d'être prononcé, que Couriol s'écria : « Oui, je suis coupable, et j'avoue mon crime; mais Lesurques est innocent, mais Bernard n'a point participé à l'assassinat. »

Il réitéra cette déclaration quatre fois; il écrivit une lettre pleine de douleur à ses juges, où respirait le langage de la vérité et du repentir. « Je n'ai jamais connu Lesurques, disait-il dans cette lettre; mes complices sont Vidal, Rossi, Durochat et Dubosq, dont la ressemblance avec Lesurques a trompé les témoins.

La déclaration de Couriol était détaillée; elle s'accordait en tout point avec les circonstances déjà vérifiées dans l'instruction : elle signalait à la justice tous les coupables, et elle servit à les faire condamner tous dans la suite.

Madeleine Brébau se représenta pour renouveler sa déclaration. Deux individus se joignirent à elle, et attestèrent qu'avant la condamnation des accusés, elle leur avait dit *qu'il allait périr des innocens;* elle avait ajouté que Lesurques n'avait jamais eu de relations avec les coupables, qu'il était victime d'une funeste ressemblance (1).

La déclaration de Couriol, qui s'avouait bien jugé et implorait un sursis en faveur de Lesurques, porta une affreuse lumière dans l'esprit des magistrats. On s'empressa de demander ce sursis au Directoire, qui, effrayé du malheur irréparable de voir périr un innocent, eut recours au Corps-législatif.

_____

(1) Lesurques ressemblait en effet à Dubosq, au point de s'y méprendre. Lesurques était blond ; et Dubosq, à peine échappé de Bicêtre à l'époque de l'assassinat, avait pris pour se déguiser une perruque blonde.

La Cour de cassation n'ayant vu dans l'arrêt aucun vice de forme, toutes les ressources légales étaient épuisées. Le message du Directoire aux Cinq-Cents était pressant. « Lesurques, y était-il dit, doit-il périr sur l'échafaud parce qu'il ressemble à un coupable? »

Le Corps législatif passa à l'ordre du jour, vu que tout était consommé en législation, et qu'un cas particulier ne pouvait motiver une infraction aux formes antérieurement décrétées.

L'infortuné Lesurques supporta son sort avec noblesse et résignation. Le jour de sa mort, il écrivit à sa femme : « Ma bonne amie, on ne saurait « fuir sa destinée : je devais être assassiné juridi- « quement... J'aurai du moins subi mon sort avec « un courage digne d'un homme tel que moi... « Je t'envoie mes cheveux. Lorsque tes enfans se- « ront grands, tu les leur partageras ; c'est le seul « héritage que je leur laisse... »

Dans une lettre d'adieu à ses amis, il se borna à ce regret : « La vérité n'a pu se faire entendre ; je vais périr victime d'une erreur. »

Après sa condamnation, Lesurques publia par la voie des journaux une lettre adressée à ce Dubosq, dont le nom venait d'être révélé par Couriol. « Vous, au lieu duquel je vais mourir, conten- « tez-vous du sacrifice de ma vie. Si jamais vous « êtes traduit en justice, souvenez-vous de mes « trois enfans couverts d'opprobre, de leur mère « au désespoir, et ne prolongez pas tant d'infor- « tunes causées par la plus funeste ressemblance. »

Il déclara qu'il pardonnait à ses juges et aux témoins qui l'avaient fait condamner. Il voulut aller au supplice avec des vêtemens blancs, et il garda l'attitude calme de l'innocence pendant tout le trajet. Couriol, assis à côté de lui dans la fatale charrette, ne cessait de crier : « Je suis coupable, et Lesurques est innocent. »

Depuis cette catastrophe, la déclaration de Couriol a été confirmée dans toutes ses parties de la manière la plus positive. Durochat a été arrêté, et a proclamé l'innocence de Lesurques : il a signalé les véritables complices. Rossi, découvert en Espagne, et traduit à Paris, a déclaré dans son testament de mort, que Lesurques avait été pris pour Dubosq. Enfin, Dubosq est tombé lui même dans les mains de la justice. On a fait venir devant lui les témoins qui avaient fait condamner Lesurques ; et ces témoins, se frappant la poitrine, ont déclaré qu'ils s'étaient trompés à l'égard de Lesurques, et que celui-ci, Dubosq, était bien l'homme aux éperons qu'ils avaient vu au nombre des assassins dans la fatale soirée.

Ces assassins étaient au nombre de six, y compris Bernard qui avait seulement procuré les chevaux. Il y a eu sept personnes de suppliciées ; l'une d'elles était innocente : c'était Lesurques.

Cette horrible aventure a retenti dans toute la France ; les journaux et les recueils consacrés à la jurisprudence en ont publié les tristes détails. M. Daubanton, qui avait fait arrêter Lesurques, a adressé, depuis la découverte de sa fatale erreur, plusieurs mémoires touchans et raisonnés à tous les chefs de la magistrature.

Nous croyons faire plaisir à nos lecteurs en mettant sous les yeux les passages suivans d'une lettre adressée par ce magistrat au grand-juge, ministre de la justice.

« L'erreur qui pouvait avoir donné lieu à la condamnation de Lesurques ne provenait ni des jurés, ni des juges. Les jurés, convaincus par les déclarations des témoins, avaient juridiquement manifesté leur conviction; les juges, d'après la déclaration des jurés, avaient prononcé comme la loi.

« L'erreur de la condamnation de Lesurques ne provenait que d'une méprise des témoins eux-mêmes; elle ne provenait que de la fatalité de la ressemblance de Lesurques avec un des coupables qui n'était pas arrêté : rien ne portait alors à soupçonner cette cause de l'erreur dans laquelle étaient tombés les témoins.

« Couriol, dans ses déclarations, n'indiquait aucun moyen de conviction contre ceux qu'il nommait; il n'indiquait aucun indice propre à faire seulement présumer l'erreur dont il disait vaguement que Lesurques était victime : le temps seul pouvait la prouver ; rien ne prêtait à fixer l'époque à laquelle on pourrait en avoir des preuves.

« Les déclarations de Couriol, isolées de tout autre adminicule du fait effrayant qu'il avançait, n'étaient pas d'un poids suffisant pour faire fléchir la loi, ou suspendre l'exécution de sa volonté : le

Corps législatif s'est cru *forcé lui-même* d'abandonner Lesurques a son malheur.

« Dieu seul, lors du jugement de Lesurques, et long-temps encore après, savait son innocence : ce n'est que depuis peu que les hommes n'en peuvent plus douter.

« Je ne prendrai, pour confirmer cette opinion, que la portion des déclarations faites par Couriol en faveur de Lesurques, qui se lie nécessairement avec celles de ses deux complices qu'il avait nommés, qui ont été arrêtés depuis, reconnus et condamnés, et encore avec des aveux irrévocables, faits depuis la condamnation de Lesurques par des témoins qui ont eux-mêmes reconnu leur erreur et avoué leur funeste méprise.

« Par sa déclaration du 19 thermidor an 4, Couriol dit que Lesurques était innocent de l'assassinat du courrier de Lyon.

« Par sa déclaration du 21, Couriol a nommé comme ses seuls complices Rossi, Dubosq, Vidal et Durochat, qui, sous le nom de Laborde, avait pris une place dans la malle de Lyon, à côté du courrier.

« Couriol dit textuellement que ces individus, Dubosq, Vidal et Rossi, sont partis le 8 floréal de Paris (jour de l'assassinat), et ont pris le boulevard; qu'il les rejoignit, une heure après leur départ, à la barrière de Charenton.

« Qu'ils ont tous quatre dîné et pris le café à Montgeron; que le lendemain étant rentrés à cinq heures du matin, lui Couriol a mené les chevaux,

avec Vidal, rue des Fossés-Saint-Germain-l'Auxerrois, chez Audry. Les trois autres, savoir : Durochat, Rossi et Dubosq ont été chez ce dernier, où
lui, Couriol et Vidal, les ayant rejoints, les parta-
ges se sont effectués.

« Par cette même déclaration, Couriol a aussi
déclaré que l'éperon qu'on avait trouvé sur le lieu
de l'assassinat, que les témoins avaient dit que
Lesurques avait fait raccommoder à Lieursaint,
appartenait à Dubosq.

« J'avais été instruit de tous ces faits le jour
même du jugement de Couriol; et bien avant cette
déclaration, on m'avait dit que l'éperon pareil à
celui qu'on avait trouvé sur le lieu de l'assassinat,
devait se trouver dans la fosse du privé de l'hôtel
de la Paix, rue des Petits-Champs, où demeurait
Dubosq, et où s'était fait le partage. Mais j'avais
épuisé les fonctions de mon ministère dans le procès de Couriol : je ne fis aucun usage de ce dernier
renseignement; je redoublai seulement de zèle et
d'activité pour retrouver ou faire découvrir les
complices que Couriol avait nommés.

« Bientôt j'appris que Durochat, que Couriol
avait déclaré être celui qui, sous le nom de Laborde, était monté comme voyageur dans la malle,
était en prison à Sainte-Pélagie, pour vol qu'il
avait tout récemment commis. Je m'informai du
jour où il devait être jugé pour ce délit. Je me
transportai à l'administration des postes, à laquelle,
par l'entremise de M. Piron, chef de correspondance, pour le Midi, je fis part de ce fait, et j'in-

vitai en même temps MM. les administrateurs à
faire trouver au tribunal, au jour indiqué, l'inspecteur des postes qui avait vu monter le soi-disant
Laborde dans la malle de Lyon, le jour même que
le courrier avait été assassiné.

« Cet inspecteur n'était pas à Paris ; on l'envoya
chercher en poste, et il se trouva au jugement de
Durochat, qu'il reconnut parfaitement.

« J'avais averti les juges du tribunal de toutes ces
dispositions. Durochat condamné à quatorze ans de
fers, était prêt à sortir de la salle d'audience, lorsque l'inspecteur des postes déclara au tribunal que
cet homme était précisément celui qui, sous le
nom de Laborde, était monté dans la malle du
courrier de Lyon, et qui l'avait probablement poignardé.

« Cette reconnaissance faite, je descendis à la
Conciergerie, où je fis arrêter Durochat pour ce
délit, par suite de l'instruction que j'avais déjà
faite contre Couriol.

« Tout était préparé pour son transport à Melun : je l'y accompagnai avec M. Masson, huissier
du tribunal criminel.

« Nous y arrivâmes le même jour. Le lendemain
de grand matin, Durochat fut interrogé. Il choisit
pour être jugé, ainsi qu'il en avait alors le droit,
le tribunal de Versailles.

« Aussitôt nous repartîmes de Melun pour le
conduire à Versailles. Il demanda à déjeuner lorsque nous passions dans un village un peu au-dessus
ou un peu au-dessous de Grosbois : on arrêta à la

première auberge. Durochat désira me parler tête-
à-tête. Les gendarmes crurent apercevoir quelque
danger pour moi à céder, à son instance, et me
firent signe qu'ils n'étaient pas de cet avis. Je leur
donnai l'ordre de sortir, et je priai M. Masson de
sortir aussi, après lui avoir recommandé de faire
veiller à ma sûreté.

« Resté seul avec Durochat et près de lui, je pris
un couteau qui se trouvait entre nous deux pour
ouvrir un œuf. Durochat me dit aussitôt : « Vous
avez peur M. Daubanton? — Et de qui lui dis-je.
— De moi, me dit-il; vous prenez mon couteau.
— Tenez, lui répliquai-je, coupez-vous du pain...
A ce trait de tranquillité, Durochat ne put s'empêcher de me dire : Vous êtes un brave : c'est fait
de moi, mais vous saurez tout.

« En effet, il me fit, à l'égard de Couriol, de
Vidal, de Rossi et de Dubosq, les déclarations les
plus positives sur leur complicité de l'assassinat du
courrier, et toutes absolument concordantes avec
celles que Couriol avait déjà faites.

« Arrivé à Paris, Durochat fut déposé dans une
des pièces d'en bas, dépendantes du tribunal criminel, donnant sur un petit jardin, tandis que
M. Masson était occupé à nous procurer une autre
voiture pour aller jusqu'à Versailles. Il me fit lui-
même souvenir de sa promesse de me faire légale-
ment ses déclarations; je les reçus.

« Dans l'affaire du courrier de Lyon, me
« dit-il, c'est le nommé Dubosq qui est venu nous
« trouver, moi, Durochat et Vidal, dans la rue de

« Rohau, à Paris, où ce dernier demeurait alors :
« il me proposa le vol de ce courrier. Ce fut
« Dubosq qui m'engagea à monter dans la voiture
« avec le courrier. Y ayant consenti, Dubosq m'ar-
« rangea un passeport qu'il avait, où il substitua
« au nom et au signalement qui y étaient le nom
« de Laborde et mon signalement. Avec ce passe-
« port j'en obtins un autre pour Lyon ; je me pré-
« sentai à la poste, j'arrêtai une place, et je mon-
« tai avec le courrier.

« Les seuls qui furent de ce complot avec moi
« sont Vidal, Rossi, Dubosq et Couriol ; Bernard
« n'a fait que prêter les chevaux.

« A notre retour à Paris, nous nous rendîmes
« chez Dubosq, rue Croix-des-Petits-Champs, où
« le partage fut fait ; Bernard s'y trouva.

« J'ai entendu dire, ajouta-t-il, qu'il y avait un
« particulier nommé Lesurques, qui avait été con-
« damné. Je dois à la vérité de dire que je n'ai ja-
« mais connu ce particulier, ni lors du projet,
« ni lors de son exécution, ni au partage : je ne le
« connais pas, je ne l'ai jamais vu.

« Les seuls qui ont concouru à ce crime sont :
« moi, Durochat, Rossi, Dubosq, Couriol et Vi-
« dal, avec Bernard, qui avait prêté les chevaux,
« mais qui n'était pas de l'assassinat.

« Depuis j'ai été loger avec Vidal, rue des Fon-
« taines, quartier du Temple, à Paris ; j'en suis
« parti peu de temps après. Le portier de cette
« maison se nomme Perrier. »

« Aussitôt cette déclaration reçue et signée de Durochat, nous partîmes pour Versailles.

« En y arrivant, Durochat fut interrogé par un
« des juges du tribunal, auquel il fit les mêmes dé-
« clarations. Dès ce moment je n'ai plus douté
« de l'innocence de Lesurques.

« ..... Le magistrat fit observer à Durochat que cependant Lesurques avait été reconnu pour l'un des voleurs de la malle; qu'il avait à ses bottes des éperons argentés; qu'on l'avait vu en raccommoder un avec du fil, soit à Lieursaint, soit à Montgeron, et que cet éperon a été trouvé dans le lieu où la malle a été volée.

« Durochat répond : C'est le nommé Dubosq
« qui avait les éperons argentés. Le matin même
« où nous avons partagé le vol, je l'ai entendu
« dire qu'il avait brisé l'un des chaînons de ses
« éperons, qu'il les avait raccommodés avec du
« fil dans l'endroit où ils ont dîné, et qu'il l'avait
« perdu dans l'affaire. Je lui ai vu moi-même dans
« les mains l'autre éperon : il disait qu'il allait le
« jeter dans les commodités.

« Durochat donne ensuite le signalement de Dubosq, et ajoute que le jour de l'assassinat il avait une perruque blonde. (Lesurques pris pour Dubosq, était blond.)

« Enfin, le jour du jugement de Durochat est arrivé. Dès les premiers jours des débats, Durochat, persistant dans son dessein de prouver toute la sincérité des déclarations qu'il avait faites, demande, à être confronté avec Vidal; il est amené de Paris au tribunal.

« Durochat répète en sa présence toutes les déclarations qu'il a faites. Vidal ne se sert que de la défense commune des scélérats, il ne connaît pas Durochat.

« Les témoins qui, à Paris, avaient déposé contre Couriol, Guesno et Lesurques, avaient été mandés pour le jugement de Durochat. On présenta Vidal à leur reconnaissance; il fut reconnu par plusieurs pour avoir été du nombre des quatre individus qui avaient dîné et pris le café à Montgeron, et qu'on avait vus à Lieursaint le jour même de l'assassinat du courrier.

« L'un des témoins qui reconnaissait Vidal fut plus vivement démenti par lui que tous les autres; il s'engagea entre Vidal et ce témoin un débat très-vif. Vidal lui soutenait qu'il se trompait : Non, répondit très-affirmativement ce témoin : « Non, je « ne me trompe pas, c'est bien vous que j'ai vu « à Lieursaint avec Couriol et deux autres le jour « même de l'assassinat du courrier; mais je me suis « trompé quand j'ai pris le citoyen Guesno pour « vous, et je suis bien fâché de ce que j'ai dit de « lui. »

« J'étais présent à ce débat, j'atteste ce fait, comme tous ceux qui le précèdent.

« Durochat a été condamné à mort par suite de ces débats, Vidal est resté à Versailles.

« Dubosq a aussi été arrêté et conduit à Versailles pour être jugé avec Vidal. Durochat a subi la peine réservée à son crime.

« Peu auparavant il avait fait appeler M. Pèle, et lui avait renouvelé les déclarations qui suivent :

« Nous n'étions que cinq pour cet assassinat ; moi, Durochat, Dubosq, Vidal, qui sont renfermés dans cette prison, et les deux autres sont, Couriol et Rossi. Lesurques et Bernard sont morts innocens. Bernard n'a fait que prêter les chevaux.

« Dubosq et Vidal ont tous deux de concert cherché à s'évader de Versailles ; Vidal seul a réussi, Dubosq s'est cassé la jambe dans cette tentative, et a été réintégré prisonnier.

« Informé long-temps après que Vidal était dans les prisons de Lyon, j'en ai donné avis à M. le président du tribunal de Versailles, et à M. Pèle, commissaire de police, qui l'y a été chercher, et l'en a ramené.

« Vidal a été jugé et condamné. Je n'ai aucune connaissance des débats qui ont précédé son jugement.

« Dubosq, guéri de sa fracture, était encore parvenu à se sauver de la prison de Versailles. Il a été repris et mis en jugement.

« J'ai assisté à tous les débats. Attendu la déclaration de Durochat, portant que, le jour de l'assassinat, Dubosq avait une perruque blonde ; attendu que Couriol et Durochat avaient déclaré que Lesurques avait été pris et reconnu pour Dubosq, le tribunal criminel de Versailles avait or-

donné que Dubosq serait coiffé d'une perruque
blonde pour être présenté aux témoins; on lui en
a mis une qui avait été faite exprès.

« Ce fut dans cet état que le sieur Perrault,
membre de l'assemblée législative, un des témoins
qui avaient vu à Montgeron les quatre particuliers
qui y avaient dîné à l'auberge des diligences le jour
de l'assassinat du courrier, et qui avait reconnu
Lesurques pour avoir été un de ces quatre, ne put
s'empêcher de convenir qu'il y avait quelque ressemblance de Dubosq et Lesurques.

« Ce fut dans cet état que la femme Alfroy, qui
avait précédemment reconnu Lesurques pour être
un des quatre mêmes individus, a déclaré que devant le tribunal de la Seine elle avait reconnu Lesurques, mais qu'aujourd'hui sa conscience lui faisait un devoir de dire qu'elle s'était trompée,
qu'elle croyait fermement qu'elle n'avait pas vu
Lesurques, mais Dubosq présent, qu'elle le reconnaissait très-bien; qu'elle l'avait déjà reconnu à
Pontoise, qu'elle l'avait dit au directeur du jury.

« ..... Rossi, dit encore Ferrari, ou le grand
Italien, dont le vrai nom était Beroldi, a été découvert à Madrid, et livré sur la réclamation du
gouvernement français. Il a été également jugé à
Versailles.... Interrogé avant son supplice s'il avait
connu Lesurques, il a répondu non.

..... « Après l'exécution, M. de Grand-Pré,
curé de la paroisse de Notre-Dame de Versailles,
qui avait assisté Rossi dans ses derniers momens, a
certifié à M. le président qu'il avait été autorisé par

son pénitent à déclarer que le jugement qui le condamnait avait été bien rendu.

« Depuis , le même de Grand - Pré a déposé
chez M. Destrumeau , notaire de Versailles ,
une déclaration écrite et signée de Béroldi (dit
Rossi), mais qui ne devait être publiée que six
mois après sa mort; dont voici mot à mot la teneur.

« *J'ai decalare que le nome Lesurques et in-*
« *nocen, mes tete decalaration que je donne à*
« *mon confeseur, il ne pourra la decalarer à la*
« *justice que six mois après ma morte.* »

« Je n'ajouterai rien à ces faits pour la justification de Lesurques ; ils suffisent à la raison et au
cœur pour la compléter; ils suffisent au moins pour
engager le gouvernement à ordonner la révision du
procès de Lesurques. Calas , les Sirvens, et tous
ceux pour lesquels la justice de nos monarques a
ordonné de semblables révisions, n'ont jamais eu
en leur faveur autant de présomptions d'innocence. »

A défaut de réhabilitation juridique, l'opinion
générale, peu après le supplice de Lesurques, proclama son innocence. Sa femme, dont la raison
s'était aliénée depuis ce terrible événement, et ses
trois enfans furent voués à la misère ; car tous les
biens du condamné avaient été confisqués. Le gouvernement impérial fit comprendre les propriétés
de Lesurques dans la dotation d'une sénatorerie ;
mais le sénateur refusa de les accepter , ne voulant

pas, dit-il, moissonner dans le champ ravi aux héritiers d'un innocent.

Depuis plus de trente-six ans, la famille Lesurques n'a cessé de réclamer, par l'organe de
M. Salgues, homme de lettres bien connu, la réhabilitation de cette victime d'une fatale erreur.

Aux yeux de la loi, l'innocence de Lesurques est
encore aujourd'hui une question!!!!

ARÉNA ET AUTRES,

ACCUSÉS D'ATTENTAT A LA VIE DU PREMIER CONSUL,

Le 18 vendémiaire au IX — 10 octobre 1800.

———

Les prévenus étaient :

1° *Demerville* (Dominique), précédemment employé dans les bureaux de la Convention et dans les administrations militaires ;

2° *Ceracchi* (Joseph), né à Rome, sculpteur, un des fondateurs du gouvernement républicain établi à Rome en 1799, et qui avait dû, au retour de l'autorité pontificale, venir chercher un asile en France ;

3° *Aréna* (Joseph), Corse, ancien adjudant-général ; ancien député du Golo aux cinq-cents, chef de brigade de gendarmerie démissionnaire ;

4° *Topino-Lebrun* (François–Jean–Baptiste) , de Marseille, élève de David, peintre habile, ancien juré au tribunal-criminel-révolutionnaire ;

5° *Diana* (Joseph), notaire ;

6° *Fumey* (Madeleine - Charlotte - Claudine-Louise) ;

7° *Daiteg* (Arnaud), sculpteur ;

8° *Lavigne* (Denis), négociant.

Ils avaient été arrêtés dès le mois de novembre

1799, et leur procès n'aurait probablement jamais eu lieu, car il entrait dans les vues du consul de dissimuler autant que possible les conspirations dirigées contre lui; mais la tentative du 3 nivôse, qui eut lieu quelque temps après, le détermina à ordonner la continuation de la procédure. Il faut remarquer qu'indépendamment de cette circonstance, il en existait une autre d'un intérêt plus grave encore, c'est qu'alors on traitait de la paix générale, résultat presque inévitable de la bataille de Marengo.

Ils comparurent à l'audience du tribunal-criminel du 17 nivôse an IX (7 janvier 1801), au matin.

Voici la liste des membres du tribunal.

Hémart, président; *Selves* et *Bourguignon*, juges; *Desmaisons* et *Verrier*, juges suppléans; *Gérard*, commissaire du gouvernement; *Lacropte*, commis-greffier.

Jurés : 1er, *Moulin*, chef; 2e, *Fouque*; 3e, *Leroux*; 4e, *Vigné*; 5e, *Callander*; 6e, *Huguet*; 7e, *Delamarche*; 8e, *Dorgemont*; 9e, *Desfontaines*; 10e, *Desjardins*; 11e, *Delamarck*; 12e, *Davéne-Fontaine*.

Adjoints : 1er, *Sabardin*; 2e, *Desmarets*; 3e, *Préaux*.

Suppléans : 1er, *Cossé*; 2e, *Viard*; 3e, *Pesnel*.

On comptait quinze témoins à charge et trente-six à décharge.

Les prévenus avaient pour défenseurs : Dom-

manget, Guichard et Cotterel; et pour avoué,
Simon.

Le tribunal étant entré en séance, le président
dit :

« Citoyens, vous avez à juger des prévenus d'attentat contre la vie du premier consul. Vous allez
entendre la lecture de l'acte d'accusation.

« Le directeur du jury d'accusation du département de la Seine, séant au Palais de justice, à Paris, soussigné, expose qu'en vertu des
mandats d'arrêt délivrés, le 23 frimaire dernier,
(14 décembre 1800) par le directeur du jury
susdit, faisant les fonctions d'officier de police
judiciaire, les nommés Dominique Demerville,
ci-devant employé, actuellement sans état; Joseph
Céracchi, sculpteur; Joseph Aréna, ex-législateur,
maintenant sans profession; Joseph Diana, notaire
italien ; François-Jean-Baptiste Topino-Lebrun,
peintre d'histoire; Madeleine-Charlotte-Claudine-
Louise Fumey, fille sans état; Arnaud Daiteg, sculpteur, et Denis Lavigne, ex-négociant, actuellement sans profession, ont été conduits aux maisons d'arrêt de la Force et des Madelonnettes; que
les pièces concernant les susnommés ont été déposées au greffe du tribunal; qu'aussitôt la remise desdites pièces, les prévenus ont été entendus par le
directeur du jury sur les causes de leur détention;
qu'aucun plaignant ne s'étant présenté dans les
deux jours de la remise des prévenus èsdites maisons d'arrêt, le directeur du jury a procédé à
l'examen des pièces relatives aux causes de la dé-

tention et de l'arrestation des prévenus; qu'ayant
vérifié le genre du délit dont est question, il a reconnu qu'il était de nature à mériter peine afflic-
tive, qu'en conséquence, après avoir entendu le
commissaire du gouvernement, il a rendu, le 5 nivôse présent mois, une ordonnance par laquelle il
a traduit les prévenus devant le jury d'accusation;
qu'en vertu de cette ordonnance, il a dressé le présent acte d'accusation, pour, après les formalités re-
quises par la loi, être présenté au jury spécial d'accusation.

« Le directeur du jury déclare, en conséquence,
que l'examen des pièces, et notamment des procès-verbaux de perquisitions faites aux domiciles
de Demerville, de la cit. Dumolard, d'Aréna, de
Diana, de Céracchi et de la veuve Brisset, par les
commissaires de police des divisions de la Cité, du
Luxembourg, de la Butte-des-Moulins et de l'Unité,
les 18, 19, 20 et 30 vendémiaire, 22 brumaire
derniers, ainsi que du procès-verbal de description
d'effets trouvés chez Aréna, rédigé par le cit. Dubois, préfet de police, le 30 du même mois de
vendémiaire, lesquels procès-verbaux, au nombre
de huit, sont annexés au présent acte d'accusation, après avoir cartonné ce que la loi défend de
communiquer aux jurés, résultent les faits ci-après
exposés.

« Les ennemis du Gouvernement avaient formé
le complot de le renverser; ils se persuadèrent aisément que le plus sûr moyen d'effectuer ce projet,
était de frapper de mort le premier Consul. Le

foyer de cette conjuration peut rester caché sous
le nuage dont les principaux auteurs de pareils
attentats cherchent toujours à se couvrir; mais il
est difficile que ceux qui se chargent de les exécuter, restent cachés sous ce voile ténébreux. A
l'époque où ce forfait devait être consommé, le
succès en avait été calculé dans quelques contrées
de l'Europe : l'activité de la police, mise en surveillance par l'intérêt que devaient inspirer les premiers renseignemens donnés sur ce complot, en
avait découvert quelques ramifications long-temps
avant le 18 vendémiaire dernier.

« Déjà l'on savait qu'il se faisait des réunions
dans diverses maisons ; que les conjurés s'agitaient
pour grossir le nombre de leurs partisans : l'on tentait de suborner ceux auxquels on supposait quelques motifs de haine ou de mécontentement; des
calomnies, des brochures, étaient imprimées et
répandues pour exaspérer les esprits. Demerville,
qui fut employé aux comités de sûreté générale et
de salut public, était depuis long-temps sans place
et dans la détresse ; il demeurait rue des Moulins,
avec Madeleine Fumey, qui se dit sa parente. Un
grand nombre d'individus se rendait journellement à son domicile, et beaucoup y allaient plusieurs fois chaque jour. Le cit. Harel, capitaine à
la suite de la 45e demi-brigade, connaissait Demerville; il alla le voir au commencement de vendémiaire dernier. Demerville lui dit qu'il n'était pas
étonné qu'il ne fût point en activité de service, que
tous les anciens militaires étaient dans ce cas ; mais

qu'il fallait espérer qu'il y aurait bientôt des chan-
gemens, pourvu qu'on eût des hommes dévoués
à la chose publique. Plusieurs fois Harel retourna
chez Demerville, et toujours celui-ci l'entretint
des projets que l'on avait d'opérer un changement
utile. Après diverses entrevues, Demerville s'expliqua plus ouvertement ; il confia au cit. Harel le
dessein que l'on avait de poignarder le premier
Consul à l'un des spectacles de la République et des
Arts (1) : il lui annonça qu'un grand nombre de
personnes prenait une part active à ce complot.
Effrayé de l'atrocité de ce projet et des suites qu'il
pourrait avoir, Harel en fit part au cit. Lefebvre (2), son ancien ami, et continua ses visites chez
Demerville. Quelques jours avant le 15 vendémiaire, il s'aperçut que les choses devenaient plus
sérieuses ; il en conféra avec le cit. Lefebvre, et ils
résolurent de dévoiler cette trame. Harel retourna
chez Demerville, qui l'engagea à se procurer quatre
hommes bien décidés à tout entreprendre pour
parvenir à l'exécution du complot. Il lui remit à
cet effet une somme de 150 francs ; lui indiqua les
récompenses que ces hommes pouvaient espérer
après l'exécution, les moyens que l'on devait employer, et les résultats que l'on pouvait en attendre.

---

(1) L'Opéra. Il était alors rue Richelieu, là où fut élevé le
monument à la mémoire du duc de Berri, monument qu'on
détruit en ce moment.

(2) Commissaire des guerres. C'était lui qui, le 16, prévint
le ministre de la police générale.

Deux amis du cit. Lefebvre furent indiqués à Demerville par le cit. Harel ; mais ils ne furent point agréés. Demerville dit que ce n'étaient pas des hommes comme ceux-là qui pouvaient convenir. Le 16 vendémiaire, il pressa Harel de s'en procurer quatre autres, d'acheter des armes, et lui donna une nouvelle somme de 100 francs. Harel retourna chez Demerville pour lui dire que cette somme était insuffisante. Céracchi y était (1) : l'on engagea Harel de repasser dans la soirée, et alors Céracchi lui remit 162 francs, que Harel alla déposer chez le cit. Lefebvre, ainsi que les autres sommes précédemment reçues. Le 17, on lui annonça, chez Demerville, qu'une nouvelle pièce devait être jouée à l'Opéra le 19 ; on le pressa de se tenir en mesure : mais le même jour, à midi, Demerville le prévint que le nouvel opéra avait été demandé pour le 18, et qu'il faillait se tenir prêt pour ce

---

(1) « Ceracchi avait jadis adoré le consul ; mais il avait « juré sa perte depuis qu'il ne voyait plus en lui, prétendait- « il, qu'un tyran. Ce sculpteur avait été comblé par le géné- « ral Bonaparte ; il en avait exécuté le buste, et sollicitait en « ce moment, par tous les moyens imaginables, d'obtenir « seulement une séance pour une correction, disait-il, né- « cessaire. Conduit par son étoile, le consul ne put disposer « d'un instant ; et pensant que le besoin était la véritable « cause des pressantes sollicitations de Ceracchi, il lui fit « donner six mille francs. Il se trompait étrangement ! Ce- « racchi n'avait eu d'autre intention que de le poignarder « quand il poserait. » — *Mémorial de Sainte-Hélène*, t. III, page 20.

jour-là. En effet, le 18, Harel acheta plusieurs
paires de pistolets; il en donna une à Demerville,
et l'autre à Céracchi; et celui-ci remit six poignards
à Harel, et lui donna des balles pour charger les
pistolets. Ce même jour, 18 vendémiaire (10 octobre 1800), le cit. Bertrand Barère (1) entra chez
Demerville, avec lequel il avait des liaisons depuis
long-temps. Demerville lui parut agité, lui dit qu'il
partait pour la campagne, et lui conseilla de ne
pas aller le soir à l'Opéra, parce qu'il pourrait y
avoir du trouble; que le spectacle pourrait être
cerné, à cause de la représentation des *Horaces*.
Ce conseil et l'état d'agitation de Demerville firent
concevoir des inquiétudes au cit. Barère (*lisez* Barennes), qui crut devoir s'empresser de les communiquer au général Lasne, pour qu'il veillât plus
particulièrement à la sûreté du premier consul (2).
Les quatre hommes demandés à Harel par Demerville lui avaient été indiqués : ils se trouvèrent, le

---

(1) Partout où il est question de Barère, il y a erreur. Nous
avons dû nous borner à l'indiquer, parce qu'il ne nous était
pas permis de modifier les pièces de la procédure. Il s'agit
ici de Raymond de Barennes. Avocat à Bordeaux, ce Barennes se montra partisan de la révolution, et fut nommé,
en 1790, procureur-général syndic du département de la
Gironde, puis élu député à la législative. Après le 10 août,
il rentra dans ses foyers jusqu'à l'an VI (1798), époque de
sa députation au conseil des anciens. Étant sorti du corps
législatif, les consuls le nommèrent membre du conseil des
prises. Il mourut à la fin de l'année 1800.

(2) Il fit prévenir aussi le ministre de la police générale.

18, à deux heures de relevée, au rendez-vous, fixé
au jardin des Tuileries. Harel les y attendait avec
un autre individu; ils se rendirent ensemble chez
un marchand de vin, au coin de la rue de la Convention, et alors celui qui était avec Harel disparut.
Harel sortit aussi pendant qu'on préparait le dîner,
et revint après, ayant un paquet d'armes sous sa
redingote; il instruit les quatre citoyens qu'il devait avoir sous sa direction, du complot tramé
contre le premier Consul, et du mode d'exécution;
il leur indique les divers postes que devaient occuper les conjurés dans la salle du spectacle. Les armes
apportées par Harel furent distribuées, et il sortit
pour aller chercher de la poudre et de l'argent qui
devaient être donnés par les chefs. Il alla chez Demerville, où il trouva Céracchi : ils lui remirent
de la poudre; mais ils ne purent lui donner d'argent, parce que, dirent-ils, la trésorerie n'avait
point acquitté des effets qu'ils lui avaient présentés.
L'on assura que toutes les promesses qui avaient
été faites seraient exactement remplies (1); que
toutes les mesures étaient prises pour effectuer le
projet; que Demerville serait au palais Égalité avec
un grand nombre de jeunes gens, qui se rendraient
à l'Opéra, aussitôt que le coup serait porté, pour
protéger l'évasion des conjurés, et que Céracchi se
trouverait au café ou au foyer de l'Opéra, avec son
homme, qu'il ferait connaître à Harel. Le cit. Ha-

---

(1) « Les promesses consistaient en 60,000 fr. ou en des
places équivalentes. »

rel retourna vers ses hommes, leur donna de la poudre, fit charger les pistolets, leur remit 6 francs pour la dépense qu'ils feraient au café de l'Opéra, et leur recommanda de bien observer tous les signaux qu'il leur ferait. Ils se réunirent bientôt au café indiqué. Voyant que les chefs n'arrivaient pas, Harel entra à l'Opéra avec l'un de ces hommes; il attendit quelque temps, et aperçut enfin Céracchi, qui lui fit connaître celui qui devait porter le coup. Alors Harel rejoignit son homme, lui recommanda d'abord de ne pas perdre de vue Céracchi, et ensuite lui montra Diana, et lui dit de s'occuper uniquement à le surveiller, parce que Céracchi allait chercher ses armes. Diana resta toujours dans le couloir des premières loges, à gauche, et du côté opposé à la loge du premier Consul, ayant les yeux constamment fixés sur cette loge; il resta dans cette position, et à la même place, jusqu'au moment où il fut arrêté. Céracchi le fut à peu près au même instant, dans le couloir attenant à la loge du premier consul. Le second acte de la pièce était déjà commencé, et Aréna fut vu au foyer long-temps après l'arrivée du premier consul. Demerville ne rentra pas chez lui : il se réfugia, a-t-il dit, chez une personne de ses amis, rue d'Argenteuil. Le soir même, il fut fait une perquisition à son domicile; l'on y trouva une paire de pistolets, deux épées et un petit couteau de chasse. Madeleine Fumey, sa cousine, déclara qu'il était parti pour la campagne sur les deux heures après-midi.

« Denis Lavigne s'était rendu chez Demerville, après l'événement de l'Opéra ; il y était avec Madeleine Fumey lorsqu'on vint y faire une perquisition ; il avait sur lui une brochure intitulée : *Le Turc ou le militaire français*, que Demerville lui avait donnée la veille, en l'engageant à la lire. Elle sera mise sous les yeux des jurés ; ils verront que le premier consul y est peint sous des couleurs propres à exaspérer les esprits contre lui, et qu'on y dit : *Les gouvernans savent bien qu'ils ont affaire à des imbécilles et à des lâches, car il ne se trouve pas un Brutus.* Denis Lavigne fut arrêté ainsi qu'Arnaud Daiteg, qui fréquentait aussi journellement Demerville, et qui se rendit également chez lui après l'événement de l'Opéra ; il avait sur lui trois couteaux neufs enveloppés dans du papier. Mais Demerville ne reparut plus à son domicile, et ne fut arrêté que le 20 vendémiaire (12 octobre 1800).

« Le cit. Gombault, demeurant rue Vivienne, trouva dans sa cave, et sous le soupirail, le 19 vendémiaire, un poignard à manche de bois noirci, qu'il déposa le même jour ; un autre poignard fut trouvé rue d'Argenteuil, le 12 brumaire au soir, par le cit. Hangton, armurier, qui le remit au cit. Lepage, et celui-ci le déposa, après en avoir brisé la pointe. Les six poignards mis aux mains d'Harel par Demerville et Céracchi, furent également déposés, ainsi que les pistolets qu'il avait achetés ; et ces divers poignards, comparés entre eux, ont été regardés comme provenant de la même fabrique. Enfin il fut trouvé dans la malle de Céracchi une paire de pistolets, une balle et de la poudre.

« Presque tous ces faits ont été avoués par Demerville et par Céracchi; leurs aveux en contiennent d'autres aussi importans, et ces aveux, faits dans les premiers instans de l'instruction, ont été réitérés à différentes époques, ratifiés en la présence de quelques-uns des prévenus, et corroborés même spontanément par Demerville. En effet, il résulte de l'instruction qu'il a avoué avoir donné de l'argent à Harel, à diverses reprises, pour seconder un mouvement qui devait avoir lieu, et pour lequel Harel devait de son côté se procurer du monde ; qu'il tenait cet argent de Céracchi; que, le 16 vendémiaire, il dit à Harel que la conjuration s'effectuerait le 19; que l'on devait se saisir du premier consul et organiser un nouveau gouvernement; qu'il avait donné des poignards à Harel pour s'opposer à la force qui aurait pu environner le premier consul; qu'Aréna était à la tête du complot, et fournissait les fonds à Céracchi; que, le 18 vendémiaire, Harel vint chez lui; qu'il avait quatre hommes à sa disposition, et que Céracchi avait les siens avec lesquels il devait aboucher Harel; qu'Aréna lui dit qu'il avait de grands moyens et des individus tout prêts, lui parla de beaucoup de généraux destitués, sans les désigner particulièrement, parce qu'ils ne voulaient pas être connus; que l'objet principal était un grand mouvement pour arriver à une nouvelle organisation, et que c'était

Aréna qui apportait les listes pour former le nouveau gouvernement.

« Demerville a avoué ensuite, et de son propre
mouvement, qu'avant le 18 vendémiaire Aréna et
Céracchi venaient chez lui cinq à six fois par jour
l'engager à monter la tête d'Harel, afin qu'il pût la
monter aux militaires qu'il disait connaître; que,
le 17, Aréna lui dit qu'il pouvait annoncer à Harel
qu'il y aurait des militaires tout prêts dans les corridors de l'Opéra, ainsi qu'au café, et environ trois
ou quatre cents au Palais-Egalité.

« Céracchi a également avoué à différentes époques qu'il n'avait comploté que contre la vie de
Bonaparte, et non contre celle du premier consul;
que Topino, peintre, lui avait donné douze poignards; que les choses étaient arrangées de manière que l'un ne savait pas ce que son camarade
devait faire. C'était Aréna qui donnait de l'argent;
ils allaient ensemble chez Demerville pour s'occuper de leurs projets. Plus de trois mois auparavant,
Aréna lui avait parlé de changer l'ordre actuel des
choses. Il l'engageait à se procurer des hommes
pour appuyer ceux qu'il avait déjà. L'on s'occupa
du projet d'armer les conspirateurs, et l'on jugea
que le poignard était l'arme la plus propre, même
pour leur défense. Il a avoué que Topino était de
la conspiration; qu'Aréna lui avait dit de s'adresser
à Topino pour avoir des poignards, et qu'Aréna
lui avait donné une fois un billet de caisse de
500 francs, et une autre fois 96 francs; qu'il était
aisé à Aréna de lui faire croire tout ce qu'il vou-

lait, parce qu'il avait le cœur ulcéré par ses malheurs.

« Aréna fut arrêté à son domicile; il y fut trouvé des pierres à fusil, des balles et de la poudre, qu'il déclara avoir en sa possession depuis plus de quinze mois. Mais Topino-Lebrun ne fut arrêté que le 22 brumaire (13 novembre 1800), chez la citoyenne Brisset, rue de Tournon, où il s'était réfugié.

« Tous les prévenus furent envoyés au Temple, en exécution d'un arrêté du gouvernement, en date du 2 brumaire, portant qu'ils seraient poursuivis conformément aux lois; ils n'ont pas tous persisté dans les moyens de défense qu'ils avaient présentés d'abord.

« Demerville a dit devant le directeur du jury qu'il avait entendu dire que les royalistes préparaient un mouvement, et que les républicains cherchaient à le prévenir, parce qu'on disait qu'ils devaient être égorgés; que depuis qu'il était au Temple il avait été malade, et qu'il avait perdu tout souvenir de ce qui s'était passé chez lui; que cependant il se rappelait que le cit. Barère (*lisez* Barennes) vint chez lui le 18; et lui ayant dit qu'il devait aller à l'Opéra, il crut devoir lui faire observer qu'il aurait tort, parce qu'on devait donner une nouvelle pièce, et qu'il serait possible que les malveillans choisissent ce jour-là pour effectuer un mouvement dont on parlait depuis long-temps; qu'il se rappelle aussi qu'Harel parla un jour chez lui de ce mouvement; qu'il ne tint pas ces propos

en sa présence, mais que l'ayant su, il le fit rentrer
pour le prier de ne pas tenir de semblables propos
chez lui; que, le 18, il avait intention d'aller à la
campagne, mais qu'il ne se trouva pas assez fort,
et qu'il ne sortit qu'à quatre heures; que lorsqu'il
rentrait chez lui, l'on y apposait les scellés, et
qu'étant incommodé, il ne crut pas devoir se livrer
dans cet état aux agens de la police.

« Céracchi a dit pour sa défense qu'il n'avait
jamais entendu parler du complot fait contre le
premier consul. Il n'a point dit que Topino-
Lebrun lui eût donné douze poignards, ni qu'il
en eût remis un à Diana : il le rencontra dans
les corridors de l'Opéra; ils se parlèrent, et cherchèrent des places ensemble. Il n'a pas dit avoir
comploté contre la vie de Bonaparte, et non contre celle du premier consul. Toutes ces déclarations ne sont pas de lui, ou sont le fruit de la violence.

« Aréna a dit, pour sa défense, qu'il savait, le 18
vendémiaire, que l'on devait arrêter les chefs
d'une conspiration anarchique, dénoncée à la police; mais qu'il n'avait arrêté aucun complot avec
Céracchi, ni avec Demerville; qu'il ne connaissait pas assez Céracchi pour lui faire de pareilles
confidences, ne l'ayant vu que huit ou dix fois, en
présence d'autres personnes; que le 17 vendémiaire, il ne sortit pas de chez la cit. Dorez dans
la soirée; que Giani lui avait dit que Céracchi était
un fou et un bavard, qu'il était dangereux de fré-
quenter à cause de son exaltation et de sa langue;

qu'il prit un billet et entra dans la salle de l'Opéra,
le 18 , mais qu'il en sortit avant l'arrivée du premier consul, puisqu'en s'en allant il rencontra ses
voitures dans la rue de la Loi ; que Céracchi avait
déclaré qu'il lui avait remis un billet de 500 fr.
et 72 ou 96 fr. , mais qu'en faisant la vérification
des sommes distribuées si la dépense excédait la re-
cette, l'on verrait bien que cette dénonciation serait évidemment fausse.

« Diana a dit qu'il avait vu Céracchi à l'Opéra,
qu'il ne lui avait dit qu'un mot en passant ; et dans
la suite, qu'il n'avait point parlé à Céracchi, et
n'avait point cherché de place avec lui. Il a ajouté
que ses moyens d'existence étaient ce qu'il recevait
comme réfugié, et quelques secours des Italiens
plus riches que lui ; que Céracchi lui avait donné
12 fr. deux jours auparavant, parce qu'il était
dans le besoin, et ensuite qu'il lui avait donné 24 f.
pour les partager, s'il voulait, avec Brocchi, italien. Il payait 7 fr. pour son billet, parce qu'il de-
sirait voir une pièce qui représentait des héros Italiens. Il eût bien voulu rester avec Céracchi, ne
connaissant pas le local ; mais il le chercha, et ne
put le trouver, il se mit d'abord à une place, d'où
on le fit sortir ; il en trouva une autre, où il ne
resta qu'un instant, fit quelques tours pour voir le
théâtre, acheta un exemplaire de l'Opéra que l'on
jouait, et fut arrêté lorsque la pièce était au second
acte.

« Les défenses de Topino-Lebrun ont été qu'Aréna
et Céracchi ne lui ont jamais parlé d'aucun com-

plot. Céracchi lui a paru exaspéré par le chagrin d'être séparé de sa famille, et parce qu'il trouvait indigne la manière dont on traitait un peuple qui s'était dévoué aux intérêts de la France. Il attribuait les malheurs de ce peuple aux voleurs, et en général à ceux qui avaient dirigé les administrations en Italie. Le 18 vendémiaire, il devait aller à l'Opéra avec plusieurs autres élèves de David; mais il arriva trop tard au rendez-vous, et alla se promener au palais Égalité, avec un Marseillais qu'il ne connaît point.

« Celles de Madeleine Fumey ont été qu'elle demeurait depuis cinq ans chez Demerville; qu'il était sans place depuis trois ou quatre ans; qu'elle ignorait ses moyens d'existence, mais qu'elle lui avait vu vendre quantité de ses effets; que les amis de son cousin venaient le voir, et notamment Céracchi, tous les deux jours; qu'elle s'occupait de son ménage, et n'entendait pas leur conversation; que, le 18 vendémiaire, Demerville dîna à midi et demi ou une heure, sortit à deux, et ne lui dit pas où il allait; qu'elle lui demanda s'il voulait une voiture, parce que, depuis sa maladie, il avait coutume de sortir, pour aller prendre l'air, en voiture, mais qu'il sortit à pied; qu'elle présuma qu'il était parti pour la campagne, où il devait aller dès le 15; que Lavigne, ancien négociant, qui était dans la peine, et auquel son cousin procurait des secours quand il le pouvait, se trouva chez elle le 18, parce qu'il y venait fréquemment, et que Daiteg était venu pour lui rapporter un couteau qu'elle lui avait prié de lui acheter.

« Arnaud Daiteg a dit, pour sa défense, que Demerville lui avait rendu des services, et qu'il allait le voir tous les soirs; qu'il a entendu dire chez Demerville, que les choses n'allaient pas comme elles devaient aller, mais qu'il ne se mêlait pas de la conversation; que, le 18 vendémiaire, il allait chez lui comme à l'ordinaire, et pour porter à sa cousine un couteau qu'elle lui avait demandé; qu'il en avait pris trois chez un coutelier, rue de Thionville, pour qu'elle pût en choisir un.

« Enfin Lavigne a dit que, depuis un mois, il voyait Demerville une ou deux fois par jour; qu'il lui a seulement entendu dire que le Gouvernement pourrait mieux faire, et qu'il y avait beaucoup de mécontens; que, le 17, Demerville lui donna un imprimé intitulé : *le Turc ou le Militaire français*, en l'engageant à le lire, et que, le 18, après s'être promené avec deux de ses amis, qu'il devait rejoindre une demi-heure après, il alla chez Demerville pour lui remettre cette brochure; que sa cousine lui dit qu'il était parti pour la campagne, où il devait aller depuis huit jours; que Demerville lui a quelquefois prêté de l'argent, mais qu'il le lui a rendu; et qu'à cette époque il lui en aurait demandé s'il eût su qu'il en eût; que Daiteg vint après lui chez Demerville, et apporta trois couteaux, pour que la cousine de Demerville en pût choisir un, qu'elle lui avait demandé, ainsi qu'elle le déclara lorsqu'elle vit ces trois couteaux.

« Tous les papiers trouvés chez les prévenus ont été déposés au greffe, et n'ont rien présenté

de relatif au complot dont il s'agit. Des lettres d'un
cit. Rioust, du département de l'Eure, écrites à
Demerville, ont offert l'idée d'une correspondance
mystérieuse; mais Demerville a déclaré, entre
autres, qu'elle avait rapport à l'établissement d'une
maison de jeu qu'ils se proposaient de former à
l'hôtel Penthièvre. Toutes ces pièces seront mises
sous les yeux des jurés, ainsi qu'un résumé de celles
écrites en langue étrangère et trouvées chez Céracchi. Le cit. Daix, interprète, à l'examen duquel
elles ont été soumises, a cru devoir se borner à
faire ce résumé, la traduction littérale lui en ayant
paru inutile, et devoir prendre un temps trop considérable.

« Le directeur du jury observe qu'il résulte
aussi de l'instruction, que, postérieurement au
18 vendémiaire, l'on a tenté d'exécuter, d'une
autre manière, les projets tramés contre le premier Consul, à l'aide d'une machine remplie de
poudre, qui devait faire une explosion terrible à
l'instant où il passerait dans la rue où elle serait
placée; et elle fut découverte avant l'exécution de
ce projet.

« De tous ces détails il résulte que Dominique
Demerville, Joseph *Céracchi*, Joseph *Aréna*,
Joseph *Diana*, François-Jean-Baptiste *Topino-
Lebrun*, Madeleine *Fumey*, Arnaud *Daiteg* et
Denis *Lavigne*, sont prévenus d'avoir, de complicité, formé un complot tendant au meurtre du
premier Consul, à troubler l'État par une guerre
civile, en armant les citoyens les uns contre les

autres et contre l'exercice de l'autorité légitime,
et, pour ce, d'avoir fait un amas et distribution
d'armes, et de s'être portés, le 18 vendémiaire,
pour exécuter ce complot, au théâtre des Arts, où
s'était rendu le premier Consul (1). Sur quoi les
jurés spéciaux auront à déclarer s'il y a lieu à accusation contre les prévenus ci-devant nommés.

« Fait à Paris, au Palais de Justice, le 5 nivôse,
an 9 de la République. *Signé*, Pinot.

« *Ensuite est écrit :* Vu au parquet, le 6 nivôse,
an 9 de la République, une et indivisible.

Signé, Petit.

« La déclaration du jury spécial est : *Oui, il
y a lieu.* A Paris, le 6 nivôse, an 9 de la République française. *Signé*, Dupré, chef du jury. »

Le Président. Accusés, vous êtes prévenus d'un
complot tendant au meurtre du premier Consul,
à troubler l'Etat par une guerre civile, en armant
les citoyens les uns contre les autres, et, pour y
parvenir, d'avoir fait un amas et distribution d'armes, et de vous être portés, le 18 vendémiaire
dernier, au théâtre de la *République et des Arts,*
où s'était rendu le premier Consul. Vous allez entendre les charges produites contre vous : le commissaire du Gouvernement a la parole.

Gérard, commissaire du Gouvernement, para-

---

(1) Nous ferons observer que le meurtre du premier consul
devait s'effectuer au moment où il sortirait de sa loge.

phrase l'acte d'accusation que nous avons donné plus haut. On passe ensuite à l'audition des témoins.

1. *Jacques* HABEL. Il explique la nature de ses relations avec Demerville, et rapporte les faits suivans :

Je fus le lendemain chez l'accusé Demerville; il me parla de l'affaire. — Eh bien ! vous n'avez pu trouver les quatre hommes?— Je ne me suis point occupé de cela. Cependant, dit-il, le projet ne dépend que de cela, parce qu'il est absolument bien pris; il n'y a qu'exactement le coup à porter. Alors je lui fis la question : Qui sont ceux qui sont à la tête du complot? Le premier qu'il me cita, fut le ministre de la police générale. Il me dit que le ministre de la police générale était à la tête du complot. — Quelles preuves m'en donneriez-vous! Il me dit : Je vais vous en donner une preuve. Tous les citoyens qui arrivent à Paris des départe- mens, le ministre de la police générale nous en fait part tous les jours, et nous l'écrit. En voilà une preuve : c'est que, voyez-vous, il y a quinze jours que le coup devait se porter; mais au mo- ment où il devait se porter, le ministre de la po- lice générale étant instruit, nous fit dire que la poire n'était pas assez mûre, qu'il n'était poin temps de porter le coup : sans quoi cela serait déjà fini. Voilà ce que dit le cit. Demerville alors. I ajouta : J'ai encore une autre preuve que ce com- plot est bien tramé : il y a le cit. Rossignol, le tra- vailleur des faubourgs Antoine et Marceau, qu dernièrement a été dans un endroit où il a dit quelques propos, et il fut arrêté ; aussitôt que le ministre de la police a su qu'il était de notre complot, il l'a fait mettre en liberté lui et ses amis. — Il cita un jeune homme arrivant de Bordeaux pour faire du mouvement. Il a été dans une maison publique, a tenu des propos, a été arrêté et emprisonné ; le ministre de la police générale l'a fait mettre sur-le-champ en liberté. D'après cela, il me proposa de lui trouver quatre hommes. — Je lui en proposai deux, qui sont les cit. Serva et Pouthier. Il me dit : Quelle taille ont ces hommes ? Je citai le cit. Serva : je lui dis que c'était un homme de cinq pieds six à sept pouces. — C'est trop grand ; ce n'est point les hommes qu'il nous faut. — Alors j'en présentai de nouveaux, ne voulant point des autres. On fut à la police. Le ministre de la police fit donner quatre hommes ; ils furent armés par les poignards que me distribua l'accusé Demerville, et en même temps avec de la poudre et des balles qu'il me remit. Il m'avait donné de l'argent pour acheter quatre paires de pistolets et une paire d'espingoles.

Le Président. Rendez compte de l'argent que vous avez reçu, et de l'emploi que vous deviez en faire.

Harel. J'ai reçu, dans le principe, 100 francs de l'accusé Demerville ; ensuite 150 francs ; une autrefois, 160 et tant de francs.

La somme qu'il me donna pour acheter ces pistolets ne suffisait pas. Voyant que la somme n'était pas suffisante, je fus trouver l'accusé Demerville ; il me dit que s'il n'y en avait pas assez, on en don-

nerait d'autre. Ce fut Céracchi qui donna le surplus.

J'achetai les pistolets, et les portai chez Demerville. En prenant les pistolets, il dit : Vous savez,
cette pièce qui devait se donner le 19 du mois, n'a
pas lieu. Est-ce que vous n'avez pas su cela? —
Non, je n'en ai rien su. — Eh bien ! c'est ce soir
qu'elle doit se donner; il faut se tenir en mesure.
Apprêtez vite vos quatre hommes; je vais vous
donner ce qu'il faut pour ne pas manquer ce soir.
De manière qu'alors il me remit les six poignards,
prit une paire de pistolets pour lui; Céracchi en
prit une autre, et ensuite je me retirai dans un endroit où j'avais ces quatre hommes. Je distribuai à
chacun d'eux une paire de pistolets, et leur donnai
les balles. Voilà comment la chose s'est passée. —
Le soir, au moment du spectacle, Céracchi m'avait
dit qu'il se trouverait au café : je l'ai attendu avec
ces quatre hommes. Je fus au foyer; il ne se trouvait pas grand monde au foyer, où j'ai été l'attendre avec un de mes hommes. Il arriva aussitôt
avec un de ses hommes, qui était donc, suivant
Céracchi, soi-disant celui qui devait porter le coup.
Il me donna la main ; nous passâmes en face de la
loge du premier Consul; et je lui demandai s'il
avait fait armer son homme. Il dit qu'oui. — Et
vous, êtes-vous armé? — Non; mais je vais chercher mes armes. De manière qu'il descendit pour
aller chercher ses armes. Pendant ce temps-là, je
fis connaître l'homme qu'il avait amené.

Le Président. Quel était cet homme?

Harel. Je le reconnaîtrais, si je le voyais.

Le Président. Est-il là?

Harel. C'est ce jeune homme-là. (*Il désigne Diana.*)

Le Président. Ne vous a-t-il pas désigné Diana comme celui qui devait porter le coup?

Harel. C'est cela. C'est ce même jeune homme-là. Ils se sont portés tous les deux vers la loge du premier Consul. Je demandai à Céracchi si son homme était armé; il me dit qu'il n'avait pas voulu prendre de pistolets, qu'il était armé seulement d'un poignard. Je lui demandai si lui était armé; il répondit : Non, pas encore, mais je vais chercher mes armes.

Le Président. Reconnaissez-vous bien l'accusé Diana?

Harel. Je ne sais pas son nom; mais je le reconnais bien.

Le Président. Le reconnaissez-vous comme celui qui avait été désigné par Céracchi, comme devant porter le coup, comme étant armé d'un poignard?

Harel. C'est lui-même, je le reconnais bien.

Le Président (*à Diana*). Levez-vous un peu.

Harel. C'est lui, mais il avait un autre costume; il avait une autre capote, infiniment plus mauvaise : je le reconnais parfaitement.

Le Président. Il l'avait l'autre jour, lorsque je l'ai interrogé : cet habit-ci est neuf. (*A Harel*). Lorsqu'on vous a remis les pistolets, ne vous a-ton pas remis également les balles pour charger les pistolets?

Harel. Oui; ce fut l'accusé Demerville qui me les remit.

Le Président. Qu'avez-vous fait de l'argent qui vous a été remis par Demerville et par Céracchi?

Harel. Chaque fois qu'ils me remettaient de l'argent, sur-le-champ je me rendais chez le cit. Lefebvre, commissaire des guerres, et sur-le-champ j'en accusais la réception.

Le Président. Le 18 vendémiaire, n'avez-vous pas été, vers les deux heures de relevée, chez l'accusé Demerville?

Harel. Oui, citoyen président.

Le Président. Avez-vous trouvé Demerville chez lui?

Harel. Il était chez lui.

Le Président. Céracchi y était-il?

Harel. Il s'y est trouvé. C'était précisément à l'instant où Céracchi devait remettre une somme plus suffisante. Il dit qu'il avait des effets que le général Bernadotte avait remis au trésor, et qu'on n'avait point touchés. Voilà ce que dit Céracchi.

Le Président. Est-ce là toute votre déclaration? Avez-vous autre chose à dire?

Harel. Non.

Le Président. Est-ce des accusés Demerville, Céracchi et Diana, que vous avez entendu parler dans votre déposition?

Harel. Oui, citoyen.

Le Président. Les reconnaissez-vous?

Harel. Je ne connais que l'accusé Demerville,
Céracchi, et ce jeune homme [Diana].

Le Président. Connaissez-vous Aréna.

Harel. Je ne l'ai jamais connu.

Le Président. Demerville a-t-il parlé d'Aréna?

Harel. Oui.

Le Président. Que vous a-t-il dit à l'égard d'A-
réna?

Harel. Il m'a dit à l'égard d'Aréna, que c'était
Aréna qui donnait de l'argent, et même que c'était
Aréna qui s'était spécialement proposé de faire
avoir les poignards. Voilà ce que me dit bien l'accusé Demerville.

Le Président. Avez-vous entendu dire quelle
était la personne qui avait procuré les poignards à
Demerville?

Harel. On ne m'en a jamais rien dit.

Le Président. Reconnaissez-vous les pistolets,
les poignards?

Harel. Certainement, je les reconnais bien, puisque je les ai achetés. Voilà le reçu des marchands.

Le Président. Citoyen Harel, savez-vous à quel
endroit de l'Opéra Diana était placé?

(Le petit; il est indiqué comme le petit.)

Harel. Il était à l'endroit où il fut arrêté. Je
l'ai vu rôder alentour de la place, à la gauche
de la loge, à la gauche du parterre, à droite, faisant face à la loge du premier consul, lorsqu'il fut
arrêté.

(Daix, interprète, explique en italien, à l'accusé Diana,
la substance de la déposition de Harel.)

Le Président. Accusé Demerville, qu'avez-vous à répondre à la déclaration du citoyen Harel !

Demerville. Citoyen, je demande que vous interrogiez cet homme, pour déclarer s'il n'est point mouchard à la police.

Le Président. D'abord ce citoyen n'a jamais été attaché à la police ; mais ce n'est point de cela qu'il s'agit. Le citoyen Harel a fait une déclaration ; je vous demande ce que vous avez à répondre à sa déclaration, et vous devez commencer par y répondre.

Demerville. Il nie les faits rapportés par Harel et l'accuse de mauvais propos contre le premier consul. Il dit, à propos de l'achat des armes : Cet homme se trouva chez moi un jour que Céracchi me donna des détails sur l'Italie et sur les malheurs de ses compatriotes égorgés par les rebelles. Céracchi me donna connaissance de la lettre contenant ces détails ; cet homme était témoin. Céracchi me dit : Je veux partir, je ne le ferai pas sans être armé ; comment ferai-je pour trouver des armes ? Je dis : Voilà un capitaine qui a servi et qui doit se connaître en armes ; chargez-le de vous acheter une paire de pistolets. Je chargeai, devant Céracchi, cet homme d'acheter deux paires de pistolets. Cet homme dit : Je m'en chargerai avec plaisir. Il se chargea d'acheter les pistolets.

Il en apporta quelques jours après. Céracchi était venu à deux ou trois reprises chez moi ; il m'avait demandé s'il n'avait pas apporté les pistolets. Je

dis que cet homme ne les avait pas apportés. Il
vint dans l'instant [Harel]; je lui demandai s'il
n'avait pas apporté les pistolets. Il dit : Je les
aurai. Je le chargeai de m'acheter une espingole
assez grande, pour remplacer une autre espingole
que le commissaire général Liotet m'avait em-
pruntée pour son voyage. J'avais été autorisé à
remplacer cette espingole par le cit. Mobach,
payeur général. Au bout de quelques jours, ce
citoyen apporta les pistolets; il dit qu'il n'avait pu
apporter l'espingole, parce qu'il n'en avait pu
trouver d'assez grande. Alors Céracchi vint le lendemain, et il dit que ce n'étaient pas là les pistolets
qu'il voulait, parce qu'ils n'étaient point assez
forts. Harel revint, et je lui dis : Voilà des pistolets
qui ne peuvent point servir, parce que Céracchi
ne les a pas trouvés assez bons; je vous prie de
m'apporter d'autres pistolets. Je ne sais pas si c'est
le 16, 17 ou 18, qu'il en apporta d'autres. Je pris
les miens; Céracchi prit les siens. Je lui avais
donné cinquante écus pour m'avoir ces pistolets :
cependant j'avais une paire de pistolets suspendue
à ma cheminée; je lui donnai les miens, et je gar-
dai les autres. Ce qui prouve que je ne voulais pas
faire mauvais usage de ces pistolets, c'est que,
quand on est venu mettre les scellés, on a trouvé
ces pistolets sans être armés. D'ailleurs, quand on a
de mauvaises intentions, on ne laisse pas des pistolets suspendus à une cheminée. Ensuite cet
homme a déclaré que je lui avais dit que le ministre de la police nous donnait des renseignemens

sur le complot, et qu'il devait être un des chefs de tout. Je déclare que jamais je n'ai eu aucune relation avec le ministre de la police.

Harel insiste. Il ajoute : Comme j'ai eu l'honneur de le dire au tribunal, chaque fois que j'ai été chez vous, et que vous m'avez dit quelque chose, j'en ai rendu compte au cit. Lefebvre ; le gouvernement en était prévenu, et en voilà une raison bien simple encore. Lorsque j'ai paru chez le ministre de la police, il dit : Pourquoi n'êtes-vous pas venu me prévenir! Je lui répondis qu'il était impossible de le prévenir du fait, puisque vous l'aviez mis à la tête du complot ; car , si vous n'aviez pas dit que le ministre de la police était à la tête du complot, j'aurais été trouver le ministre de la police : mais comme vous me l'aviez cité, que vous disiez avoir des correspondances avec lui, ce n'était pas mon fait.

Demerville continue à nier.

Le Président. Le citoyen déclare un fait qui sera attesté par le cit. Lefebvre; c'est qu'il a porté successivement au cit. Lefebvre, et l'argent qu'il a reçu de vous, et la proposition que vous lui avez faite; et tous ces faits-là, il ne les avait pas imaginés, puisqu'il en avait rendu compte successivement à son ami le cit. Lefebvre.

Demerville. Citoyen président, il n'est pas bien étonnant que cet homme étant lié avec le cit. Lefebvre, se soit entendu avec lui pour faire toute la déclaration. Ils étaient ensemble; ce sont d'anciens amis; ils ont formé un complot ensemble, et il leur est très-aisé....

Le Président (*à Harel*). Qu'avez-vous remis en armes au cit. Lefebvre?

Harel. Je lui ai remis une espingole, et, je crois, un poignard, parce qu'il y en avait un de plus qu'il n'en fallait pour armer les quatre hommes. D'ailleurs, c'est moi qui remis les pistolets. Ce ne fut que d'après cela que Demerville passa dans son cabinet, où il y avait une douzaine de poignards enveloppés dans de gros morceaux de toile, et ficelés, de manière que je ne savais ce qu'ils contenaient. —Sur-le-champ, il a développé les douze poignards; il les a examinés avec Céracchi; Céracchi était là dans ce moment, il en a pris un.

Le Président. Combien vous en a-t-on remis?

Harel. On m'en a remis six.

Le Président. Qui a eu les autres?

Harel. Le sixième a été déposé par le cit. Lefebvre.

Le Président. C'est donc Céracchi qui a eu le surplus des poignards?

Harel. Il en a eu un. Il y en a eu une douzaine en tout.

Le Président (*à Demerville*). Vous prétendez que le cit. Harel en impose dans sa déclaration. Cependant, ce que vous avez dit, vous, à la préfecture de police le 20 vendémiaire, est parfaitement identique avec ce que ce citoyen a déclaré. Il est essentiel que les citoyens jurés connaissent vos déclarations.

On vous a demandé si vous aviez un état; vous avez répondu que vous n'en aviez pas depuis quatre ans.

Interrogatoire du 20 vendémiaire.

D. Qu'avez-vous fait le 16 de ce mois?

R. J'étais malade chez moi. Je suis sorti en voiture pour aller promener aux Champs-Élysées.

D. Qui avez-vous vu chez vous ce jour-là?

R. J'ai vu le cit. Céracchi.

D. Qu'est-ce que cet homme?

R. C'est un homme que j'ai connu, parce qu'il a fait le buste du cit. Barère (*lisez* Barennes).

D. Voyez-vous souvent Céracchi? L'avez-vous vu le 9 de ce mois, ainsi qu'un nommé Harel?

R. Oui, j'ai vu le même jour le nommé Harel.

D. Qu'est-ce que cet Harel?

R. C'est un individu à qui j'ai rendu quelques services; il a servi dans les canonniers.

D. Le voyez-vous souvent aussi?

R. De temps en temps avant ma maladie; mais depuis je l'ai vu plus fréquemment.

D. Avez-vous donné de l'argent à quelqu'un, ledit jour 16 de ce mois?

R. Oui, j'en ai donné à cet Harel.

D. De combien était la somme?

R. Je ne m'en souviens pas.

D. Ne lui en avez-vous pas donné plusieurs fois?

R. Je lui en ai donné à différentes reprises.

D. Pourquoi lui donniez-vous cet argent?

R. Je lui ai donné cet argent pour seconder un mouvement qu'on m'a assuré devoir avoir lieu, et pour lequel ledit Harel, de son côté, devait se procurer du monde.

D. Sont-ce vos propres fonds que vous lui avez donnés?

R. Je tenais cet argent de Céracchi.

D. Qu'avez-vous dit, le même jour 16, au cit. Harel?

R. Je lui ai dit que la conjuration devait avoir lieu le 19; qu'on devait se saisir du premier Consul, et organiser un nouveau gouvernement.

D. Vous avez aussi donné des armes à plusieurs personnes?

R. Non, je n'ai donné d'armes qu'à Harel.

D. Quelle espèce d'armes?

R. Des poignards.

D. A quoi étaient-ils destinés?

R. A s'opposer à la force qui aurait pu environner le premier Consul.

D. Vous étiez vous-même armé?

R. Oui, j'ai eu ce jour-là une paire de pistolets.

D. C'est vous qui avez fait connaître Harel à Céracchi?

R. Oui, c'est moi.

D. Venait-il beaucoup de monde pour cet objet chez vous?

R. Il est venu plusieurs personnes.

D. C'est vous qui avez parlé le premier à Céracchi du plan de conspiration?

R. Nous sommes venus à en parler par hasard,

il y a environ un mois. Céracchi me dit que la
patrie était perdue, et qu'il fallait bien trouver le
moyen de sauver la république. Je lui répondis
qu'il n'y avait rien d'impossible, mais qu'il faudrait
de grands moyens. Alors il me dit : Il en existe. Il
me parla de beaucoup d'officiers généraux destitués,
du mécontentement des armées et du peuple. Je lui
demandai s'il ne serait pas possible d'organiser un
gouvernement; il me répondit qu'il n'en savait rien,
mais qu'il allait consulter Aréna. En effet, Aréna
vint le soir à deux reprises différentes : la première,
j'étais assoupi ; et la seconde, tellement faible, que
je n'ai pu retenir d'autre plan que celui d'organiser un comité composé d'hommes dont la réputation figure parmi le patriotisme, et qu'alors je lui
répondis qu'il était des hommes encore, qui, quoique employés par le gouvernement et en faisant
eux-mêmes partie, pouvaient être utiles à ce grand
œuvre. Il m'observa que c'était là une question.

Je lui dis ensuite que je ne ferais rien pour le
servir qu'autant que, aussitôt le mouvement terminé, et par la proclamation qui devait nommer
les membres du gouvernement, on convoquerait
sur-le-champ les assemblées primaires, pour rendre au peuple tous ses droits.

Aréna est revenu, le 17 au soir, me dire que
les militaires étaient tout prêts; qu'il fallait échauf-
fer les hommes qui devaient donner le signal et
faire l'attaque. Depuis ce moment Aréna n'est point
venu chez moi, et je ne l'ai point revu.

C'est Aréna qui donnait l'argent à Céracchi, qui

lui-même n'a pas le sou ; et c'est Aréna qui   ait à
la tête du complot et de la conspiration.

D. Deviez-vous aller à l'Opéra le 18?

R. Cela m'était impossible, je me trouvais trop
incommodé ; j'ai seulement dit, ce même jour 18,
vers les deux heures, à Barère (*lisez* Barennes),
qui est venu chez moi, de ne point aller ce soir à
l'Opéra, parce qu'il devait y avoir du mouvement.

D. C'est donc Céracchi qui était le principal
agent d'Aréna?

R. Oui, c'était Céracchi.

D. Cet homme n'est pas le seul italien qui allait
chez vous?

R. Je n'en ai point vu d'autres.

D. Etait-ce lui qui devait porter le premier
coup?

R. Je ne sais pas qui devait le porter. Il n'est
venu chez moi ce jour-là que le nommé Harel,
qui m'a dit qu'il avait quatre hommes sûrs, et
lui faisait le cinquième. Céracchi avait également les siens avec lesquels il devait aboucher
Harel.

D. Le 17 au soir, combien y avait-il de personnes chez vous?

R. Il y avait deux vieillards que je sais être arrêtés en ce moment.

D. Vous vous trompez, il y avait onze personnes.

R. Ensemble, non ; elles ne pourraient pas tenir dans la chambre. Si on prend isolément toutes

celles qui sont venues séparément, à la bonne heure;
comme cela, le compte peut s'y trouver.

D. Quelles personnes ont été chez vous ce
jour-là ?

R. Harel, Céracchi, Thery, médecin du Val-
de-Grâce; Lacoste, chirurgien, rue neuve du
Luxembourg.

D. C'est vous-même qui avez remis les poignards à Harel ?

R. Je les lui ai remis en un seul paquet ; je les
tenais de Céracchi, en présence duquel je les ai
donnés, et, dans ce même moment, Céracchi a
donné à Harel une nouvelle somme d'argent.

D. Barère (*lisez* Barennes) avait sans doute connaissance des projets d'Aréna et de ses complices?

R. Non ; je ne lui en ai parlé que le 18, comme
je l'ai déjà dit. C'est la seule fois. S'il en avait eu
connaissance, je n'aurais pas eu besoin de l'avertir
de ne pas aller à l'Opéra.

D. Mais vous ne dites pas exactement les faits;
car Barère (*lisez* Barennes), couchant chez vous
étant avec vous fréquemment, a dû nécessairement avoir connaissance des réunions qui se faisaient chez vous, et du projet qu'on méditait.
Quand même il n'en aurait pas été, il aurait toujours dû vous demander ce que cela voulait dire.

R. Depuis trois à quatre mois il ne couche plus
chez moi; et, quand il n'est pas à la campagne, il
vient me voir une fois par jour depuis ma maladie.
Je le connais trop faible d'ailleurs pour lui rien

confier, il aurait été capable de me dénoncer; et puis j'avais donné ma parole d'honneur à Céracchi et à Aréna que je n'en parlerais jamais.

D. Pourquoi êtes-vous sorti à deux heures le 18?

R. Je suis sorti à trois heures pour prendre l'air; il était même près de quatre heures.

D. Où avez-vous été?

R. Aux Tuileries jusqu'au soir. A la nuit j'ai été dans un café au coin de la rue de l'Echelle. En rentrant, j'ai trouvé les scellés apposés chez moi, et je me suis retiré chez un ami que je ne puis ni ne veux nommer.

D. N'avez-vous pas dit à Harel qu'un jeune homme de Bordeaux venait d'arriver avec un manifeste des patriotes de cette ville?

R. Je lui ai répété qu'on m'avait dit qu'il était arrivé un jeune homme de Toulouse, qui avait dit qu'il voulait assassiner Bonaparte.

D. N'avez-vous pas ajouté qu'il avait été arrêté et relaxé par le ministre, parce qu'il était du complot formé chez vous?

R. Cela est faux, et Harel a confondu. J'ai dit que Rossignol et quelques autres avaient été arrêtés, parce qu'on les soupçonnait de tremper dans un complot, mais qu'on les a relaxés dès l'instant qu'on a su qu'il n'en était rien.

D. Quelles étaient les autres personnes qui, à la tête du complot avec Céracchi et Aréna, venaient chez vous se concerter?

R. Personne que ceux que j'ai déjà dits. Aréna m'a répété souvent qu'il avait de grands moyens, des individus tout prêts; il m'a parlé de beaucoup de généraux destitués, sans les désigner particulièrement.

D. Mais enfin il a dû vous en désigner quelques-uns. Ne vous a-t-il pas parlé de Massena?

R. Je lui ai demandé si Massena en était; il m'a répondu que les généraux qui en étaient ne voulaient pas être connus.

D. Ne vous a-t-on pas montré, ou n'a-t-on pas fait chez vous des listes d'hommes désignés comme propres à composer le Gouvernement?

R. On a parlé de Massena, Choudieu, Salicetti. On en a nommé vingt-un que l'on réduisit ensuite à neuf; je ne me rappelle pas les autres noms.

Il avait bien été question d'abord de choisir Barère (*lisez* Barennes) pour l'un des membres du nouveau Gouvernement; mais on a réfléchi ensuite qu'il travaillait pour le premier Consul, et que l'on ne devait en rien compter sur Barère (*lisez* Barennes).

D. Aréna est fort lié avec Massena?

R. Je n'en sais rien. Aréna a abusé de l'état de faiblesse où j'étais pour me parler de conspiration, et c'est ce même état de faiblesse qui fait que je ne me souviens pas de tout ce que j'ai vu et entendu.

D. Céracchi vous a-t-il dit où étaient les lieux de rassemblement?

R. Non; je ne lui ai pas même demandé, j'étais trop malade. Je crois que ce sont les Corses qui étaient à la tête de cette conspiration.

D. Quel était le plan général?

R. Ils voulaient d'abord faire un mouvement, comme je l'ai déjà dit, s'emparer du premier Consul. On avait parlé d'abord de l'assassiner; mais je n'ai plus entendu parler de ce projet. On devait nommer un Gouvernement provisoire, former les assemblées primaires, et voilà tout. On ne s'est pas occupé des détails. Le principal but était un grand mouvement pour arriver à une nouvelle organisation.

D. Est-ce Céracchi qui a fait fabriquer les poignards?

R. Je n'en sais rien; c'est lui qui me les a apportés.

Lecture faite, l'accusé a déclaré l'interrogatoire contenir vérité, y a persisté, et a signé.

Et du même jour, à lui demandé qui est-ce qui a dit qu'il ne fallait pas compter sur Barère (*lisez* Barennes)?

R. C'est Céracchi ou Aréna, qui a dit que Salicetti avait dit à un Italien qui sortait de chez ledit Salicetti, qu'il ne fallait pas compter sur Barère (*lisez* Barennes), parce qu'il travaillait pour le premier consul.

D. Qui est-ce qui apportait les listes pour former les membres du Gouvernement?

R. C'est Aréna.

Lecture faite de ce que dessus, a déclaré qu'il contenait vérité, y a persisté et a signé.

DEMERVILLE, DUBOIS.

Mais voici une déclaration que les citoyens jurés ne perdront pas de vue; elle est spontanée. Il était arrêté, il a demandé à être entendu, et voici la déclaration qu'il a faite le 21 vendémiaire; c'est de son propre mouvement.

Interrogatoire du 21.

Et ledit jour 21 vendémiaire, le nommé Demerville a demandé à être entendu en déclaration; pourquoi l'ayant fait comparaître par-devant nous, il nous a dit ce qui suit :

Pendant les cinq ou six jours qui ont précédé le 18 vendémiaire présent mois, Aréna et Céracchi sont venus, quatre ou cinq fois par jour, pour m'engager à monter la tête au nommé Harel, afin qu'il pût lui-même la monter aux militaires qu'il disait connaître, soit en lui annonçant que le premier Consul avait ordonné la rentrée des émigrés, soit en lui disant que les défenseurs de la patrie ne pouvaient plus voyager isolément, sans courir les risques d'être assassinés; car il y en avait déjà eu plusieurs de tués sur les routes du côté de Marseille.

Je me rappelle encore que, quand Aréna vint chez moi le 17 au soir, en me parlant du plan d'attaque de l'Opéra, il me dit que je pouvais annoncer à Harel qu'il y aurait des militaires tout prêts dans les corridors de l'Opéra, au café qui est en bas du théâtre, et environ trois ou quatre cents au Palais-Égalité.

Céracchi, qui vint le même soir, mais plus tard, me le confirma encore.

Ayant parlé avec Aréna dans diverses circonstances où je l'avais vu, et lui ayant observé que le plan d'attaque me paraissait très-militaire, il m'objecta que les militaires provoqueraient eux-mêmes le mouvement populaire le lendemain, et qu'il était impossible d'agir autrement, parce que les républicains n'avaient que du babil, qu'ils étaient trop poltrons, et qu'il était impossible de réussir sans les militaires.

A une autre époque, je me rappelle que, profitant de la faiblesse où me mettait ma maladie, il me dit qu'il y avait des Italiens et Français patriotes qui mouraient de faim; qu'à cela je lui répondis qu'il fallait, dans ce cas, imiter les royalistes; que ceux-ci avaient des masses avec lesquelles ils alimentaient les leurs : il fallait que les républicains en fissent autant. En conséquence, je me proposai d'être un de ceux qui demanderaient de l'argent à des patriotes un peu aisés, pour en commencer une, et que même je pourrais, aussitôt que je serais rétabli, aller chez Salicetti, qui était très à son aise, et qui en avait déjà donné.

Il m'observa qu'il fallait bien se garder d'aller chez Salicetti, ni même de parler de lui, parce qu'il était surveillé et fortement soupçonné, par le premier consul, de vouloir organiser un mouvement; qu'ainsi il me conseillait très-fort, pour les intérêts des uns des autres, de ne point parler de lui, ni même d'aller chez lui

Et de suite avons fait audit Demerville les questions suivantes :

D. Aréna ne vous a pas mené chez Salicetti ?

R. Non.

D. Connaissez-vous Salicetti?

R. Oui; je ne l'ai pas vu depuis un an environ.

` Lecture faite, etc., y a persisté; et a signé.

DEMERVILLE, DUBOIS.

Le Président. Je dois ajouter que vous avez été confronté avec Aréna; et on vous a demandé en présence d'Aréna, si vous persistiez dans vos précédentes déclarations; vous avez demandé qu'on en fît lecture, et vous avez dit qu'oui. On a donné lecture à Aréna de toutes vos déclarations, et, à la fin, on vous a demandé si vous y persistiez; vous avez répondu qu'oui. Actuellement, répondez.

Demerville. Citoyens jurés, le ministère de la justice est trop respectable pour que je puisse croire que les rapports corrupteurs de la police puissent être ici une pièce à charge contre les accusés.

Le Président. Toutes ces déclarations sont signées, à toutes les pages, par l'accusé Demerville; elles ne sont point des rapports de la police.

Demerville. Je demande au tribunal qu'il veuille les faire lacérer et livrer aux flammes. Ici, je ferai observer que, lorsqu'on a voulu me faire

faire les réponses qui avaient été dictées par mon interrogateur lui-même, lorsque j'ai voulu faire quelques observations, il me dit : « Ce procès ne « peut aller en règle. Dans le cas où vous signeriez « quelque chose qui fût contre vous, je puis « vous garantir la protection du premier consul. » J'étais tellement malade par suite de poison, que deux agens de la police furent obligés de me prendre par-dessous les bras et de venir me promener dans la cour de la préfecture. Si j'avais eu la tête à moi, si mon interrogateur ne m'avait pas fait signer de force toutes ces déclarations qu'il a faites lui-même, je m'y serais refusé : les rapports sont l'effet de la violence et de la mauvaise foi de mon interrogateur.

Aréna. Je vais venir à l'appui de Demerville, en déclarant que, lorsqu'il y a eu confrontation entre lui et moi, il ne répondit à aucune de mes questions ; toute la réponse qu'il fit, fut : « On m'a « fait signer un interrogatoire ; je suis mourant ; « qu'on me fasse fusiller si l'on veut, je n'ai rien « à dire. » Voilà la confrontation ; il n'y en a point d'autre. Qu'on ne vienne pas dire que Dermeville a dit cela de sang froid ; c'est de toute fausseté, c'est l'interrogateur de la police qui le dit, et cela n'est pas vrai.

Le commissaire. Il y a une observation à faire. On prétend qu'il était mourant lors de cette confrontation ; mais vous rapprocherez les dates, et vous verrez que c'est le 20 vendémiaire qu'il a été interrogé, et que c'est le 7 du mois suivant qu'a été faite la confrontation.

Le Président. Accusé Céracchi, qu'avez-vous à répondre?

Céracchi. Tout ce qu'a dit le citoyen Harel contre moi, est entièrement faux.

Le Président. Je vais vous rappeler l'interrogatoire que vous avez subi le 20 vendémiaire an IX.

Par cet interrogatoire, il a déclaré, 1° qu'il connaissait Demerville, l'avait vu souvent, et lui avait amené Aréna; 2° qu'il avait remis de l'argent et neuf des douze poignards qu'il tenait de Topino-Lebrun, les trois autres ayant été réservés pour lui; 3° que ces poignards devaient être employés contre le premier Consul; 4° qu'Aréna lui donnait de l'argent.

Dans cet interrogatoire il revint sur l'emploi des poignards, dit qu'il y avait erreur dans sa déclaration, et que les poignards n'étaient donnés que pour la défense des conjurés dans la mêlée.

Le président lui rappelle les deux interrogatoires qu'il subit le 21 vendémiaire, dans lesquels il avait déclaré, 1° avoir connu Harel chez Demerville; 2° que c'était Aréna qui lui avait parlé le premier du projet de renverser le Gouvernement; 3° qu'il avait conduit Aréna à Demerville dans le but de s'entendre sur l'exécution de ce projet et de la favoriser; 4° qu'Aréna lui avait assuré que tout était prêt, et qu'il avait les plus grands moyens de succès; 5° que Topino-Lebrun était de la conspi-

ration ; 6° qu'Aréna l'avait envoyé à Topino pour
les poignards ; 7° qu'il avait donné un de ses trois
poignards à Diana le 18, et avait jeté les deux
autres dans la Seine ; 8° qu'Aréna lui avait dit avoir
une force militaire à sa disposition.

Après lui avoir lu ces interrogatoires, signés de
lui, comme contenant vérité, et du préfet Dubois,
le président lui demande ce qu'il a à répondre.

Il prétend que ces interrogatoires sont le fruit
de la violence, d'une violence qu'il ne peut pré-
ciser, malgré les efforts du président.

Le président communique au tribunal le premier interrogatoire de Céracchi, du 18 vendémiaire, jour de son arrestation à l'Opéra avec
Diana, duquel il résulte les aveux suivans : 1° Qu'il
a y ait reçu la veille de l'argent d'un nommé Gérard,
et en avait donné à Diana ; 2° qu'il avait vu Harel
et Demerville la veille et le matin ; 3° qu'il com-
plotait contre la vie de Bonaparte ; 4° qu'un autre
que lui devait porter le coup.

Céracchi proteste également contre cet interrogatoire.

Le Président. Accusé Aréna, qu'avez-vous à répondre à la déposition du témoin?

Aréna. Je demande la lecture de toutes ses déclarations ; vous y verrez la fausseté bien claire. Il
n'a jamais été question de moi ; jamais il n'a dit
que Demerville et Céracchi lui aient parlé de moi.

Le Président. Le citoyen n'a pas parlé de vous.
(*Au témoin.*) Demerville, dans les conversations,
vous a-t-il parlé d'Aréna ?

Harel. Je ne me le rappelle pas bien.

Topino. Il l'a déclaré auparavant.

Aréna. J'observerai aux citoyens jurés qu'ils doivent avoir entendu tout à l'heure le cit. Harel, lorsqu'il faisait sa déclaration sur Demerville et Céracchi, dire que Demerville lui avait parlé de moi ; que c'était moi, Aréna, qui remettais de l'argent, tandis qu'il vient de nier le fait.

Harel. Si je l'ai dit, je me suis trompé.

Aréna. Les citoyens jurés viennent d'entendre que Harel a déclaré n'avoir jamais parlé de moi ; que lorsqu'il l'a dit tout à l'heure, il s'était trompé : le faux est prouvé. Il importe que les citoyens jurés sachent qu'il n'a jamais été question de moi dans tous les rapports du cit. Harel.

Le Président. Mais il est question de vous dans les déclarations de Demerville et de Céracchi : vous êtes désigné par eux, comme chef du complot et comme étant celui qui fournissait l'argent remis par Céracchi à Demerville, et ensuite par Demerville à Harel.

Aréna. J'observerai que le cit. commissaire du Gouvernement a dit que le premier interrogatoire de Céracchi m'inculpe : cela n'est pas bien exact. Le premier interrogatoire de Céracchi ne me nomme aucunement ; il ne parle de moi que dans le second. Je lis dans celui fait par-devant le directeur du jury et le président du tribunal, qu'il se rétracte formellement de ce qu'il a dit sur mon compte : je connaissais Céracchi depuis trois mois.

Le Président. Il vous connaissait depuis un an.

Aréna. Je n'ai vu Demerville que lorsqu'il a été empoisonné. J'ai été, un mois avant mon arrestation, le voir; je l'ai vu quatre ou cinq fois pendant sa maladie. Demerville n'était pas en état de conspirer; il était dans son lit, dangereusement malade : il y a des certificats de médecins qui le constatent.

Le Président. Comment Demerville, qui ne venait pas à sa décharge en vous dénonçant, aurait-il rendu compte de toutes ces circonstances? Comment Céracchi aurait-il rendu un compte particulier, en disant que vous étiez dissimulé, que vous ne faisiez pas part du complot, que vous ne vouliez rien dire, qu'enfin vous étiez le chef qui répandait de l'argent.

Aréna. J'observerai aux citoyens jurés qu'il n'y a qu'à lire les interrogatoires de Céracchi, et les lire du commencement à la fin ; et ils verront les contradictions, les invraisemblances qu'ils contiennent. Ils disent : *Aréna ne connaît pas Topino-Lebrun.* Un moment après, ils disent : *C'est Aréna qui m'a chargé de m'adresser à Topino-Lebrun.* D'un autre côté, dans l'interrogatoire de Demerville, il est dit que Salicetti, que je n'ai pas vu depuis dix-huit mois, Choudieu, Masséna et plusieurs autres, devaient être membres du nouveau Gouvernement. Personne n'a dit que je devais avoir une récompense dans cette prétendue conspiration; aucune de ces personnes n'est arrêtée. On ne l'a pas crue, cette déclaration, pour ce qui regarde ces gens-là; mais on l'a crue par rapport à moi. Je vous demande s'il n'y a pas ici une prévention contre moi? Quelle est cette main puissante qui me poursuit? Si je suis coupable, les autres le sont aussi.

Le Président. Vous n'avez pas seulement contre vous la déclaration de Demerville, mais celle de Céracchi. Dans un moment où ils n'avaient pu communiquer ensemble, ils font néanmoins deux déclarations qui coïncident parfaitement.

Aréna. Citoyen président, d'abord j'insiste sur ce que lecture soit faite aux citoyens jurés de la protestation que Céracchi a faite par-devant le directeur'du jury; on l'a mis tout nu pour le forcer à dire quelque chose de moi. Moi aussi j'ai déclaré qu'on m'a dit : Citoyen Aréna, si, dans les vingt-quatre heures, vous n'avez pas nommé ce qu'ils appelaient mes complices, vous serez fusillé par une commission militaire; votre famille sera perdue : vous n'avez qu'à parler, votre grâce est accordée.

Le Commissaire. L'accusé prétend qu'on lui a fait des violences, qu'on l'a menacé de le faire fusiller, lui et toute sa famille. Il est un fait certain: c'est que son frère a été arrêté, et comme il a été trouvé innocent, il a été relâché.

Aréna. J'observe au cit. commissaire que les menaces qui m'ont été faites par le préfet sont du 21, et que mon frère est resté cinq jours à la préfecture, et qu'il n'en est sorti qu'après quinze jours. On ne pouvait le faire fusiller plus que moi, puisque nous n'avions rien de commun. Si j'avais été coupable, je me serais évadé. Eh bien! Céracchi et Diana ont été arrêtés le 18. J'ai été tranquille chez moi jusqu'au 20 : ce n'est pas là un coupable. Quand l'inspecteur est venu, je l'ai suivi sans difficulté.

Le Président. Vous étiez à l'Opéra le 18 vendémiaire?

Aréna. J'ai dit que oui. Tous mes interrogatoires portent que j'ai été à l'Opéra, que j'ai pris un billet, que j'ai monté aux premières et secondes loges pour avoir des places ; que, n'en ayant pas trouvé, je suis passé au foyer; ensuite je suis descendu et m'en suis allé chez moi. J'ai ajouté même qu'en m'en allant, dans la rue de la Loi, j'avais rencontré la voiture du premier consul, avec son secrétaire, et un petit cabriolet qui faisait suite, dans lequel se trouvait le plus petit frère de Bonaparte, Jérôme, en uniforme militaire. Quel est l'homme qui a du bon sens, qui pourrait croire que j'aurais pu voir ces hommes étant au théâtre?

Le Président. Il paraît que vous étiez à l'Opéra après l'arrivée du premier consul.

Aréna. Je prouverai, par deux témoins qui sont ici, qu'à sept heures j'étais chez moi, et n'en suis pas sorti de la soirée.

Le Président. Vous connaissez Topino-Lebrun?

Aréna. Je persiste à dire que je le connais : il m'a donné des leçons de dessin, et a fait mon portrait.

Le Président. Connaissez-vous Diana?

Aréna. Jamais je ne l'ai vu ni n'en ai entendu parler.

Un Juré. Nous n'avons pas entendu l'interrogatoire du cit. Aréna.

Le Président. Je ne vous présente les interrogatoires qu'autant qu'il y a contradiction.

Aréna. J'ai subi quatre ou cinq interrogatoires; tous disent la même chose, parce que c'était la vérité.

Le Président. Vous avez été confronté à Demerville; on vous a donné lecture de la déclaration de Demerville; Demerville a ensuite déclaré qu'il persistait dans sa déclaration. Tout cela s'est passé en votre présence.

Aréna. On m'a confronté avec Demerville, et on a fait sortir Demerville. On m'a dit : Citoyen Aréna, Demerville dépose cela contre vous, on en a fait lecture. Je trouvais si absurde cette dénonciation, que je demandai à l'interrogateur la permission de questionner Demerville, et de lui demander des explications. Il ne voulut répondre à aucune de mes demandes. Toute sa réponse fut : Vous m'avez fait signer ce que vous avez voulu, faites-moi fusiller. Voilà la confrontation.

Le Président. Ce n'est pas ce que porte le procès-verbal. Le procès-verbal constate qu'on vous a donné lecture des déclarations faites par Demerville contre vous. Vous avez déclaré que vous n'aviez pas connaissance des faits; ensuite on a demandé à Demerville s'il persistait; il a répondu oui, et il a signé, et vous avez signé également.

Aréna persiste, et demande que le préfet soit appelé aux débats.

Le Commissaire. Les lois françaises ne permettent pas que celui qui a fait un procès-verbal soit présent aux débats.

Le Président. Il paraît que vous avez déclaré, il y a plus d'un an, que vous entendiez parler de conspirations; vous avez ajouté que vous ne vous en étiez pas mêlé. Comment avez-vous entendu parler de conspirations?

Aréna. C'est facile à expliquer. Mon défenseur lira la lettre au premier consul, dans laquelle je lui ai expliqué en général tout ce que j'avais entendu dire, mais tout cela vaguement.

Le Président. Dans le mois de vendémiaire, le 16, vous avez été une première fois chez Demerville; il était assoupi (il l'a déclaré), et le même jour vous y êtes retourné.

Aréna. Oui, citoyen, il y a six à sept mois que j'avais vu Demerville, une fois ou deux, chez Barère (*lisez* Barennes), lorsque celui-ci arriva de son exil.

Le Président. Comment avez-vous passé la soirée du 18 vendémiaire?

Aréna. J'ai passé la soirée du 18 vendémiaire, après être sorti de l'Opéra, chez moi : je prouverai ce que j'ai annoncé.

Le Président. Connaissez-vous Rossignol, Choudieu, Ricord?

Aréna. J'ai dit que je les connaissais. Rossignol·

est un général qui a commandé dans la Vendée. Je ne l'ai pas vu depuis sept mois.

Le Président. Vous avez déclaré que Céracchi et Topino-Lebrun se connaissaient, que vous les aviez vus ensemble aux Tuileries.

Aréna. Je les connaissais tous deux ; je les ai vus ensemble aux Tuileries : il est naturel que j'aie dû penser qu'ils se connaissaient.

Le Président. Vous déclarez n'avoir remis aucun argent à Céracchi?

Aréna. Je n'ai rien remis à Céracchi.

Le Président. Accusé Topino-Lebrun, qu'avez-vous à répondre?

Topino-Lebrun. Le cit. Harel déclare en ce moment qu'il a vu un paquet contenant douze poignards, dans lequel il en a pris six. Vous verrez que, dans la déclaration qu'on fait faire à Céracchi, il dit que j'ai remis des poignards en trois fois. Est-ce une erreur, est-ce défaut du témoin dans ses interrogatoires? je ne dois point en pâtir. — Je dis que, puisque Céracchi a dit à la police que je lui avais remis des poignards en trois fois, et que ces mêmes poignards, au moment de l'exécution, se trouvaient en un seul paquet, je ne peux avoir remis en trois fois des poignards qui se trouvent tous ensemble. Je présente cette observation sur ce fait aux citoyens jurés ; je n'ai rien à ajouter. Je ferais une autre question à ce sujet-là au cit. Céracchi ; mais cela nous détournerait du débat de la déclaration du cit. Harel, que je voudrais poursuivre.

Le Président. Où avez-vous passé la soirée
du 18 vendémiaire?

Topino-Lebrun. J'ai passé presque toute ma
journée au salon. Je crois que nous avons été plusieurs de mes camarades et moi chez David ; je
crois qu'il y avait un graveur qui lui présentait
l'estampe de son Bélisaire. C'est une circonstance à
vérifier. Je suis allé vers les trois heures et demie,
quatre heures, chez mon restaurateur. Je l'ai fait
assigner : nous verrons ce qu'il déposera. De là je
me suis rendu hôtel Penthièvre, où mes camarades devaient se réunir ; je ne les ai point trouvés.
— J'ai déclaré, le 23 brumaire, à peu près un
mois après cette affaire-ci, que je m'étais rendu de
suite au palais-Égalité ; que là, ayant rencontré un
Marseillais, que je ne connais pas, il m'avait parlé
du siége de Toulon, chose qui m'intéressait.

Le Président. Vous voyez que la déclaration de
Céracchi est bien spontanée ; car on ne lui demande pas : est-ce Topino-Lebrun qui vous a
fourni des poignards. On demande quel est celui
qui les a fournis ; il déclare : C'est Topino-Lebrun,
qui demeure dans tel endroit. — Connaissiez-
vous Demerville?

Tobino-Lebrun. Non, citoyen.

Le Président. Connaissiez-vous Céracchi ?

Topino-Lebrun. Oui, citoyen, et je vais dire à
quelle occasion. Mon défenseur doit avoir reçu aujourd'hui un tableau d'un plan d'histoire générale,
qui était l'objet des occupations d'une société de
jeunes gens qui se réunissaient chez un commis-

saire des guerres, rue Taranne : voilà où j'ai connu le cit. Céracchi. Je l'ai vu depuis sous le rapport des arts.

Je reviens au cit. Harel. Je lui demande s'il n'était point marchand de vin au Gros-Caillou.

Harel. Oui, citoyen, ma femme a vendu du vin au Gros-Caillou.

Topino-Lebrun. Je demande que, séance tenante, s'il est possible, la cit. Harel, sans communiquer avec son mari, soit mandée au tribunal. Je ferai remarquer, au reste, que ceci est fort désintéressé ; car le cit. Harel n'a nullement parlé de moi, ni pour le poignard, ni pour autrement. Je mets quelque chaleur à relever ce fait-là, parce qu'il intéresse mon ami.

Le Président. Où avez-vous couché la nuit du 18 au 19 vendémiaire?

Topino-Lebrun. J'ai couché chez moi ; vous pouvez le demander aux témoins que j'ai assignés. — Je n'ai point quitté mon logement. A une heure après midi, je rencontrai le cit. Casanova, que j'ai fait mander. Je ne m'étais point caché au bruit de cette conspiration, car j'ai suivi toutes mes habitudes; on m'a vu dans tout Paris.

Le Président. On vous a trouvé, rue de Tournon, chez la veuve Brisset, caché dans une alcôve.

Topino-Lebrun. J'étais assis sur mon lit; la clé était à la porte de ma chambre. — Je persiste à demander que la cit. Harel soit mandée au tribunal.

Le Président. Le tribunal verra le parti qu'il a à prendre.

A l'accusée Fumey. Fille Fumey, vous demeuriez avec Demerville?

Fumey. Oui, citoyen.

Le Président. Vous étiez toujours chez lui?

Fumey. Oui, citoyen; il était malade.

Le Président. Avez-vous vu Harel venir chez l'accusé Demerville?

Fumey. Je l'ai vu venir fort souvent.

Le Président. Avez-vous vu d'autres personnes?

Fumey. Je les ai nommées; j'ai vu Céracchi plusieurs fois.

Le Président. Depuis quel temps demeurez-vous avec Demerville?

Fumey. Depuis cinq ans passés.

Le Président. Quel est votre état?

Fumey. J'ai été institutrice, ensuite demoiselle de boutique chez le cit. Oudot, que j'ai appelé comme témoin.

Le Président. Comment faisiez-vous pour vivre? Demerville n'avait pas d'état, vous ne faisiez rien; comment passiez-vous votre temps, et comment votre cousin aurait-il encore rendu des services à Daiteg et à Lavigne, sans aucun moyen?

Fumey. J'ai toujours dit que mon cousin a donné des secours au cit. Daiteg quand il le pouvait.

Le Président. Avez-vous connaissance des trois couteaux trouvés sur Daiteg?

Fumey. Oui; c'est moi qui l'avais prié de m'en

acheter un, parce qu'il connaissait un coutelier rue de Thionville.

Le Président. Pourquoi en avait-il trois?

Fumey. Par honnêteté. Je n'en avais demandé qu'un ; le coutelier en a donné trois pour me faire faire le choix.

Le Président. Accusé Daiteg, depuis quel temps connaissez-vous Demerville?

Daiteg. Quatre ans environ.

Le Président. Alliez-vous fréquemment chez lui?

Daiteg. J'y allais presque tous les soirs passer une demi-heure, après huit heures; rarement j'y allais dans le jour.

Le Président. Avez-vous reçu des secours de Demerville?

Daiteg. Oui, citoyen, quelquefois. J'y ai dîné souvent; et même, pendant que Demerville était en Suisse, comme payeur de l'armée avec le cit. Lebog, j'allais dîner avec la demoiselle.

Le Président. Quels sont vos moyens d'existence?

Daiteg. Mon état de sculpteur. J'ai beaucoup travaillé pendant dix mois, dans le temps de l'Assemblée constituante. Il y a le monument du temple de la Liberté, dont j'ai fait hommage à l'Assemblée; il existe dans la salle des archives. J'ai travaillé ensuite, pendant un an et gratuitement, pour la gloire de la nation et pour exercer mon talent. On m'a demandé cet emblème plus grand, je l'ai fait; il a été exposé au salon de l'Académie. Voilà avec quoi j'ai été occupé pendant très-long-temps : j'avais quelque argent, je l'ai employé pour cela.

Le Président. Quelles étaient les conversations que vous aviez avec Demerville ?

Daiteg. Je n'avais point de conversations. Il parlait de son mal. Quelquefois dans la société on lisait le *Journal des Hommes libres.* Voilà tout ce que je sais.

Le Président. Avez-vous vu Harel ?

Daiteg. Deux fois dans la maladie de Demerville ; je ne savais pas son nom.

Le Président. Vous alliez plusieurs fois dans le jour chez Demerville ?

Daiteg. Rarement ; j'étais toujours occupé.

Le Président. Vous avez dû entendre les propos, les complots qui se sont formés ?

Daiteg. Jamais je n'en ai eu connaissance.

Le Président. Pourquoi aviez-vous trois couteaux dans votre poche ?

Daiteg. La citoyenne Fumey m'avait prié de lui acheter un couteau le 18 après-midi. Je sortais de mon laboratoire ; j'avais fait un petit tableau, dans lequel se trouvait un emblème à la gloire du général vainqueur de l'Italie ; et la petite inscription que je devais mettre, a dû se trouver chez moi. Le coutelier, incertain de celui qui pourrait plaire, me dit : Prenez-en trois. Il m'en donna trois, et dit : Vous me rapporterez les deux autres. Je mis ces petits couteaux dans ma poche, qui n'est pas bien grande, et je m'en retournai chez moi. Ensuite je fus passer un moment au café Manoury pour voir jouer une partie de billard, car je n'y joue pas. A huit heures et demie, je sortis de ce billard, et fus chez la demoiselle Fumey. Je vis à la porte des gens armés. Je demandai si je pouvais entrer ; on me dit d'entrer. J'entre chez le portier; je demande : Qu'est-ce que c'est que tout ceci? Il me dit : On est là-haut, Demerville n'y est pas, mademoiselle Fumey y est. Je demandai : Qu'est-ce que j'ai à faire ici? La garde me dit : Attendez un petit moment. Je restai chez la portière, seul avec elle. A dix heures et demie, un commissaire descendit, et me demanda : Que faites-vous ici? — J'attends qu'on me permette de m'en aller.—Votre carte? — Voilà mon portefeuille, elle est dedans. On ouvrit mon portefeuille ; on y trouva ma carte et une pétition tendante à demander un logement au Louvre, en remplacement de celui qu'on m'avait donné, et qui avait été démoli. Il me dit : Avez-vous des armes sur vous? Je dis : Je n'en ai point ; mais j'ai trois petits couteaux que je viens de prendre chez un coutelier, rue de Thionville, pour en acheter un que mademoiselle Fumey m'avait prié d'acheter ; le voilà, et je reporterai les deux autres.

Le Président. Avez-vous été au palais Égalité?

Daiteg. Non, citoyen; j'ai été toute la journée chez moi.

Le Président. La fille Fumey n'a-t-elle pas dit que Demerville était à la campagne?

Daiteg. Non, citoyen; du moins elle ne m'en parla pas.

Le Président. Vous n'avez pas parlé à la fille
Fumey dans ce dernier moment?

Daiteg. Je ne le crois pas. Le soir, j'ai monté.
Le commissaire descendit. Dans ce moment, entra
le cit. Isabeau, ex-juge, qui dit aux gardes : C'est
le cit. Daiteg, je le connais : il était venu voir Demerville comme ami. Le commissaire me dit :
Montez; voyons si l'officier de paix veut vous donner la liberté. Je montai avec le commissaire;
il était muni de mon portefeuille, des trois petits
couteaux qu'il posa sur la table. La demoiselle
Fumey dit aussi qu'elle m'avait prié d'acheter ce
petit couteau.

Le Président. Avez-vous fait appeler le coutelier?

Daiteg. Je l'ai fait appeler; il m'a répondu par
une lettre qu'il ne viendrait que quand il serait
cité; qu'il n'était pas accoutumé de rendre témoignage.

Le Président. Accusé Lavigne, connaissiez-vous
Demerville?

Lavigne. Il y a environ cinq ans.

Le Président. Alliez-vous chez lui fréquemment?

Lavigne. Je l'ai connu par le canal d'un de mes
parens qui demeurait rue des Mathurins; je ne l'ai
vu qu'une fois avec ce parent; et ensuite, me promenant seul du côté des Invalides, je fus chez lui,
et voilà tout. Il se passa bien deux ans environ
avant que je le visse régulièrement; ensuite, peu
à peu, par le fait de la maladie de ce même parent,
je vis qu'il lui donnait beaucoup de soins : cela

m'attacha à Demerville ; nous assistâmes à l'enter-
rement : il s'en est suivi une certaine fréquentation.
Pendant les soirées d'hiver, j'allais faire compagnie
à la citoyenne Fumey, chez laquelle je restais une
heure, une heure et demie : quelquefois Demerville n'y venait pas.

Le Président. On vous a trouvé, lors de votre
arrestation, porteur d'un écrit ayant pour titre, *le
Turc et le Militaire français.*

Lavigne. Oui, citoyen, je l'avais sur moi.

Le Président. D'où le teniez-vous ?

Lavigne. Citoyen président, voici comment : Le
17 vendémiaire au soir, je fus chez Demerville
entre sept ou huit heures. Ce jour-là, au moment
où j'allais sortir, qu'il vit que je prenais mon chapeau, il me dit : Je vais vous donner une petite
brochure ; mettez-la dans votre poche, et vous la
lirez chez vous. Il dit à la cit. Fumey : J'avais ici
un imprimé ; qu'est-il devenu ? L'as-tu vu ? —
Non ; je ne touche point à vos papiers. Pour lors
il la chercha, et, en me la donnant, il me dit :
Mettez-la dans votre poche, et lisez-la chez vous.
Je me retirai ; je fus me promener au palais-Égalité,
et je m'en fus chez moi. Le lendemain, je restai chez
moi jusqu'à midi ; ensuite je sortis pour aller chez
le ministre des relations extérieures, chercher une
pièce que je devais retirer, légalisée, ce jour-là. J'y
fus donc ; j'y restai environ une heure. Celui qui
est chargé de remettre les papiers légalisés, me demanda quel était ce papier. — Tel, au nom d'un
tel. Il me dit : Je ne l'ai pas ; revenez dans une

heure et demie, parce qu'on ne m'a pas descendu
toutes les pièces. Je retournai vers trois heures et
un quart; je me promenai en attendant, ne voulant pas retourner chez moi avant d'avoir ce papier, qui devait aller à Cadix par la poste. Vers les
quatre heures, les papiers n'étaient pas encore prêts,
je m'assis un peu. Enfin on apporta les signatures
du ministre; aussitôt la personne qui se trouvait
là, me le remit. J'ai eu l'honneur de le présenter
lors de l'interrogatoire que j'ai subi il y a peu de
jours; il est signé, *Paris, le 17 vendémiaire an* 9.
Je voulais passer chez le citoyen Yberney-Garray,
qui allait chez Bailli, rue et hôtel du Carrousel
(c'est un endroit où l'on mange à tant par tête);
il n'était pas encore arrivé. Je m'en fus, dans l'intention de lui remettre ma pièce, au café du Caveau,
où plusieurs négocians de Cadix se rendaient souvent. Je fus chez moi, j'y restai peu d'instans. Je
m'en fus ensuite rue de la Michodière, chez le cit.
Haran, traiteur, où il n'y avait qu'une vieille dame
de cinquante à soixante ans et deux ou trois personnes. Je fis mon dîner vers les cinq heures; j'en
sortis, et je rentrai chez moi. Alors je me souvins
que j'avais le pamphlet dans ma poche; je le parcourus, et je me rappelai, en le lisant, que c'était
le même que, depuis un mois, on vendait dans
les places publiques, et notamment dans la grande
cour du palais du Tribunat, et dans la cour des
Fontaines; au point que je me fâchai avec ces petites filles qui présentent des imprimés, et cela me
donnait de l'humeur. Je leur disais : Laissez-moi

avec vos écrits, il n'y a que des faussetés ; il y a long-temps que je n'emploie plus d'argent à cela.

Je sortis donc vers les sept heures, à la chute du jour. (D'ailleurs je trouvai cet imprimé assez mal fait et extrême : je le remis dans la poche d'un habit noir que j'avais alors, pour le reporter chez Demerville, chez lequel, comme j'ai eu l'honneur de vous le dire, je n'allais que de sept à huit heures.) J'allai me promener au palais Égalité ; je fus m'asseoir au café du Caveau peu d'instans, dans l'intention d'attendre le cit. Yberney-Garray, à qui je devais remettre le papier. Il vint deux autres négocians de Cadix, que j'avais connus en Espagne, et nous restâmes ensemble une demi-heure. L'un d'eux me proposa d'aller boire de la bière. Je répondis : La bière me donne toujours la migraine. Il me dit : Venez ; au lieu de trois bouteilles, nous n'en boirons que deux. Je répondis : Je n'y vais pas. Nous prîmes le passage du café, et étant arrivés vis-à-vis le lieu où l'on vend de la bière, je leur dis : Je vous laisse (il y avait plusieurs jours que je n'avais vu Demerville) ; je vais chez Demerville, à qui je ferai une demi-heure de compagnie ; je vous rejoindrai ensuite, et nous nous promènerons jusqu'à dix heures, comme nous en avions l'habitude. J'arrive chez Demerville peu d'instans après. En entrant, la demoiselle Fumey, après que nous fûmes assis, me dit que son cousin était parti, ou qu'elle le croyait parti pour la campagne. Je répondis que j'en étais bien aise. Cependant, lors de sa première sortie (je ne vous dirai pas si elle est du 14, 15 ou 16; mais je sais qu'au moment que j'y fus, le jour de sa première sortie, il était une heure et demie, une heure trois quarts), la fille Fumey ajouta : Mon cousin est si faible, qu'il m'a dit qu'il pourrait bien revenir. Je vais donc m'en aller : je descends l'escalier; je trouvai Demerville qui sortait de la voiture dans laquelle il avait été se promener. Je le trouvai si faible, que je dis : C'est singulier, vous êtes bien faible! Et alors je me décidai à l'accompagner au second étage, où il logeait. Je le laissai aussitôt et je sortis. Je lui dis : Reposez-vous. Je ne pense pas que ce soir-là j'y sois retourné.

Le Président. Lorsque vous vous êtes présenté le 18, que vous a dit la fille Fumey, relativement à Demerville?

Lavigne. J'ai eu l'honneur de vous dire qu'elle m'a dit que son cousin était parti pour la campagne, ou qu'elle le croyait parti.

Le Président. A quelle heure?

Lavigne. Je crois qu'il était deux heures, dit-elle.

Le Président. Vous alliez donc chez Demerville pour reporter ce papier?

Lavigne. Pour y reporter le papier, dont il ne fut fait aucune mention, ne trouvant pas Demerville. Il y avait sept à huit minutes que j'étais assis, quand la force armée est arrivée.

Le Président. Quels sont vos moyens d'existence?

Lavigne. Des secours que je reçois d'une belle-sœur et de mes amis intimes.

Le Président. Depuis quel temps êtes-vous à Paris?

Lavigne. Depuis le 13 ou 14 janvier 1791.

Le Président. Qu'avez-vous fait depuis ce temps?

Lavigne. Quelques petites affaires et commissions, ce qui m'a également aidé à vivre. Je demande des secours à ma belle-sœur, qui ne m'en refuse pas.

Le Président. Comment justifiez-vous de ces secours?

Lavigne. Par les personnes qui m'ont prêté de l'argent. Je ne sais pas précisément leurs noms; mais en me donnant quelqu'un, je dirai où j'ai reçu.

Le Président. Vous avez déclaré que vous aviez été négociant.

Lavigne. Oui, citoyen.

Le Président. Quel commerce avez-vous fait?

Lavigne. Je faisais le commerce en gros comme toutes les bonnes maisons de France, d'Allemagne, d'Angleterre, etc.

Le Président. Que sont devenus vos fonds?

Lavigne. Des malheurs me les ont enlevés, des événemens de commerce.

Le Président. Accusé Céracchi, le 18 vendémiaire, avez-vous dit à Harel que vous iriez à l'Opéra?

Céracchi. Jamais.

Le Président. Mais alors comment Harel aurait-il pu savoir que vous deviez aller à l'Opéra ce jour-là? Cependant il le savait; cependant il avait été prévenir d'avance que vous iriez à l'Opéra : comment aurait-il pu le savoir?

Céracchi. Ce n'est pas à moi à répondre à cette question.

Le Président. Lui [Harel] répond que vous aviez dit que vous iriez à l'Opéra.

Céracchi. Je ne lui ai jamais dit cela.

Le Président. La preuve que vous lui aviez dit que vous iriez à l'Opéra, c'est qu'il en a lui-même prévenu les personnes apostées; c'est qu'il vous a parlé à l'Opéra; c'est qu'il s'est réuni à vous. Il savait positivement que vous iriez: donc vous lui aviez dit que vous y alliez.

Céracchi. Je ne puis répondre aux questions sur les intentions d'Harel, que je ne connais pas, que je n'ai jamais connu.

Le Président. Comment Harel aurait-il pu savoir que vous alliez à l'Opéra, si vous ne le lui aviez pas dit?

(L'accusé ne répond pas.)

Le Président. Vous n'avez rien à répondre?
Céracchi. Non, citoyen.

Le Président (*à l'interprète*). Voulez-vous, citoyen interprète, demander à l'accusé Diana depuis quel temps il est à Paris?

(L'interprète traduit les questions en italien, et rend la réponse.)

Depuis le commencement du mois de floréal dernier.

Le Président (*à l'interprète*). Qu'a-t-il à répondre à la déclaration du témoin, qui frappe sur lui : vous vous rappelez ce qu'a dit le cit. Harel?

(Le président ordonne à l'interprète de faire les questions en italien, à voix haute, parce que plusieurs personnes entendent l'italien.)

Le Président. Le cit. Harel a déclaré qu'il avait été à l'Opéra; qu'étant à l'Opéra, l'accusé Céracchi lui avait indiqué Diana, également à l'Opéra, comme étant celui qui devait porter le coup au premier Consul, et qu'il lui avait même montré Diana.

L'Interprète. L'accusé demande à faire sa réponse par écrit, afin qu'il n'y ait pas d'erreur.

Le President. Il faut des réponses verbales. Il faut que l'accusé commence par répondre à la déclaration du cit. Harel, en ce qu'elle le concerne. S'il a ensuite quelques interpellations à lui faire, il en aura le droit.

L'Interprète. L'accusé répond qu'il peut se faire que Céracchi ait dit qu'il était le premier qui devait frapper le premier Consul. Cela peut être.

Le Président. Pourquoi a-t-il été à l'Opéra?

L'Interprète. Pour voir une comédie qui représentait les héros ses ancêtres.

Le Président. Combien a-t-il payé sa place?

Diana. Je ne savais pas le prix; je me suis présenté pour avoir un billet : on m'a demandé 7 francs; je les ai payés.

Le Président. Demandez comment un homme qui était sans aucun moyen d'existence, qui même deux jours avant, avait été obligé d'emprunter 12 francs parce qu'il était dans le besoin, a pu donner 7 francs le surlendemain pour une place à l'Opéra.

Diana. Vous faites tort à la générosité de la grande nation : je reçois toujours 35 sous par jour, et des secours extraordinaires quand je les demande. Les Italiens, plus heureux que moi, m'ont donné encore des secours.

Le Président. N'est-il pas vrai que, deux jours avant le 18 vendémiaire, ou le 16, vous étiez dans le besoin, et que, sous cette raison, Céracchi vous a prêté 12 francs?

Diana. J'ai fait ma réponse au dernier interrogatoire du directeur du jury.

Le Président. Il n'était pas naturel que Céracchi vous donnât 12 francs si vous n'en aviez pas eu besoin ; il vous les a donnés : il ne vous a pas donné 24 francs, ainsi que vous le prétendez ; il ne vous a remis que 12 francs pour vous, et à cause de vos pressans besoins.

Diana. Je réponds que Céracchi m'a donné 24 francs, comme je l'ai dit ; 12 francs pour moi, et 12 pour Brocchi.

Le Président (*à l'interprète*). Demandez à l'accusé si, le 18 vendémiaire, Céracchi ne lui a point remis un poignard.

L'Interprète. L'accusé répond non.

Le Président. Observez-lui que néanmoins Céracchi a déclaré qu'il lui avait remis un poignard, à l'effet d'assassiner le premier consul.

Diana. Céracchi n'a pas dit comme vous dites.

Le Président. Je vais vous rappeler ce qu'il a dit à cet égard. Dans la réponse de Céracchi : *Il a donné le poignard à Diana le* 18 *vendémiaire , dans la matinée;* et dans un autre endroit, *Que vous deviez assassiner le premier consul.*

Diana. Non, il ne l'a jamais dit.

Le Président. Mais pourquoi vous l'a-t-il donné ?

Diana. Je dis qu'il ne me l'a pas donné.

Le Président. Céracchi ne vous a pas donné de poignard?

Diana. Non.

Le Président. Mais cependant Céracchi, dans la soirée du 18 vendémiaire, vous a indiqué à Harel comme étant celui qui devait porter le coup : c'est la déclaration d'Harel.

Diana. Peut-être que Céracchi m'aura indiqué; mais j'ai été à la comédie pour la raison que j'ai déjà dite.

Le Président. Où étiez-vous placé?

Diana. Je ne connais pas le local.

Le Président. Demandez s'il n'a pas été conduit à l'Opéra par Céracchi.

Diana. Non.

LePrésident. N'aviez-vous pas donné un rendez-vous à Céracchi, ou ne vous en avait-il pas donné un lui-même?

Diana. Non.

Le Président à l'interprète). Demandez-lui s'il a rencontré Céracchi à l'Opéra.

Diana. En cherchant des places parmi la foule,

j'ai vu Céracchi, mais je ne lui ai point parlé. J'ai
des réflexions à faire. Mon accusateur, le cit. Harel, dit qu'étant à l'Opéra, Céracchi m'a indiqué,
en disant : C'est lui qui doit porter le coup, il est
armé d'un poignard. Le cit. Harel dit : Je l'ai fait
surveiller jusqu'au moment de son arrestation.
Ont-ils trouvé sur moi des poignards, des armes
quelconques? On m'a trouvé lisant la pièce de l'o-
péra, que j'avais achetée. Je demande la manière
comment j'ai été trouvé.

Le Président (à Harel). Où était-il placé?

Harel. Il était avec Céracchi.

Dans le principe, Céracchi m'avait donné rendez-vous au café de l'Opéra; il m'avait dit qu'au
surplus je le trouverais au foyer; et, en effet, j'étais
avec un de mes hommes assis sur un banc. Céracchi est arrivé avec l'accusé, est venu vers moi, en
disant bonsoir, et me donnant la main en présence de l'accusé. Il me tira en particulier; nous
montâmes tous les trois vers la loge du premier
consul; Céracchi était à ma gauche, et l'accusé que
voilà (Diana), à la gauche de Céracchi. Alors ce
dernier s'approcha de moi, et me dit : Voilà cet
homme qui est celui qui doit porter le coup. Je
lui dis : Est-il armé? Il répondit : Il n'a pas voulu
prendre des pistolets, il n'a qu'un poignard. Alors je
dis à Céracchi : Et vous, êtes-vous armé vous-même?
— Non; mais je vais aller chercher mes armes.
Aussitôt il descendit. L'accusé que voilà tournait
tout autour du parquet. Alors le cit. Doucet, adjudant de la place, se trouva là. Je lui fis connaî-

tre, sans qu'il me vît, l'accusé que voilà (Diana); et, dans l'intervalle peut-être d'une seconde, il a été arrêté dans la même position : il était posté à une des loges ; il avait toujours les yeux fixés du côté de la loge du premier consul.

Le Président. Avez-vous parlé à Diana?

Harel. Non., citoyen.

Le Président. Vous déclarez donc que, dans le moment, vous avez rencontré Céracchi qui était avec Diana?

Harel répète sa déposition.

Diana. J'ai dit la vérité. (*à Harel*) Je vous con· fondrai, vous et vos quatre hommes.

Harel. J'ai fait ma déclaration telle qu'elle doit être ; je n'y ajoute ni ne diminue. — Il la répète de nouveau.

Le Président. Diana avait-il le poignard?

Harel. Je ne le sais pas ; ce n'est point moi qui l'ai arrêté.

Diana, après avoir discuté la déclaration de Harel, ajoute : Je vous dirai les violences qu'on m'a fait éprouver. Le préfet me demande si je connais Demerville ; je réponds que non. — Vous connaissez Harel ? — Non, je ne connais pas Harel. — Avez-vous connaissance de ce qui se passait chez Demerville? — Non, il ne nommait pas mon accusateur ; il me disait : Vous ne devez pas faire de réponses exactes ; vous aurez votre grâce du premier consul. — Je ne prétends pas de grâce, puisque je n'ai pas fait de délit. C'est une chose bien honteuse pour une république de parler de grâce; c'est la loi qui punit les coupables et remercie les honnêtes gens. Il me dit (le préfet): Céracchi a tout avoué; il a dit qu'il vous avait donné un poignard pour tuer le premier consul. Remarquez que c'est le 19 qu'on m'interroge, et que ce n'est que le 21 que Céracchi dit m'avoir donné un poignard dans la matinée. Vous voyez l'intention de la police, de faire dire à Céracchi tout ce qu'elle voulait; et l'on me dit, le 19, que Céracchi m'a donné un poignard; l'on me dit: Vous êtes perdu si vous ne dites la vérité; vous serez fusillé. Tout cela est dans mon interrogatoire; ayez la bonté de le lire.

Le Président (à Céracchi). Vous avez entendu la déclaration du citoyen Harel, qui est que vous l'avez trouvé au foyer de l'Opéra, et que vous étiez accompagné de Diana.

Céracchi. La déclaration est fausse; car je n'ai jamais vu le citoyen Harel au théâtre de l'Opéra.

Une discussion s'engage à ce sujet entre Céracchi qui nie, et Harel qui persiste à affirmer.

On procède à l'audition des témoins.

Le Président (au premier témoin, Lannes, *général de division).* Déclarez aux citoyens jurés les faits qui sont à votre connaissance.

Lannes. Le 18 vendémiaire, entre quatre heures et demie et cinq heures, le citoyen Barère (*lisez* Barennes), vint chez moi me dire qu'il sortait de chez Demerville, et que Demerville lui avait dit qu'il devait y avoir un rassemblement contre le premier consul. Il me dit qu'il était important de s'assurer de cela. J'ordonnai au général de brigade qui était chez moi de faire doubler l'escorte. Je me portai moi-même à l'Opéra pour savoir s'il y avait des rassemblemens ; je n'en trouvai aucun, et une demi-heure après j'entendis dire qu'on avait arrêté Céracchi et un autre.

Le Président. Le cit. Barère (*lisez* Barennes) vous a-t-il fait observer que Demerville avait l'air affecté?

Lannes. Il me dit même qu'il lui avait fait des reproches.

Le Président. Rendez compte aux citoyens jurés de tout ce que le cit. Barère (*lisez* Barennes) vous a dit.

Lannes. Je lui ai dit pourquoi il n'avait pas prévenu plus tôt. Je ne fus pas plus loin : il était cinq heures, je sortis pour aller à l'Opéra.

Le Président. Restâtes-vous à l'Opéra?

Lannes. Je restai à l'Opéra. Je disais, comme indigné, au cit. Barère (*lisez* Barennes) : c'est de la racaille qui n'est pas à craindre ; le consul a quinze grenadiers avec lui, s'ils se montrent. Barère (*lisez* Barennes) me dit : Il serait à craindre qu'ils ne l'assassinassent : il faudrait surveiller cela. Je fus moi-même au parquet de l'Opéra ; je n'y trouvai aucun rassemblement. Je parcourus toute la salle, et je ne vis rien.

Demerville. J'ai demandé que le cit. Barère (*lisez* Barennes) fût entendu.

Le Président à Demerville. Répondez à la déclaration du général Lannes.

Demerville. Je ne puis rien répondre, parce que je ne lui ai rien dit.

Céracchi. Il suffit de ce qu'a dit le cit. Lannes pour démontrer que tout ce qui a été dit dans les interrogatoires qu'on a arrachés à Demerville contre moi, est faux; car le cit. Lannes convient qu'il a visité l'Opéra, et n'a rien trouvé : cependant Harel a dit que j'avais des militaires apostés.

Lannes. J'ai dit que je n'ai trouvé aucun rassemblement. Si j'avais cru ces individus capables de ce crime, il y aurait eu assez d'un invalide avec une jambe de bois pour les mettre à la raison.

Le Président. Vous avez su qu'on avait arrêté deux individus?

Lannes. Je l'ai su. Le consul m'avait envoyé chercher chez moi. Je me rendis à sa loge; je lui dis que j'avais été prévenu, que j'avais fait doubler son escorte. Il me conta l'affaire, et me dit : Ils devaient se trouver quatre ou cinq pour m'assassiner. On s'est trop pressé. On a arrêté Céracchi et un autre : cela a fait beaucoup de bruit dans la salle; les cinq n'ont pas osé entrer.

(On fait entrer un autre témoin, Bertrand Barère (*lisez* Barennes), âgé de 45 ans, jurisconsulte, demeurant rue Cérutti, n° 30.)

Le Président. Connaissiez-vous les accusés avant les faits contenus dans l'acte d'accusation ?

Barère (*lisez* Barennes). Je connaissais l'accusé Demerville.

Le Président. Déclarez aux citoyens jurés les faits qui sont à votre connaissance.

Barère (*lisez* Barennes). Citoyens jurés , le
18 vendémiaire, vers deux heures, j'avais fait la partie avec un de mes cousins, appelé d'Instrem, de la
même ville que moi , de le conduire à l'exposition
des tableaux, et de parcourir la salle des antiques.
Près de la rue Cérutti, à l'endroit où l'on traverse
celle Neuve-des-Petits-Champs, je dis à mon cousin : Passons chez Demerville, je verrai comment
il se trouve (il avait été malade du poison depuis
le 23 ou 24 fructidor) ; je verrai aussi si l'on m'a
apporté des billets que ma cousine m'avait promis pour aller voir la première représentation
des *Horaces*. Je montai chez Demerville, rue des
Moulins; n° 24 , au troisième. Je le trouvai seul;
il nous a ouvert la porte. Je lui ai demandé, selon
l'usage, comment il se portait. Il m'a répondu :
Assez bien. Vous voilà bien habillé , lui dis-je. (Je
l'avais toujours vu en redingote, dans son lit, ou
en robe de chambre.) Le voyant assez bien mis, je
lui dis : Vous êtes bien habillé; quel est donc votre
dessein? — Je dois aller à la campagne pour accélérer ma convalescence. — Ma cousine est-elle venue ici? (J'ai une de mes cousines qui était à Paris
pour solliciter une place due à son mari dans la
marine.) Ma cousine est-elle venue ce matin? Je l'a
attendue toute la matinée; elle m'avait promis de
m'apporter deux billets d'orchestre pour la première représentation des *Horaces*. Je ne l'ai pas
vue, me répond Demerville. Et un instant après
il me dit : Est-ce que vous allez à l'Opéra?—C'es
le spectacle où je vais habituellement. — Je vou

engage à n'y pas aller, je vous le conseille; j'ai entendu dire qu'il pourrait y avoir du trouble, de l'agitation, et qu'on pourrait bien cerner le spectacle. — J'étais, comme vous le voyez, agitant mon chapeau. Je lui dis : Il ne peut y avoir que des Anglais ou leurs partisans qui puissent agiter Paris. Et je sortis avec mon jeune cousin. Nous allâmes vers le Muséum. En approchant, je dis à mon cousin : Est-ce que tu n'as pas trouvé Demerville un peu oppressé? — Cela est vrai : c'est l'effet de sa maladie; ce sont des mouvemens de nerfs qui tiennent aux convulsions du poison. Il ne fit pas cas de mon observation, et nous examinâmes les tableaux. Quand nous fûmes au bout du Muséum, je lui dis : Cette inquiétude me revient; il me semble que Demerville m'a marqué des alarmes, que je crois terribles. Je n'entends pas cela. Comme c'est une première représentation, je serais inconsolable qu'il arrivât quelque chose. Je dois aller voir Lannes pour une affaire qui concerne mon frère; je vais aller chez lui : il est à la tête de la force armée; je lui parlerai de veiller sur le Consul, s'il va à l'Opéra. Toi, tu t'en iras voir Devilliers, secrétaire-général du ministère de la police; tu lui diras les faits qui se sont passés, l'espèce de soupçon que j'ai conçu, et il en avertira le ministre. Depuis, mon cousin m'a dit qu'il avait été chez Devilliers, et que Devilliers était parti pour Versailles vers les trois heures. J'arrive chez Lannes; il me touche la main, et me dit : Eh bien! qu'est-ce qu'il y a de nouveau? Je répondis : Vous aimez

le général Bonaparte, et moi aussi : il m'a donné
la liberté. Je viens d'apprendre d'un jeune homme
de mon pays qu'il pourrait y avoir du trouble à
l'Opéra, et il m'a conseillé de n'y pas aller : cela
pourrait être quelque machination. Les Anglais
donneraient des millions pour que la tête du premier Consul disparût, parce qu'alors l'anarchie
renaîtrait en France avec les haines et les factions.
Veillez là-dessus; c'est vous que cela concerne.Nous
continuâmes à parler de la politique. Enfin je lui
parlai de l'affaire de mon frère. Quel a été mon
étonnement, le lendemain, de voir que Demerville,
que j'avais toujours vu honnête (j'étais à cent mille
lieues de cette idée), que Demerville, que j'avais vu
depuis dix-huit ans, dans la tête de qui je n'avais
jamais vu germer une opinion violente, pût organiser des complots comme ceux dont j'ai entendu
la lecture!

Voilà, citoyens jurés, tout ce que je sais.

Le Président (*au témoin*). N'avez-vous pas été
le soir chez Demerville?

Barère (*lisez* Barennes). Je suis allé à la rue
Feydeau entendre de la musique.

Le Président. Est-ce de l'accusé Demerville ici
présent que vous avez entendu parler?

Barère (*lisez* Barennes). Oui, citoyen.

Le Président. Accusé Demerville, qu'avez-vous
à répondre?

Demerville explique ses avis par des appréhen-
sions que lui causaient les bruits répandus. Il ajoute
que le soir, ayant vu la force armée dans son do-

micile, il avait été demander un asile à une personne de ses amis; qu'il écrivit au ministre de la police pour lui demander un rendez-vous.

« Cette lettre, dit-il, fut portée dans la matinée chez le ministre de la police générale, et dans le même instant le ministre me fit répondre par son secrétaire que j'étais fortement inculpé, qu'il désirait que cela ne fût rien, mais qu'il m'engageait à passer le lendemain matin, à neuf heures, chez lui. Le lendemain, je me rendis chez le ministre, et là j'étais très-faible. Le ministre me dit : Vous êtes accusé d'avoir voulu faire une conspiration : je vais vous faire accompagner à la préfecture par un de mes chefs de bureau. En arrivant à la préfecture, on mit beaucoup d'appareil, puisque je vis donner des ordres pour arrêter tous mes amis et mes connaissances. Alors on m'interrogea. Le préfet de police appela un nommé Bertrand. Il prétend que ce Bertrand l'a menacé, et inséré dans son interrogatoire des choses qu'il n'a pas dites.

Le Président. Vous voulez donc détruire sur votre interrogatoire ce que vous avez avoué; mais dans cette déclaration spontanée....

Demerville. C'est celle dont je veux parler.

Le Président (*à Demerville*). Pourquoi avez-vous dit au cit. Barère (*lisez* Barennes) que vous alliez à la campagne?

Demerville. Le fait est vrai; je lui ai dit que je ferais en sorte de partir.

Le Président. Le cit. Barère (*lisez* Barennes) ne

dit pas que vous aviez dit que vous *feriez en sorte*.

Barère (*lisez* Barennes). L'ayant trouvé vêtu d'un habit qu'il n'avait pas ordinairement, je lui demandai ce qu'il comptait faire; il me dit qu'il sortait; il m'a dit : J'irai à la campagne pour accélérer ma convalescence.

(On fait entrer un autre témoin, Jean-Constantin Laborde adjudant de place, âgé de 52 ans.)

Le Président (*au témoin*). Connaissiez-vous les accusés?

Laborde. Je connaissais l'accusé Demerville, pour l'avoir vu chez le général Verdière.

Le Président. Rendez compte aux jurés des faits qui sont à votre connaissance.

Laborde. Le 18 vendémiaire, à six heures du soir, je me rendis à l'état-major pour prendre l'ordre du général. Il me dit qu'il y avait un complot pour assassiner le premier consul au théâtre des Arts. Il me demanda si je connaissais le nommé Céracchi. Il me donna ordre de me rendre à ce théâtre, et m'assurer de la personne dudit Céracchi. — Je me rendis de suite au théâtre des Arts; j'y restai une heure et demie. J'avais eu soin d'éloigner tout le monde de la loge du premier consul, pour laisser approcher ceux qui avaient l'intention de commettre quelque mauvais coup. J'aperçus venir Céracchi; je lui tournai le dos, parce que je savais qu'il me connaissait. Au moment où il tournait pour aller à la loge du premier consul, je l'arrêtai et le remis entre les mains de deux adjudans de la garde, et je l'ai fait descendre au corps-de-garde. Il y est resté jusqu'au moment où je l'ai fait conduire devant le général.

Le Président. Il était du côté de la loge du premier consul?

Laborde. Il tournait le couloir pour aller à la loge du premier consul.

Le Président. Avez-vous vu l'accusé Diana?

Laborde. Je l'ai vu se promener : on me l'avait bien nommé, mais je ne le connaissais pas.

Le Président. L'avez-vous vu avec Céracchi?

Laborde. Il n'y avait personne; j'ai vu l'accusé Céracchi venir vers la loge, je l'ai fait arrêter.

Le Président. Accusé Céracchi, qu'avez-vous à répondre?

Céracchi. Je me promenais pour aller chercher une place. Je n'ai pas eu l'intention de tourner le dos, parce que je n'avais pas la moindre opinion d'être arrêté. Je reconnais ce citoyen pour celui qui m'a arrêté.

Laborde. Il n'avait point d'armes.

(On fait entrer un autre témoin, le cit. Lefebvre, commissaire des guerres, âgé de 42 ans.)

Le Président. Rendez compte aux jurés des faits qui sont à votre connaissance.

Lefebvre. Dans les premiers jours de vendémiaire, le citoyen Harel vint me trouver et me fit part du complot tramé contre les jours du premier consul. Je lui conseillai de continuer ses visites chez Demerville.

Le Président. Expliquez bien tout ce que le citoyen Harel vous a dit.

Lefebvre. Il me dit qu'il s'était trouvé chez Demerville, où il se tramait un complot. Au bout de quelques jours, les choses devinrent plus sérieuses. Je dis au citoyen Harel : Écrivez-moi tout ce qui se passe, si on veut attenter aux jours du premier consul ; alors j'en avertirai le gouvernement. Je le fis. Le citoyen Harel fut invité par le citoyen Bourienne à se rendre chez lui. — Au bout de quelques jours, le citoyen Harel me rapporta que Demerville lui avait dit qu'il fallait tâcher de se procurer des hommes pour exécuter l'attentat. Alors Harel m'apporta 150 francs, qu'il dit que Demerville lui avait donnés pour trouver des hommes. Le lendemain, Harel vint me trouver encore, et me dit qu'on n'attendait absolument que les hommes pour exécuter le projet, que l'exécution ne tenait qu'à cela ; il me donna encore 100 francs, que Demerville lui avait remis pour acheter des pistolets, et me dit qu'il avait représenté que cette somme était insuffisante, et qu'on lui avait dit de repasser. Le soir, Harel me dit que Céracchi lui avait remis 162 autres francs. Le 17 au soir, nous fûmes chez le citoyen Bourienne vers les onze heures, et ensuite chez le ministre de la police, qui dit à Harel de continuer ses visites chez Demerville, et à moi, de lui rendre compte. — Le 18 au matin, vers les dix heures, Harel me dit qu'il avait acheté quatre paires de pistolets et une paire d'espingoles, qu'il m'apporta ; il m'ap-

porta aussi deux paires de pistolets, en me disant
qu'il en avait remis une à Demerville et une à Céracchi ; en outre, il m'apporta six poignards que
Demerville lui avait remis. Je m'en fus chez le ministre de la police, et là nous prîmes les mesures
que j'avais indiquées pour déjouer le complot,
c'est-à-dire, d'avoir quatre hommes sûrs pour
exécuter le projet. — Les choses étant ainsi, je cor-
respondais avec le citoyen Desmarais, chez ce ministre ; je l'instruisais de tout ce qui se passait.
Harel vint me dire que c'était pour le 18, parce
que la pièce se donnait ce jour-là, et qu'il fallait
être tout prêt. Les quatre hommes vinrent me
trouver aux Tuileries, lieu du rendez-vous. J'é-
tais avec le citoyen Harel. Harel fut prendre les
pistolets, les poignards, et les leur distribua.—Vers
les six heures du soir, je me rendis à l'Opéra pour
savoir ce qui s'y passait ; j'y envoyai même deux
de mes amis. — Les choses étaient ainsi, les officiers de paix ayant été deux ou trois fois, dans la
soirée, au café de l'Opéra, je fus chez le ministre. Il me dit : Vous pouvez être tranquille, tous
les ordres sont donnés ; allez à l'Opéra, vous verrez ce qui s'y passe. Je retournai à l'Opéra. J'avais
déjà vu Céracchi et Diana. Je fus encore chez
le ministre lui rendre compte, et deux ou trois
fois comme cela. — Le 24 brumaire, j'ai été remettre à la police l'espingole et un autre poignard ;
j'ai remis également les reçus des pistolets et des
espingoles.

Le Président. Accusé Demerville, qu'avez-vous
à répondre?

Demerville. J'ai à répondre que le citoyen Lefebvre déclare ce qu'a déclaré Harel : donc leurs déclarations ont été fabriquées.

Séance du 17 nivôse au soir.

On continue l'auditoire des témoins.

J. Gombault, domestique, rue Vivienne, n° 17, reconnaît le poignard qu'on lui représente pour celui qu'il a trouvé dans sa cave le 19 vendémiaire.

J. A. d'Instrem, commissaire des guerres. Il accompagnait le cit. Barennes, le 18, chez Demerville, et il a entendu celui-ci parler du trouble qui devait avoir lieu le soir à l'Opéra.

Demerville cherche à expliquer l'émotion qu'il laissa voir alors par les bruits de mouvement qu'on répandait dans Paris.

Aréna prétend avoir fait venir au Temple, un commissaire de police, pour lui déclarer qu'il était instruit, dès le matin du 18 vendémiaire, que la police devait, le soir même, à l'Opéra, faire arrêter les chefs d'une conspiration anarchique, et que, s'il avait été un de ces chefs, il ne serait pas resté à l'Opéra. Il demande que cette déclaration soit jointe au procès.

Me Dommanget demande aussi que les lettres écrites par Lefebvre au secrétaire du consul, le cit. Bourienne, depuis le 15 vendémiaire, soient réclamées et jointes à la procédure.

Le tribunal délibère, et prononce le jugement suivant :

« Le tribunal, ouï les défenseurs d'Aréna, Demerville et autres, après avoir entendu le réquisitoire du commissaire du gouvernement, et après avoir délibéré :

« Attendu que rien ne constate dans la procédure qu'Aréna ait fait la déclaration dont il parle, devant un commissaire de police, et que si elle existe, et qu'il la croie nécessaire à sa défense, il a le droit de s'en faire délivrer une expédition, et même d'appeler devant le tribunal le commissaire de police ;

« Attendu, relativement aux lettres, que la justice n'a ni le pouvoir, ni le droit de faire paraître des lettres confidentielles, et que celles dont le cit. Lefebvre a parlé, sont de cette nature, dit qu'il n'y a lieu à faire droit sur la demande de Demerville et autres. »

Michel *Ornano*, membre du Corps-législatif. Le 18 vendémiaire, il se promenait dans le foyer de l'Opéra pendant qu'on jouait le second acte des *Horaces*, et a vu Aréna qui ne fit pas semblant de l'apercevoir et sortit.

F. Meunier, fourbisseur, a reconnu les quatre poignards trouvés et déposés à la police, pour être de la même trempe, de la même fabrique et du même ouvrier.

Le Président à chacun des prévenus. Connaissez-vous ces poignards?

Tous répondent : Non.

J. F. Levallois. Il a vu Cérachi à l'état-major après son arrestation. Il avait entendu dire qu'on devait attenter aux jours du consul.

J. Lepage, arquebusier, a déposé à la préfecture un des poignards qu'on lui représente, et qui avait été trouvé par un de ses ouvriers dans la rue d'Argenteuil, où a couché Demerville. Ces poignards sont mal faits, et il les attribue à un serrurier ou à un coutelier.

Le Président. Accusé Aréna, connaissez-vous le nommé Desforges?

Aréna. Vous m'avez interrogé il y a quelques jours; je vous ai répondu franchement : Je n'ai jamais vu Desforges; je n'ai jamais entendu parler de lui; je n'ai jamais pu aller dans aucune réunion chez lui. C'est ici un rêve.

Le Président. Connaissez-vous Gombault-la-Chaise?

Aréna. Je déclare que je l'ai connu à l'armée d'Italie en qualité de secrétaire du représentant du peuple, parce qu'ayant la qualité d'adjudant-général, j'avais affaire au représentant. Depuis ce temps, je n'ai jamais vu Gombault-la-Chaise. Je défie que l'on dise que je l'aie jamais vu, encore moins de m'être trouvé dans aucune réunion.

Le Président. Cependant il paraît que vous avez dîné...

Aréna. Jamais.

Le Président. Avec Gombault-la-Chaise, rue

de l'Arbre-Sec, maison d'un perruquier. C'est une question que je vous fais.

Aréna. Je défie qu'aucun témoin dise que je me suis trouvé dans une réunion.

Le Président. Il paraît cependant que vous connaissez beaucoup Desforges, et qu'au moment de ce dîner, rue de l'Arbre-Sec, maison d'un perruquier, Desforges demanda si on avait des nouvelles. Vous répondîtes : « Il est parti; on espère « qu'il ne reviendra jamais à Paris. » C'était dans le moment où le premier consul partit pour l'armée d'Italie.

Aréna. Il me semble que, d'après tous ces renseignemens que vous a donnés un homme secret de la police, le tribunal aurait dû prendre des renseignemens positifs, aurait dû faire venir des témoins pour déclarer cela.

Le Président. Répondez à la question.

Aréna. Je vais y répondre. Je dis que je n'ai jamais connu ces gens-là, que cela est de toute fausseté.

Le Président. Cependant Desforges vous demanda si on avait des nouvelles, et vous fîtes la réponse que je viens de vous rappeler. Mais nous sommes prêts, dit Desforges. Vous avez répondu : « Rien n'est changé; au moment où on apprendra « sa mort, on feindra de proclamer Louis XVIII, « et on arborera le drapeau et la cocarde blanche « pour avoir les royalistes imbécilles, pendant « qu'on s'emparera de ceux bien connus. Le car- « nage durera quarante-huit heures, et on per-

« mettra le pillage aux troupes, pour punir les
« marchands de Paris d'avoir fait guillotiner Ro-
« bespierre. »

Aréna nie et dit qu'il n'a jamais connu Robespierre.

Le Président. Je vous ajoute que Desforges a
répliqué à ce que vous disiez en disant : « Je suis
« prêt aussi : je m'emparerai de la caisse des jeux,
« de la trésorerie et des caisses particulières. J'ai
« trois ou quatre cents hommes tout prêts, avec
« ceux qui dans le moment seront de notre
« côté. »

Aréna. Je ne puis que dire la même chose. Il
s'agit ici de réunions : je ne connais pas ces hom-
mes-là. Il faudra qu'on prouve que je les ai vus.
On sait bien qu'on ne peut pas le prouver. On ne
fait que jeter cela dans l'opinion. Le préfet de
police a besoin qu'on ne croie pas qu'il m'a persé-
cuté.

Le Président. Il paraît que ce qui a fait manquer ce projet est la victoire du premier consul,
et son retour, mais que, bientôt après, Desforges
vous a réunis de nouveau, et vous a proposé un
nouveau projet. Vous avez été réunis pendant le
cours de messidor, par l'entremise du nommé
Pijot.

Aréna continue de nier.

Le Président (*à Demerville*). Je vous ai fait
également des interpellations à cet égard : avez-
vous connu Gombault-la-Chaise ?

Demerville. Jamais.

Le Président. Avez-vous connu Metge?

Demerville. Jamais.

Le Président. Avez-vous vu Desforges à l'époque du 1er vendémiaire?

Demerville. Jamais.

Le Président. Avez-vous connaissance d'une compagnie de tyrannicides?

Demerville. Jamais.

Le Président. Cependant il paraît qu'on s'est réuni chez vous, et que c'est vous-même qui deviez composer cette compagnie de tyrannicides.

Demerville. Je demande à quelle époque on a pu s'être réuni chez moi.

Le Président. A l'époque de vendémiaire.

Demerville. A cette époque, j'étais malade : il était impossible qu'il y eût des réunions chez moi.

Le président lui cite plusieurs noms encore dont il dénie la connaissance.

Le Président. Accusé Céracchi, connaissez-vous Desforges?

Céracchi. Je ne l'ai jamais connu que comme détenu au Temple.

Le Président. Cependant il paraît que vous l'avez connu antérieurement, et que vous vous êtes réuni avec Desforges, Aréna et autres.

Céracchi. Je n'ai connaissance d'aucune réunion.

Le Président. Vous étiez du comité établi pour comploter contre la personne du premier consul.

Céracchi. Ce comité m'est tout-à-fait étranger.

Le Président. Il était composé d'Aréna, Tou-
lotte, Gombault-la-Chaise, Pepin -Desgrouettes,
Talot, Jumilière, Laignelot.

Céracchi. Tout cela m'est étranger.

Le Président. Et vous étiez présent lorsque Desforges assura qu'il avait des intelligences parmi
quelques employés de la police.

Céracchi. Je ne connais rien de ces citoyens-là.

Aréna. Ces pièces ne sont pas dans la procédure : faites-nous connaître quelles sont les personnes qui disent cela.

Le Président. Je vous fais des interpellations,
vous devez y répondre.

Aréna. C'est juste; mais ces pièces ne sont pas
dans la procédure.

Le Président. Je ne suis pas obligé de faire des
questions qui résultent de la procédure, mais des
questions qui dépendent de moi. Je ne vous parle
pas des pièces.

Cailly, marchand d'armes, déclare qu'il a
vendu, il y a trois mois, trois paires de pistolets
au citoyen Harel.

J.-B. Prévoteau, arquebusier, interpellé par le
président s'il a vendu des pistolets au citoyen Harel, répond : Cela se peut.

Le Président. Connaissez-vous le reçu qui est ici
représenté?

Prévoteau. Oui, citoyen, parfaitement; il est de
ma main.

Le Président. Connaissez-vous les pistolets?

Prévoteau. Oui, citoyen.

Le Président (*à Harel*). Harel, connaissez-vous le citoyen?

Harel. Oui, citoyen.

Le Président. Accusé Demerville, qu'avez-vous à répondre? La paire de pistolets qui a été achetée par le citoyen Harel, et vendue par le citoyen Prévoteau, s'est trouvée chez vous.

Demerville. J'ai déclaré que j'avais chargé Harel....

Le Président. Elle fait partie des six paires achetées par Harel.

Demerville. Je l'ai chargé de m'acheter une paire de pistolets. Je lui ai donné de l'argent. J'ai déclaré que je lui avais donné de l'argent pour acheter deux paires de pistolets.

G. Pouthier rapporte les mêmes faits que Lefebvre et Harel.

C. Serva a eu connaissance de tous les faits cités par Harel et Lefebvre, et fut un de ceux qui, par zèle, furent présentés par Harel à Demerville, et qui refusa celui-ci.

On entend les témoins à décharge.

Trois d'entre eux déclarent que Demerville n'a jamais mal parlé du gouvernement.

David, le célèbre peintre, ne connaît Céracchi et Topino-Lebrun que comme artistes.

Trois autres témoins déposent n'avoir jamais entendu Aréna proférer de mauvais propos contre le gouvernement.

Séance du 18 *nivôse au matin.*

Nous ne rapporterons pas tous les témoignages qui sont fort insignifians, quant au procès, puisqu'ils ne reposent que sur la probité des prévenus; nous n'indiquerons que ceux qui présentent quelque intérêt pour la vérité de l'accusation ou de la défense.

La femme *Latour*, portière de la maison qu'occupait Aréna, déclare qu'il est rentré à sept heures dans la soirée du 18 vendémiaire, et n'est plus sorti. Cette déposition contrarie celle du témoin à charge Ornano.

La femme *Gotreau* déclare que Topino-Lebrun s'étant fait attendre, les élèves de David disposèrent du billet qu'ils avaient conservé pour lui le jour de la première représentation des *Horaces*.

La femme *Rain* et *Mercier* affirment qu'Aréna, à son retour de la campagne, en prairial an 8, avait apporté une livre et demie de poudre et des balles.

Villette, interprète. Il résulte de sa déposition, que l'interrogateur Bertrand, de la police, a menacé Diana de la fusillade s'il ne dénonçait pas les coupables.

Le Président demande à Demerville s'il persiste à soutenir que ses premiers interrogatoires sont faux. — Le prévenu persiste.

Le commissaire du gouvernement se livre à l'examen de l'accusation, et la corrobore des té-

moignages de Harel, Lefebvre, Barennes, Lannes,
Poultier, Serva, des premiers interrogatoires des
prévenus; il discute les charges, établit la culpa-
bilité, et réclame la punition des coupables.

Plusieurs témoins sont encore entendus. Les
deux déclarations suivantes sont les seules qui méritent d'être citées.

Casanove. Je n'ai aucune connaissance des faits
contenus dans l'acte d'accusation.

Le Président. Connaissez-vous Topino-Lebrun?

Casanove. Je le connais comme un jeune homme
de mœurs et de talent.

Topino. Le cit. David vous a déclaré que c'est
le cit. Casanove qui devait avoir reçu des billets
d'Opéra du compositeur Porta.

Le Président (au témoin). Vous avez reçu des
billets d'Opéra?

Casanove. Le cit. David reçoit journellement des
billets d'Opéra. Ce jour-là, me trouvant chez lui, et
lui devant aller à la campagne, il me pria de les
distribuer. J'en reçus six, j'en distribuai cinq, et
le sixième je l'avais promis à Topino; mais ne sachant pas où il était alors, je le réservai pour moi,
et j'allai à l'Opéra ce jour-là.

Topino. Je prie le cit. président de demander au
cit. Casanove s'il ne se rappelle pas que, quelques
jours auparavant, il avait été question de cet opéra
de Porta, que j'avais connu à Rome, et des billets
qu'on devait donner, et si on n'avait point assigné
un rendez-vous pour tous ceux qui devaient avoir
des billets.

Casanove. Citoyen, je ne me le rappelle pas; c'est possible.

Topino. C'est chez le cit. Gotreau.

Casanove. C'est possible.

Topino. Ne vous êtes-vous point réuni avec le cit. Broc et autres jeunes gens de l'atelier?

Casanove. Je me rappelle en effet que je me rendis chez Gotreau avec le cit. Broc; je me rappelle que je ne vous y vis pas.

Topino! Je prie le cit. président de demander au témoin s'il ne se rappelle pas de m'avoir rencontré, le 21 vendémiaire, rue Poissonnière.

Casanove. Je ne m'en rappelle nullement.

Topino. Je lui dis : Comment se fait-il que vous soyez parti de si bonne heure de chez Gotreau? comment cela s'est-il passé? Je lui demandai le compte du succès de l'opéra. Il me dit que les deux premiers actes avaient réussi, que le troisième était faible. J'ai déclaré tout cela il y a deux ou trois mois.

Casanove. Je ne me rappelle pas toutes ces choses.

Topino. Voilà des détails circonstanciés.

(Le cit. *** (1), peintre au Louvre.)

Le Président (*au témoin*). Vous rappelez-vous si vous avez vu l'accusé, le 18 au soir, au palais du Tribunat?

Le Témoin. Non, citoyen; il y a à peu près quatre mois que je l'ai vu pour la dernière fois.

_____

(1) Le nom n'a point été entendu, et ne se trouve pas sur la liste des témoins.

Topino-Lebrun, Demerville, Aréna, prennent successivement la parole. Tous accusent la police d'avoir créé une conspiration à dessein de les compromettre. C'est sur cette accusation qu'ils basent leur système de défense.

Me *Dommanget*, pour Demerville et Céracchi, prononce son plaidoyer, et Me *Guichard*, pour Aréna, la première partie du sien.

Le premier divise sa défense en trois parties : l'ensemble de l'accusation, les faits relatifs à Demerville, ceux qui se rattachent à Céracchi.

Selon lui, l'accusation repose sur l'existence d'une conspiration qui n'est point invoquée au procès, et sur un rassemblement d'armes qu'on n'a pu découvrir, car on ne saurait donner le nom de rassemblement d'armes aux douze poignards, aux quatre paires de pistolets et à la paire d'espingoles dont il est question dans la procédure. Il s'attache au dénonciateur, qui est Harel, et prétend qu'on ne doit pas s'occuper des témoignages accusateurs, attendu qu'il ne font que répéter les allégations de Harel, qu'il représente comme excité par un désir personnel d'avancement. — Il défend ses cliens en accusant Harel et en cherchant à démontrer que les témoins n'ont fait autre chose que se livrer à des interprétations. — Puis, pour atténuer autant que possible l'effet des premiers interrogatoires, en invoquant la maxime qu'un homme ne peut s'accuser lui-même, et en discutant ce point de jurisprudence : La police a-t-elle mission d'interroger les individus dont elle est chargée de s'assurer ?

Le second tente de prouver que sans l'événement du 3 nivôse (machine infernale), le procès actuel n'eut pas eu lieu ; et il en tire la conséquence que l'on n'avait pas reconnu, dans les faits imputés aux prévenus, le caractère du complot, la pensée même d'un crime. — Il ne voit pas dans l'accusation, dans les témoignages, comment on pourrait trouver des charges contre Aréna.— Le surplus de son plaidoyer ressemble à celui de Me Dommanget, pour la forme et pour le fond.

Séance du 18 nivôse au soir.

Me Guichard termine sa plaidoirie.

Après lui se présente Mc Cotterel, pour Diana, Daiteg et Lavigne : il se livre à des déclamations si ridicules, qu'elles excitent les moqueries et les rires bruyans du public, que le président le rappelle plusieurs fois à l'intérêt de ses cliens, que Diana lui retire le soin de sa défense pour la confier à Me Dommanget.

Séance du 19 nivôse au matin.

Me Dommanget lit plusieurs certificats attestant le patriotisme de Diana. Lorsque ce dernier a dit quelques mots pour sa défense, son avocat prend la parole au nom de Topino-Lebrun, de la fille Fumey et de Diana.

Il attaque de nouveau les révélations de Harel, .
et fait l'histoire de Topino, artiste de talent, citoyen plein de zèle pour la patrie, homme politique doux et humain, français de cœur, incapable
de s'allier à des Italiens pour commettre un assassinat.

Topino-Lebrun et Daiteg ajoutent quelques mots
et le président ferme les débats.

Le président, dans un résumé fort habile, rappelle toutes les charges qui pèsent sur les prévenus, fait lecture aux jurés de l'instruction relative
à leurs fonctions, insérés au Code des délits et des
peine, et pose la question suivante :

A-t-il existé, dans le mois de vendémiaire dernier, un complot tendant au meurtre du premier
consul?

L'accusé Demerville est-il convaincu d'avoir
pris part à ce complot?

L'a-t-il fait dans l'intention d'en faciliter l'exécution?

L'accusé Céracchi est-il convaincu d'avoir pris
part à ce complot?

L'a-t-il fait dans l'intention d'en faciliter l'exécution?

L'accusé Aréna est-il convaincu d'avoir pris
part à ce complot?

L'a-t-il fait dans l'intention d'en faciliter l'exécution?

L'accusé Diana est-il convaincu d'avoir pris part
à ce complot?

L'a-t-il fait dans l'intention d'en faciliter l'exécu-
cution?

L'accusée Fumey est-elle convaincue d'avoir
pris part à ce complot?

L'a-t-elle fait dans l'intention d'en faciliter l'exécution?

L'accusé Topino-Lebrun est-il convaincu d'avoir
pris part à ce complot?

L'a-t-il fait dans l'intention d'en faciliter l'exécution?

L'accusé Daiteg est-il convaincu d'avoir pris
part à ce complot?

L'a-t-il fait dans l'intention d'en faciliter l'exécution?

L'accusé Lavigne est-il convaincu d'avoir pris
part à ce complot?

L'a-t-il fait dans l'intention d'en faciliter l'exécution?

A-t-il été distribué des armes pour l'exécution
de ce complot?

L'accusé Céracchi s'est-il rendu le 18 vendémiaire au théâtre des Arts?

S'y est-il rendu pour l'exécution de ce complot?

L'accusé Aréna s'est-il rendu le 18 vendémiaire
au théâtre des Arts?

S'y est-il rendu pour l'exécution de ce complot?

L'accusé Diana s'est-il rendu le 18 vendémiaire au théâtre des Arts?

S'y est-il rendu pour l'exécution de ce complot?

> (Les jurés se retirent pour délibérer : il est deux heures et demie.)

Séance du 19 nivôse, dix heures du soir.

> (Les jurés rentrent en séance.)

Le Président. Citoyens jurés, quel est le résultat de votre délibération sur les questions qui vous ont été soumises par le tribunal?

Le chef du jury. Sur mon honneur et ma conscience, la déclaration unanime du jury est :

Qu'il est constant qu'il a existé, dans le mois de vendémiaire, un complot tendant au meurtre du premier consul ;

Que l'accusé Demerville est convaincu d'avoir pris part à ce complot ;

Qu'il l'a fait dans l'intention d'en faciliter l'exécution ;

Que l'accusé Céracchi est convaincu d'avoir pris part à ce complot ;

Qu'il l'a fait dans l'intention d'en faciliter l'exécution ;

Que l'accusé Aréna est convaincu d'avoir pris part à ce complot ;

Qu'il l'a fait dans l'intention d'en faciliter l'exécution ;

Que l'accusé Diana n'est pas convaincu d'avoir pris part à ce complot ;

Que l'accusée Fumey n'est pas convaincue d'avoir pris part à ce complot ;

Que l'accusé Topino-Lebrun est convaincu d'avoir pris part à ce complot ;

Qu'il l'a fait dans l'intention d'en faciliter l'exécution ;

Que l'accusé Daiteg n'est pas convaincu d'avoir pris part à ce complot ;

Que l'accusé Lavigne n'est pas convaincu d'avoir pris part à ce complot ;

Qu'il a été distribué des armes pour l'exécution de ce complot ;

Que l'accusé Céracchi s'est rendu le 18 vendémiaire au théâtre des Arts ;

Qu'il s'y est rendu pour l'exécution de ce complot ;

Que l'accusé Aréna s'est rendu le 18 vendémiaire au théâtre des Arts ;

Qu'il s'y est rendu pour l'exécution de ce complot ;

Que l'accusé Diana s'est rendu le 18 vendémiaire au théâtre des Arts ;

Qu'il ne s'y est pas rendu pour l'exécution de ce complot.

(On fait entrer les accusés Diana , fille Fumey, Daiteg et Lavigne.)

Le président leur fait lecture de la déclaration du jury, et ajoute :

En conséquence de la déclaration du jury, et d'après l'article 424 du code pénal, vous êtes tous les quatre acquittés de l'accusation intentée contre vous, et serez sur-le-champ mis en liberté : il est sursis, néanmoins, à l'exécution du présent jugement pendant vingt-quatre heures.

(On fait entrer les accusés Demerville, Céracchi, Aréna et Topino-Lebrun.)

Le président leur lit la déclaration du jury, et ajoute :

Vous allez entendre le commissaire du gouvernement sur l'application de la loi.

Le commissaire. Vu la déclaration unanime du jury spécial de jugement, de laquelle il résulte qu'au mois de vendémiaire dernier il a existé un complot tendant au meurtre du premier consul ; attendu que ce complot tendait à troubler la république par une guerre civile, en armant les citoyens les uns contre les autres et contre l'exercice de l'autorité légitime, je requiers que les nommés Demerville, Céracchi, Aréna, et Topino-Lebrun, soient condamnés à la peine de mort ; que le jugement à intervenir soit lu, publié et affiché dans toute l'étendue du département de la Seine.

Le Président (aux accusés). Avez-vous à parler sur l'application de la peine?

Guichard (défenseur). Je demande au cit. commissaire de vouloir bien citer la loi en vertu de laquelle il requiert.

Le commissaire. Conformément à l'art. 612 du code des délits et des peines.

Guichard. Je demande la parole sur l'application de la peine.

Je demande l'exécution fidèle des articles 431 et 432 du code des délits et des peines, dont je vais rappeler le texte.

Art. 431. « Le président demande à l'accusé s'il « n'a rien à dire pour sa défense.

« L'accusé ni ses conseils ne peuvent plus plai- « der que le fait est faux, mais seulement qu'il « n'est pas défendu ou qualifié crime par la loi, « ou qu'il ne mérite pas la peine dont le com- « missaire du pouvoir exécutif a requis l'applica- « tion, etc. »

Art. 432. « Les juges prononcent ensuite, et « sans désemparer, la peine établie par la loi, ou « acquittent l'accusé, si le fait dont il est convaincu « n'est pas défendu par elle, etc. »

En conséquence, il discute le droit d'application de l'art. 612, ainsi conçu :

Toutes conspirations et complots tendant à troubler la république par une guerre civile, en armant les citoyens les uns contre les autres, ou contre l'exercice de l'autorité légitime, seront punis de mort, tant que cette peine subsistera.

Il ne voit pas qu'on puisse l'invoquer dans l'espèce, attendu que le fait qualifié dans la déclaration du jury est *complot tendant au meurtre du premier consul*, et non *conspiration* ou *complot tendant à troubler la république*.

Il prend des conclusions ; signé, *Simon*, avoué, pour que le tribunal prononce, conformément à l'art. 432, l'acquittement des accusés, le crime qui leur est imputé n'étant pas prévu par la loi.

Mᵉ Dommanget appuie ces conclusions.

Le Président. Le tribunal se retire à la chambre du conseil pour délibérer.

(A onze heures le tribunal rentre en séance.)

Le Président. « Le tribunal, vu la déclaration unanime du jury, après avoir entendu les conclusions du commissaire du gouvernement sur l'application ; après avoir entendu également les défenseurs de Demerville, Céracchi, Aréna et Topino ;

« Attendu la déclaration unanime du jury qu'il a existé un complot tendant au meurtre du premier consul, et que Demerville, Céracchi, Aréna et Topino-Lebrun sont convaincus d'y avoir pris part, et de l'avoir fait dans l'intention d'en faciliter l'exécution ;

« Qu'à l'effet d'exécuter ce complot, il y a eu distribution d'armes, et qu'Aréna et Céracchi se sont rendus le 18 vendémiaire au théâtre de la République et des Arts, à l'effet d'exécuter ledit complot ;

« Que les fonctions du jury sont essentiellement distinctes de celles du tribunal criminel ; que c'est au jury qu'il appartient de décider si le fait relatif à l'acte d'accusation est constant, mais que c'est au tribunal à fixer le caractère du fait, et à juger si tel fait tend à troubler la république ;

« Attendu que le complot déclaré constant par la déclaration du jury, tendait à troubler la république par une guerre civile, en armant les citoyens les uns contre les autres, et contre l'exercice de l'autorité légitime ;

« Sans s'arrêter aux conclusions prises par Demerville, Céracchi, Aréna et Topino-Lebrun ;

Vu l'article 612 du Code de délits et des peines, ainsi conçu : « Toutes conspirations et complots « tendant à troubler la république par une guerre « civile, en armant les citoyens les uns contre les « autres, ou contre l'exercice de l'autorité légitime, « seront punis de mort tant que cette peine subsis- « tera, et de vingt-quatre années de fers quand « elle sera abolie. »

« Condamne les nommés Dominique Demerville, Joseph Céracchi, Joseph Aréna et J. B. Topino-Lebrun, à la peine de mort ;

« Ordonne que le présent jugement sera imprimé, et affiché dans toute l'étendue du département de la Seine, et sera exécuté à la requête du commissaire du gouvernement. »

Le Président. Condamnés, la loi vous accorde trois jours pour vous pourvoir en cassation contre le jugement prononcé.

Les condamnés se pourvurent en cassation. Le

tribunal suprême employa trois audiences à l'examen de cette affaire (6, 8 et 9 pluviôse an 9 - 26, 28 et 29 janvier 1801), et rejeta le pourvoi.

L'exécution fut fixée au 11 pluviôse. Le matin de ce jour, le préfet de police dressa le procès-verbal suivant :

« Nous préfet de police, sur l'avis qui nous a été donné que les nommés *Demerville*, *Céracchi*, *Aréna* et *Topino-Lebrun*, détenus à la maison de justice, comme condamnés à la peine capitale, avaient des révélations à faire, et, à cet effet, demandaient à nous parler, nous sommes rendus en ladite maison, où étant, nous avons fait paraître le nommé *Demerville*, auquel nous avons demandé quelle révélation il avait à nous faire. Il a dit *qu'il était dans l'intention de ne faire aucune espèce de révélation*, s'il n'avait la garantie du premier consul, que la peine à laquelle il est condamné serait commuée en une simple déportation ; qu'il fait cette demande tant pour lui que pour ses co-condamnés.

« Sur quoi, nous, préfet de police, l'avons invité à nous faire toutes les révélations qui pourraient intéresser la sûreté du premier consul et celle de l'État, lui promettant de les mettre, à l'instant même, sous les yeux du gouvernement, et que, jusqu'à ce qu'il en ait pris connaissance, il serait sursis à toute exécution. Et ledit Demerville nous ayant déclaré qu'il persistait dans les conditions imposées à son offre de révélations, avons clos le présent procès-verbal, qu'il a signé, ainsi que nous, après que lecture lui en a été faite.

Signé D. DEMERVILLE, DUBOIS.

« Et les trois autres condamnés nous ayant fait dire, par le concierge, qu'ils n'avaient aucune révélation ni déclaration à nous faire, nous nous sommes retirés.

« *Signé*, DUBOIS.

Pour copie conforme :

Le secrétaire général adjoint.

Signé, BAUVE.

Certifié conforme :

Le ministre de la justice, ABRIAL.

Étant sur l'échafaud, les quatre condamnés saluèrent le public. Ils moururent avec un grand courage.

MACHINE INFERNALE.

L'ALLIANCE du cabinet anglais et des Bourbons s'est fait long-temps sentir dans nos troubles civils, soit que des milices dites catholiques parcourussent la Vendée, soit que des assassins s'établissent sur nos routes, soit que des conspirateurs appellassent du repos de la France à la trahison de leurs armes.

Elle apparaît toute hideuse de sa nudité dans le procès dont nous allons rapporter les circonstances.

Le 23 nivôse an IX — 24 décembre 1800, une explosion épouvantable se fit entendre, rue St-Nicaise, au moment du passage du premier consul Bonaparte, qui se rendait à l'Opéra. Un assez grand nombre de personnes furent tuées ou blessées. On sut bientôt qu'il s'agissait d'un attentat à la vie du consul. La police s'empara d'une partie des coupables et les renvoya à la justice. Leur jugement commença le 11 germinal — 1er avril 1801.

Membres du tribunal-criminel : Hémart, président; Rigault, Laguillaumye, juges; Desmaisons, Clavier, juges suppléans; Gérard, substitut du commissaire du gouvernement.

Jurés : Maugars, Humont, Rouillé, Boiscervoise, Biétrix, Guillon, Constantin, Gruet, Codieu, Baudrot, Guérin, Locré.

Suppléans : Barrier, Allain, Auguin.

Adjoints : Vacquier, Martine, Lefol.

On compta soixante-deux témoins à charge, et soixante-un à décharge.

Défenseurs : MM^e Roussialle, Dommanget, Mangeret, Bellart, Laporte, Larrieu, Thévenin. Gueralle, Lebon, Lepidore, — *Avoué :* Simon.

Séance du 11 germinal. — 1er *avril.*

Le président ouvre la séance à dix heures.—Le greffier fait l'appel des jurés. — Le président interroge les prévenus sur leurs noms, prénoms, âges, lieux de naissance, demeures, puis il leur dit: « Accusés, soyez attentifs à ce que vous allez entendre. Greffier, lisez l'acte d'accusation. »

Par cet acte du directeur du jury d'accusation du département de la Seine, il est déclaré qu'il y a lieu à suivre contre les dénommés :

1° François-Jean *Carbon*, dit le *petit François*, dit *Constant*, ancien marin, ayant été employé parmi les chouans, sans état connu, demeurant à Paris, rue Saint-Martin, chez Catherine Jean, femme d'Alexandre Vallon, n. 310 et 314 ;

2. Joseph-Pierre *Picot-Limoelan*, dit *Beaumont-Bourleroi*, chef de chouans, sans état connu, aujourd'hui demeurant à Paris, rue Neuve-Saint-

Roch, chez le pâtissier faisant le coin de la rue des Moineaux;

3. Pierre *Robinault*, dit *Pierrot*, dit *Saint-Re-jant*, dit *Pierre Saint-Martin*, dit *Soyer* ou *Sollier*, ancien officier de marine, chef de division dans l'armée de Georges, aujourd'hui sans état connu, errant et sans domicile, ayant logé chez Leguilloux, rue des Prouvaires, n° 574, et chez la veuve Jourdan, rue d'Aguesseau, n° 1356, à Paris;

4. *Bourgeois*, tabletier-opticien, ayant demeuré, à Paris, chez le cit. Girard, sellier, cloître Saint-Jean, rue du Marché-d'Aguesseau; en dernier lieu près de la préfecture de police, et sans autre domicile connu;

5. *Coster*, dit *Saint-Victor*, sans état connu, demeurant à Paris, rue Neuve-Saint-Eustache, maison du Perron (1);

6. Edouard *Lahaye*, dit *Saint-Hilaire*, sans état connu, demeurant à Paris, rue d'Argenteuil, n° 211;

7. *Joyau*, sans état connu, demeurant à Paris, rue d'Argenteuil, n° 211 (2);

8. Ambroise-Marie *Songe*, sans état connu, demeurant à Paris, rue du Four-Saint-Honoré, maison de la Mayenne;

9. Louise *Mainguet*, femme de Jean-Baptiste *Leguilloux*, sans état, demeurant à Paris, rue des Prouvaires, n° 574;

---

(1) Voyez le procès de *Moreau*.
(2) Voyez le procès de *Moreau*.

10. Jean-Baptiste *Leguilloux*, courrier de la malle, demeurant à Paris, rue des Prouvaires, n° 574;

11. Adélaïde-Marie *Champion de Cicé*, sans état connu, demeurant à Paris, rue Cassette, n°s 11 et 874;

12. Marie-Anne *Duquesne*, sans état connu, demeurant à Paris, rue Notre-Dame-des-Champs, n° 1466;

13. Catherine Jean, femme d'Alexandre *Vallon*, blanchisseuse, demeurant à Paris, rue St-Martin, n° 310 et 311;

14. Madeleine *Vallon*, couturière en robes, demeurant à Paris, rue St-Martin, n° 310 et 311;

15. Joséphine *Vallon*, couturière, demeurant à Paris, rue St-Martin, n° 310 et 311;

16. Aubine-Louise *Gouyon*, veuve *Gouyon* de *Beaufort*, rentière, demeurant à Paris, rue Notre-Dame-des-Champs, n° 1466;

17. Angélique-Marie-Françoise *Gouyon*, sans état, demeurant à Paris, rue Notre-Dame-des-Champs, n° 1466;

18. Reine-Marie-Aubine *Gouyon*, sans état, demeurant à Paris, rue Notre-Dame-des-Champs, n° 1466;

19. Bazile-Jacques-Louis *Collin*, médecin, demeurant à Paris, rue de Seine, n° 1087;

20. Jean *Baudet*, culottier, demeurant à Paris, rue de la Loi, n° 958;

21. Maturin-Jules *Micault-Lavieuville*, ci-devant militaire, maintenant tenant une agence de

bienfaisance, et sans autre état connu, demeurant à Paris, rue de la Sourdière, n° 45;

22. Louise-Catherine *Cudel-Villeneuve*, femme *Lavieuville*, sans état connu, demeurant à Paris, rue de la Sourdière, n° 45;

Et qu'il n'y a lieu à suivre contre Geneviève *Berthonet*, couturière, demeurant à Paris, quai de la République (quai Bourbon), n° 15.

Les prévenus absens sont, 1° Picot-Limoelan, 2° Bourgeois; 3° Coster, 4° Lahaye, 5° Joyau, 6° Songé.

Le Président aux prévenus. Vous êtes accusés d'avoir, de complicité, formé un complot tendant au meurtre du premier Consul, à troubler la République par une guerre civile, en armant les citoyens les uns contre les autres, et contre l'exercice de l'autorité légitime; d'avoir, pour l'exécution de ce complot, formé un amas d'armes et de munitions; d'avoir préparé et disposé une *machine infernale*; d'avoir, avec préméditation, effectué une attaque à dessein de tuer le premier magistrat de la République, en mettant le feu à ladite machine infernale, et d'avoir, par l'effet de l'explosion, causé la mort de plusieurs personnes.

Vous allez entendre les charges qui seront produites contre vous. Le Commissaire du Gouvernement a la parole.

« CITOYENS JURÉS,

« Le 3 nivôse dernier, à huit heures trois minutes du soir, un bruit éclatant retentit aux oreilles des nombreux habitans de cette immense commune et de ses environs. Ah ! sans doute, s'écrièrent-ils spontanément, c'est l'annonce d'une paix glorieuse ! Idée naturelle, préparée par de si longs sacrifices, par les triomphes innombrables de nos intrépides défenseurs, par le courage, les talens et la prudence de leur vaillant chef; idée flatteuse que devait naturellement faire naître le souvenir de tant de prodiges opérés depuis dix-huit mois, que devait faire naître surtout notre confiance sans bornes pour un Gouvernement sans reproche.

« Espoir consolateur, que vous avez été cruellement déçu dans ce fatal moment! Eh ! combien la certitude que vous avez été réalisé depuis, nous est nécessaire pour avoir le courage de retracer une des plus horribles pages des annales du genre humain, et remplir les importantes fonctions de notre pénible ministère !

« Non, citoyens jurés, non, le bruit de nos foudres triomphantes n'était pas l'heureux précurseur de la paix! A cette détonation forte et prolongée, un long calme avait succédé; déjà l'incertitude avait pris la place de l'espérance, et l'inquiétude celle de l'allégresse. On éprouva tout à la fois le besoin et la crainte de s'instruire. Le citoyen ému quitte son asile; mais à peine est-il parvenu sur la voie publique, que les mots d'explosion, de meurtre, d'incendie, de destruction, viennent porter l'alarme dans son cœur. Il s'avance; et bientôt il apprend que la place sur laquelle est situé le palais du Gouvernement, vient d'être le

théâtre d'une scène d'horreur. Il précipite ses pas;
il arrive. Quel spectacle vient frapper ses regards
effrayés ! Au milieu des ombres de la nuit, à la
pâle clarté de quelques flambeaux épars, l'un des
plus beaux quartiers de cette cité superbe ne lui
présente plus que l'image de la destruction. Il aperçoit, avec effroi, les débris encore fumans de cette
infernale machine qui vient de causer tant de ravages; il voit ramasser auprès de lui des cadavres sanglans et mutilés, des membres déchirés et palpitans.

« Au milieu des sifflemens et des cris de rage de
quelques factieux dispersés, il entend les cris
plaintifs, les gémissemens douloureux que d'horribles tourmens arrachent à ces trop nombreuses
victimes qui n'existent plus que pour souffrir, et
que le désespoir arrache aux objets de leur affection
dont ils sont entourés.

« Quelque chose devait ajouter à l'horreur de
ce spectacle : il ne peut plus douter que tant de
forfaits n'ont été médités, préparés, exécutés, que
pour attenter plus sûrement aux jours du premier
magistrat de la république; il ne peut plus douter
que trois secondes plus tôt, trois secondes, d'après
le calcul des malfaiteurs (vous en verrez la preuve
écrite dans le procès), il ne peut douter que trois
secondes plus tôt le mal était à son comble. Eh
quoi! s'écrie-t-il douloureusement, trois secondes
plus tôt périssait donc misérablement celui que la
victoire n'a cessé d'accompagner, et sur la cîme
des Alpes, et dans toute l'Italie, et jusque sous les
murs de l'antique capitale du monde; celui que le

génie de l'humanité avait ramené à travers les ro-
chers du Tyrol pour nourrir ses malheureux habitans, quoiqu'ils fussent nos ennemis, et pour signer un traité de paix sous les murs de la capitale
de l'empire germanique.

« Eh quoi! trois secondes plus tôt périssait donc
misérablement celui que les génies de la liberté ,
de la politique, du commerce, des sciences et des
arts, n'avaient déposé un moment sur l'aride rocher
de Malte que pour le faire parvenir, malgré mille
obstacles et mille dangers, dans les plaines fécon-
des de l'Egypte, et à travers les sables brûlans des
déserts , dans les plaines fameuses de la Syrie! Eh
quoi, trois secondes plus tôt, périssait misérablement celui que le génie tutélaire de la France avait
ramené sur le sol sacré de la liberté, et dont toutes
les démarches ont été depuis des actes d'héroïsme ,
de sagesse et d'indulgence !

« Oui, Français, trois secondes plus tôt votre premier magistrat périssait victime d'un lâche et abominable assassinat! Mais s'il fallait trois secondes
à l'enfer pour consommer son crime , il ne fallait
qu'un regard à celui qui mesure l'immensité, pour
le prévenir : il a dit : Que l'abîme se ferme, et
l'abîme fut fermé.

« Cette pensée soulage l'âme, mais elle ne peut
détourner notre attention ni la vôtre des faits
atroces dont je viens de vous tracer l'esquisse, et
dont je dois vous présenter le tableau. Jurés, ces
faits vous les constaterez; magistrats, ces faits vous
les qualifierez; citoyens, ces faits vont être pesés

dans la balance de la justice : du fond de ce sanc-
tuaire, elle tend une main protectrice à l'innocence;
mais son bras vengeur est suspendu sur la tête des
coupables; et si la foudre a tardé si long-temps à
partir de ses mains, c'est qu'elle ne veut frapper
que des criminels; et ses coups sont inévitables.

« Je vous le répète, citoyens jurés, l'unique devoir que la loi vous impose en ce moment, est de
constater les faits; mais le tribunal aura à s'occuper de l'examen d'importantes questions de droit
public. Je dois donc faire précéder mon récit par
quelques réflexions générales sur la cause de nos
maux, sur ceux qui les ont aggravés, qui ont ordonné, dirigé et exécuté l'infâme attentat que la
société dénonce en ce moment à la justice.

A l'époque du 1er frimaire an 8, une des plaies
les plus douloureuses de l'Etat était occasionnée
par le rébellion de l'ouest. Le premier soin du gouvernement fut de chercher à cicatriser cette plaie,
long-temps envenimée par les soins d'un cabinet
corrupteur. Le gouvernement, pour réduire les
rebelles, ne crut pas devoir prendre des arrêts me-
naçans; il n'ordonna pas de brûler les forêts et les
maisons, de détruire indistinctement la cabane du
pauvre, l'habitation du riche, les manufactures
asiles de l'industrie, et les superbes et insensibles
monumens des cités; il envoya des troupes parfaitement disciplinées; il les fit commander par des
généraux habiles, prudens et humains : il n'eut
besoin que d'appuyer de l'appareil de la force, le
développement de la raison et des principes. Bien-

tôt, parmi les conjurés, tout ce qui n'avait été
qu'égaré, tous ceux qui n'avaient été entraînés que
par la séduction ou la terreur, tous ceux qui
voyaient que la liberté des cultes n'était plus une
chimère, et tous ceux qui n'avaient pas encore entièrement secoué le joug d'anciens préjugés, mais
qui portaient un cœur véritablement français se
soumirent, rendirent les armes, et profitèrent du
bienfait de l'amnistie.

« Mais, par malheur, les rassemblemens qui se
forment dans ces temps de trouble et de désordre,
contiennent des hommes d'un caractère ardent,
impétueux, d'un âge où les passions sont presque
sans frein : des hommes fortement fanatisés, et in-
dociles au joug de la raison. D'un autre côté, ils
renferment des hommes d'une espèce aussi dangereuse,' mais bien plus vile ; des individus accoutumés au désordre, à l'indiscipline, au pillage, au
crime et à l'impunité. Ces causes firent que lors de
la dissolution de l'armée de l'ouest, le pays fut encore inondé de bandes de brigands. C'est ce limon
impur de la guerre civile qui resta pour dernière
ressource aux ennemis de la République. Mais ceux
qui se disaient les agens des ci-devant princes, et
ceux qui composaient alors le cabinet de Saint-
James, peu scrupuleux sur les moyens de nuire à
la France, ne tardèrent pas à s'en servir : ils s'atta-
chèrent à les diriger, et bientôt les propriétés
furent attaquées, les grandes routes infestées, les
diligences arrêtées, les voyageurs pillés, les fonds
publics volés, les fonctionnaires assassinés. Voilà

le tableau des crimes de ces hommes qui se prétendent les défenseurs de la royauté et de la religion.

« A la tête de ces hommes, était ce Georges, si
bien signalé par la correspondance anglaise et par
les pièces officielles publiées par ordre du gouvernement; ce Georges qui, sous le titre fastueux de
commandant de l'armée royale et catholique, n'est
plus qu'un capitaine de voleurs. Avec lui était Lemercier, son lieutenant-général qui a péri depuis. Il avait
aussi autour de lui, Limoelan, l'un des accusés
contumax dans cette affaire; Limoelan, qui avait
pris part à la guerre de la Vendée, à tous les troubles de la Bretagne, qui avait toujours commandé
une compagnie dans la chouanerie, qui par
son caractère féroce, son esprit délié et ferme,
était bien digne d'exécuter les ordres d'un tel
chef.

« Il avait aussi Saint-Réjant, accusé présent dans
cette affaire ; Saint-Réjant, intrépide lorsqu'il s'a-
gissait d'attaquer ses concitoyens. Les faits de la
cause vous peindront mieux la férocité de cet
homme et sa persévérance dans le crime. Dans les
troubles de l'Ouest et parmi les chouans, avait
aussi servi Carbon, le premier des accusés; Carbon,
qui, de son propre aveu, a fait toutes les guerres
de la chouanerie; Carbon, qui, parmi eux, exerçait aussi l'art de remettre les membres; qui est signalé comme ayant, il y a deux ans, rempli la mission
qui lui avait été donnée par ses chefs, d'attaquer
les diligences sur les chemins. Enfin se trouvaient
aussi parmi ces bandes, Saint-Hilaire et Joyau, et
plusieurs de ceux qui sont contumax dans cette

affaire. C'est à cette époque que la plupart d'entre eux vinrent à Paris.

« Vous verrez aussi figurer dans cette affaire, différentes autres personnes qui paraissent y avoir pris une part plus indirecte. Vous y verrez figurer un de ces individus qui, de concert avec Puisaye, avait eu part à tous les troubles de la Bretagne, et que ses intrigues avaient fait déporter. Vous y verrez des hommes liés, par leur façon de penser et par leurs démarches, à tous ceux qui avaient pris part directement au complot. Vous y verrez des êtres fanatisés ou excités par l'ambition et la cupidité.

« Voilà le triste tableau que présente la première idée, le premier aperçu de cette affaire. Je vais entrer maintenant dans des détails plus particuliers : ces détails pourront paraître minutieux à ceux qui ne savent pas qu'il n'y a rien d'inutile lorsqu'il s'agit de constater l'existence du crime ou de proclamer le triomphe de l'innocence.

« Dans le courant de fructidor, Georges avait dit que quand il voudrait, il ferait sauter Bonaparte (il s'était servi des expressions qui appartiennent au langage des brigands; je n'en souillerai pas cette audience); que quand il faudrait faire sauter Bonaparte, il enverrait à Paris des hommes sûrs qui ne le manqueraient pas.

« Ce fut peu de temps après que Saint-Hilaire d'abord, et Joyau ensuite, vinrent à Paris. L'un d'eux fut logé à la recommandation de Baudet, l'un des accusés; de Baudet qui, dans la correspondance trouvée sur Lemercier, est désigné comme un de ceux auxquels on peut adresser les avis.

« Ensuite arrive Limoelan. Limoelan vint loger à Paris, rue Honoré, chez Leclerc, pâtissier; et ce domicile lui avait été indiqué par un des accusés, Micault - Lavieuville, dont il est parent par sa femme. Limoelan, dès ce moment, vit tous ceux qui lui étaient affidés; il avait besoin de quelqu'un de confiance, il avait besoin d'un instrument pour agir : bientôt il rencontre Carbon ; et depuis ce moment Carbon ne le quitta plus, Carbon fit toutes ses commissions.

« Limoelan avait averti tous ceux du parti, qu'il se proposait un grand coup et qu'il attendait quelqu'un. Effectivement on attendait Lemercier; mais enfin arriva Saint-Réjant. Saint-Réjant arriva à Paris entre le 6 et le 7; et ce furent Limoelan et Joyau qui lui procurèrent un logement rue des Prouvaires, chez la femme Leguilloux, l'une des accusés ici présentes. Dès le soir, Saint-Réjant et Limoelan achètent des armes : un nécessaire d'armes fut payé cinquante louis par Limoelan. Le 9, à midi, on va les essayer au bois de Boulogne. Conciliabule entre les gens du parti; premier projet de tuer le premier magistrat de la République avec des carabines à vent.

« Ce projet parut long-temps plaire aux conjurés; mais, vers le 15, il paraît qu'ils changèrent d'opinion, et qu'il s'arrêtèrent au projet d'exécution de la machine infernale. Une fois ce projet conçu, une fois ce projet bien combiné, il fallait prendre toutes les précautions nécessaires pour cacher tout ce qui devait précéder ou accompagner

le crime ; on n'y manqua pas Saint-Réjant était
logé rue des Prouvaires : mais il fallait un asile différent pour qu'il pût se cacher en cas de besoin.
On le présente chez la femme Jourdan, rue d'A-
guesseau ; et là il va occuper secrètement, un logement qui avait été occupé par un nommé Girod,
Anglais, qui depuis a été arrêté.

« Il ne couche pas ce premier jour chez la
femme Jourdan ; il garde son domicile rue des
Prouvaires. Il fallait aussi se procurer de la poudre, se procurer des barils, se procurer des blouses
pour se déguiser, une voiture, des tonneaux, tout
ce qui était nécessaire à l'exécution : bientôt tout
cela va être trouvé. Il fallait examiner les lieux, les
connaître, afin de prendre des mesures : tout cela
fut exécuté.

« Pour les détails, Carbon en est chargé ; d'abord
il cherche une voiture. Il s'adresse au cit. Brunet,
ferrailleur, demeurant rue de la Corderie. Le cit.
Brunet n'avait point de voiture qui lui convînt ;
il lui parla d'une voiture qui appartenait au cit.
Lambel, grainetier, rue Meslée. Brunet accompagne
Carbon chez Lambel : là on lui montre la voiture
qui, depuis, a servi à l'explosion ; on lui montre
le cheval qui y était attelé. Il marchande ces objets : ils lui avaient été faits trois cents livres ; il
en offre cent cinquante ; enfin le marché est con-
clu à deux cents francs. Il fut donné un louis
d'arrhes ; sur ce louis d'arrhes, six francs furent
mangés dans un cabaret, entre Carbon, Lambel,
Brunet et un cit. Morisset, marchand de vin à
Saint-Mandé.

« Tous ces citoyens ont depuis parfaitement reconnu Carbon : tous ces faits sont avoués.

« La voiture avait besoin d'une couverture : alors Carbon demande quelqu'un, un charron qui puisse lui faire les cerceaux nécessaires pour la couvrir. Brunet le lui indique; et ces cerceaux furent posés par un charron qui demeure rue de Ménilmontant. Le lendemain Carbon vint pour finir son marché; il alla voir la voiture, trouva les cerceaux trop longs, et Brunet les raccourcit d'un pied.

« D'une autre part, il avait été pour chercher une remise; il en avait même parlé au cit. Lambel, qui avait offert la sienne. Il avait dit qu'il était marchand forrain, allait souvent à Laval, et qu'il avait besoin de cette remise pour mettre sa voiture, son cheval et ses marchandises, et que même il pourrait y passer la nuit, n'ayant pas d'autre asile, et ne voulant rester que trois ou quatre jours à Paris.

« Lambel lui avait offert la sienne : comme il ne pouvait lui en donner la clé, ce prétexte servit à Carbon pour refuser la remise. Carbon chercha donc une autre remise. Il y en avait une située rue de Paradis-Poissonnière; il va l'examiner le 28. Il examine cette remise; elle lui convient, il en demande le prix; le portier ne le sait pas, et le renvoie au propriétaire, nommé Mesnager, demeurant rue Neuve-Augustin. Il y va, demande au propriétaire à louer cette remise pour trois ou quatre jours. (Remarquez bien ce fait.) Le pro-

priétaire ne veut pas consentir à louer la remise
pour trois ou quatre jours ; il veut la louer à l'année, moyennant cent francs : alors Carbon promet
vingt-cinq francs ; il donne neuf francs, et promet
de rapporter le surplus le lendemain.

« Le 29 au soir, il va chercher la voiture, alors
il la couvre d'une bâche de toile très-grosse, qui
était très-grande et mouillée. Il arrive ainsi, accompagné de deux individus qui ont été signalés
dans la procédure, et que vous reconnaîtrez ; il
arrive rue de Paradis, introduit la charrette dans
la remise ainsi que le cheval.

« Là, deux individus, dont Saint-Réjant en était
un, entrent avec lui dans la remise, la ferment sur
eux, après avoir allumé leur lanterne à la lumière
du portier. Ces hommes avaient paru suspects à
une des locataires de la maison ; elle avait cru reconnaître en eux des espèces de contrebandiers, de
ces gens qui passent de l'eau-de-vie en fraude.
La curiosité la porta à regarder à travers une fente
du mur, ce qui se passait dans cette remise : quoiqu'elle ne pût pas bien distinguer les figures à la
lueur pâle de la bougie, elle vit parfaitement que
l'un des assistans montait dans la voiture, l'exa-
minait avec soin, et qu'après avoir resté environ
trois quarts d'heure, il était paru.

« Carbon revint le lendemain matin, il demanda à la portière si elle ne pouvait pas lui indiquer un tonnelier. La portière n'en connaissait
pas, il alla en chercher un, et trouva le cit. Louveau, qui travaille chez le cit. Baroux, rue de

l'Echiquier ; il l'amena et lui fit cercler un tonneau.
Cette première matinée fut employée à ce travail.

« Limoelan, dès ce jour, vient examiner le travail ; demande à Carbon par forme de conversation, quel jour il partirait. Il paraît qu'il ne trouva
pas le tonneau convenable ; Carbon en acheta un
autre, dit même au garçon tonnelier qu'il achete-
rait une pièce de Mâcon, et qu'il vînt la cercler.
Il acheta effectivement la pièce de Mâcon, la fit
sécher : le garçon vint la prendre, et la pièce fut
cerclée avec quatre cercles de fer qui furent payés
le lendemain à cinq heures ; car le tonneau avait
été demandé pour cette même heure, moyennant
une pièce de cinq francs.

« Limoelan de son côté avait acheté de la poudre, des blouses. Quelques unes de ces blouses
avaient été portées chez la femme Vallon, chez
laquelle demeurait Carbon. C'était la femme Vallon, où demeurait Carbon, que Limoelan venait
le trouver ; c'était en présence de la femme Vallon
que tous ces ordres étaient donnés, que toutes les
mesures étaient prises.

« Enfin, de son côté, Saint-Réjant avait été
dans la maison de la cit. Jourdan. Un jour, il était
monté en cabriolet, et était venu sur la place du
Carrousel. Il avait feint d'entrer à l'hôtel Longueville : il avait examiné le palais du Gouvernement,
et avait tenu la montre à la main pour calculer la distance. La veille, il était également sorti,
et était venu dans le même cabriolet à l'hôtel Lon-

gueville, faire à peu près les mêmes observations qu'il avait faites la veille.

« Ce fut le même jour que fut emporté de chez la citoyenne Jourdan, un baril de poudre et les blouses bleues.

« Le lendemain, c'était le 5 nivôse, dès le matin, Limoelan vint dans la remise de la rue de Paradis, Limoelan examina la voiture. On y fit faire deux trous par le nommé Roger, mari de la portière, qui était un charron; et ces deux trous, vous en verrez encore la marque sur un des timons.

« Ce même jour, Saint-Réjant va le matin, comme je vous l'ai dit, chez la femme Jourdan, et la veille il avait fait acheter par la fille Jourdan, de l'amadou. Le 5 nivôse il fait couper cet ama-madou en bandes de trois pouces, trois pouces et demi de long sur un pouce de large. Il les fait mettre par la fille Jourdan sur de petits bois souples; on en fait une espèce de sac, et on en fait deux de cette nature. Le même jour, il avait mis sur la cheminée, de la poudre avec un morceau d'amadou d'environ deux lignes; il avait essayé, la montre à la main, de brûler cet amadou, et il calculait le temps que cela devait employer. Il disait que cela devait être brûlé en trois secondes; mais l'amadou ne fut brûlé qu'au bout de vingt. Il réitéra trois fois cette opération. Il sortit, et vint dîner chez la veuve Leguilloux, rue des Prouvaires. Immédiatement après le dîner, il sortit.

« Suivons maintenant Carbon. Carbon et Limoelan couverts de blouses bleues, sortent la voi-

ture de la rue de Paradis; elle était garnie de deux
tonneaux, d'un panier très-lourd, en forme de panier à poisson, qui avait été apporté le matin par
Carbon : elle était garnie de paille; et on avait
même ramassé tout le fumier qui se trouvait dans
l'écurie; Carbon, par l'ordre de Limoelan, qui
était venu le voir la veille, avait doublé la bâche
par derrière, pour qu'on ne vît pas ce qui était
dans la voiture.

« C'est dans cet état qu'ils partent de la rue de
Paradis, qu'ils arrivent à la rue Denis; là, deux
particuliers emportent un des tonneaux, en rapportent un autre, et le placent dans la voiture; ici
Saint-Réjant, vêtu d'une blouse bleue, arrive avec
ceux qui chargent cette barique, et accompagne
Limoelan et Carbon.

« Carbon dit qu'il ne les a accompagnés que jusqu'à la rue des Prouvaires, mais rien dans la procédure ne constate ce fait; tout semble au contraire le démentir, comme j'aurai occasion de le
prouver par la suite.

» Néanmoins la voiture est conduite sur la place
du Carrousel? elle est placée à l'entrée de la rue
Saint-Nicaise. Ce même jour, les malfaiteurs étaient
prévenus qu'on donnerait une représentation du
chef-d'œuvre d'un homme de génie : ce spectacle
devait être aussi représenté au goût du protecteur
des arts. On savait que le premier Magistrat de la
République devait y aller; et c'est précisément
parce que l'on connaissait cette intention, qu'on
avait saisi ce jour et ce moment pour faire usage

de la machine infernale que portait cette voiture.

« Effectivement le premier Consul passe dans la rue Saint-Nicaise à huit heures trois minutes ; et, à l'instant même, une explosion terrible ébranle tout le quartier, cause les plus grands ravages, blesse une quantité considérable de personnes, en tue plusieurs autres, et présente le spectacle le plus horrible qu'il soit posssible d'imaginer.

« Voilà tous les faits qui ont précédé et accompagné cet affreux événement. Voici ceux qui ont suivi.

« Peu de temps après, Saint-Réjant arrive chez la femme Leguilloux. Quel était son état ? ce n'est pas moi qui vais le dire ; c'est Collin, l'un des accusés. « Je l'ai trouvé, dit-il, singulièrement affecté, « crachant le sang, le rendant par les narines, res- « pirant avec peine, le pouls concentré, sans au- « cune espèce de contusion ni de coup à l'extérieur, « et souffrant de fortes douleurs abdominales, « affecté de mal d'yeux et de surdité de l'oreille « gauche ».

« Voilà quel était l'état de Saint-Réjant au moment où, après l'explosion, il arrive chez la femme Leguilloux.

« A l'instant même, arrive Limoelan. On dit qu'il faut envoyer chercher un confesseur et un chirurgien. La femme Leguilloux ne connaît pas de confesseur ; Limoelan s'en charge. La femme Leguilloux envoie chercher Colin. C'est en ce moment que Colin arrive, constate l'état où était Saint-Réjant, et lui donne les secours de son état.

» Dans ce moment aussi était arrivé le confesseur amené par Limoelan. On passe la nuit auprès de Saint-Réjant, et, entre autres, Bourgeois.

« Limoelan avait à s'occuper d'autre soins. Ce Limoelan que Carbon prétend avoir quitté à la rue des Prouvaires, ce Limoelan avait donné rendez-vous à Carbon pour le lendemain. Carbon n'était rentré aussi lui, qu'après l'explosion. Il va trouver maintenant au rendez-vous Limoelan, et Limoelan lui donne deux louis : il lui conseille fortement de se cacher, de rester tranquille chez lui, de ne faire de démarches que celles qu'il lui prescrira.

« Malgré l'état affreux où se trouvait Saint-Réjant, il ne reste point dans la maison de la femme Leguilloux, où il aurait pu demeurer tranquille s'il n'avait rien eu à craindre, mais il se fait transporter dans la maison de la femme Jourdan.

« Là se fait encore une réunion, et de Limoelan, et de Bourgeois, et de Joyau, et de Saint-Hilaire, et de quelques autres; là se tiennent encore des propos relatifs à cette malheureuse affaire. Enfin, de son côté, Limoelan va chez Carbon. Il voit chez Carbon un baril; il ordonne de casser ce baril; il est effectivement cassé. On s'aperçoit qu'il contenait encore un peu de poudre; et tout en le faisant briser, il disait bas à Carbon: *On attribuera ceci aux Jacobins; mais en cherchant les uns, on pourrait trouver les autres.* Et il dit aux filles Vallon : *Voilà du bois, brûlez-le : c'est du bois bien cher.*

« C'est à cette époque aussi qu'il vient chercher

Carbon, et qu'il lui propose de lui donner un asile. Le 7, Carbon accepte, et lui donne un rendez-vous devant le temple de la Victoire, devant l'ancien temple de Saint-Sulpice. Limoelan l'y rejoint; ils vont de là jusqu'à la porte du domicile de l'accusée Champion de Cicé. Limoelan s'y introduit seul. Peu de temps après, l'accusée de Cicé descend. Il paraît qu'elle indique à l'accusée Gouyon de Beaufort et à ses filles l'homme qui attendait dans la rue. Ces trois accusées sortent, disent à Carbon de les suivre, et effectivement le conduisent à la maison qu'occupaient les dames de St-Michel. Là, l'accusée Gouyon de Beaufort s'adresse à l'accusée Duquesne pour faire loger Carbon. Mais l'accusée Duquesne n'avait point de chambre à lui donner. Que fait l'accusée de Beaufort? Elle reçoit dans son appartement l'accusé Carbon, et le fait coucher sur un lit de repos dans son antichambre.

« Vous ne perdrez pas de vue, citoyens jurés, que le fait de l'explosion s'était passé le 3 nivôse. On ne se présente chez l'accusée de Cicé que le 7 nivôse; et par conséquent alors tout Paris était imbu des ordres qui avaient été donnés pour ne laisser ignorer aucun détail à la police, et pour donner tous les renseignemens qui pouvaient lui être utiles.

« C'est dans cette circonstance que Carbon, présenté par Limoelan, indiqué par l'accusée de Cicé, conduit par l'accusée Beaufort et ses enfans, est placé chez l'accusée Duquesne, et soustrait aux regards de la justice.

« Mais, d'un autre côté, la police avait entendu une grande partie des personnes qui avaient eu quelque connaissance des détails dont je viens de vous parler.

« Ceux qui avaient vendu le cheval, la voiture, loué la remise, tous ceux qui avaient travaillé pour Carbon, étaient témoins de ses démarches. On eut la certitude que le signalement donné par tous ces citoyens était le même que celui qui se trouvait chez le ministre de la police générale pour Carbon. Alors on découvrit le domicile de Carbon; alors on sut qu'il avait demeuré chez sa sœur Vallon, et qu'il y était depuis deux mois. On apprit toutes les démarches qui avaient eu lieu, et dont je viens de vous rendre compte. On arrêta la femme Vallon et ses filles. Elles furent interrogées, et on découvrit l'asile de Carbon.

« Ce fut le 28 qu'il fut arrêté dans la maison dont je viens de vous parler. Il s'était sauvé de sa chambre : mais on le trouva dans une autre, on s'aperçut qu'il venait de quitter son lit; on trouva un billet adressé par Limoelan, billet où il l'engageait à rester tranquille, où il disait qu'il ne l'abandonnerait pas; billet apporté par l'accusée de Cicé, qui avait dit que s'il voulait répondre, il n'avait qu'à s'adresser à elle.

« C'est dans ces circonstances que Carbon est arrêté, et l'alarme se met parmi tous ceux qui savent cette arrestation.

» Bientôt Saint-Réjant, qui était chez la femme Jourdan et qui avait des craintes, quitte la maison de la femme Jourdan, où il avait soupé, pour revenir rue des Prouvaires. Alors Coster et Saint-Hilaire viennent chez elle pour avertir Saint-Réjant que Carbon était arrêté; et comme cette nouvelle paraissait extraordinairement importante pour lui, Saint-Hilaire le pressa de monter avec lui, et le conduisit en cabriolet rue des Prouvaires. La femme Jourdan lui porta cet avis. Saint-Réjant parut furieux, frappa du pied, de colère, et se plaignit de ce qu'on avait indiqué son domicile à cet homme, qu'il regardait comme suspect. En conséquence, il veut quitter la maison. Bourgeois lui propose de venir chez lui; et il paraît que, d'asile en asile, Saint-Réjant a perpétuellement couché de côté et d'autre. Il paraît que, comme les circonstances étaient devenues singulièrement difficiles, que comme la terreur s'était mise dans le parti et parmi tous ceux qui avaient eu part à l'action, il paraît que Limoelan avait résolu de ne plus se montrer et de n'avoir aucune espèce de liaison avec tous ceux qui en avaient eu jusque-là avec lui.

« Saint-Réjant se trouva dans l'abandon. Ce fut le 8 pluviôse qu'il fut arrêté, sortant de l'hôtel du Nord, dans la rue du Four, et qu'il fut traduit devant la justice. Voilà, citoyens jurés, les faits. Je ne vous parlerai pas des défenses des accusés. L'acte d'accusation vous en a présenté le tableau; ils les développeront pendant les débats, et leurs défenseurs les présenteront encore après la discussion.

« J'ai oublié de vous parler des faits relatifs à Lavieuville et sa femme. Cependant je les avais indiqués dans le tableau primitif. Lavieuville et sa femme ont été arrêtés; d'abord parce que Lavieuville avait fait donner un logement à Limoelan, et qu'il était lié avec ce même Limoelan; parce que les armes qui avaient été achetées par le même, et essayées par lui et par Saint-Réjant, avaient été apportées dans le domicile de Lavieuville, et qu'une des caisses a été trouvée, lors de la perquisition faite, dans ce même domicile.

« Si, parmi les immenses détails de cette affaire, il m'en était échappé quelques-uns d'importans, votre attention les saisira pendant la discussion.

« S'il m'était échappé quelques inexactitudes, ce qui ne pourrait être que la faute de ma mémoire, je m'empresserai de réparer ces erreurs involontaires, lorsque j'examinerai les charges qui s'élèveront contre les accusés.

« Enfin, citoyens jurés, si la rigueur de mon ministère m'impose le pénible devoir de conclure contre quelques coupables, puissé-je au moins en être dédommagé en trouvant l'occasion de proclamer le triomphe de quelques innocens! »

On passe à l'audition des témoins à charge.

1er témoin. *Jean Lambel*, grainetier, reconnaît l'accusé Carbon, et déclare que c'est à lui, amené par Brunet, qu'il a vendu la voiture et le cheval au prix de 200 francs. — Il reconnaît les débris de la charrette. — Carbon ne se nomma pas; il dit à

Lambel qu'il était marchand forain, et que la voiture était destinée à un transport de toiles.

Carbon répond que tout cela est vrai: qu'il agissait pour le compte de Limoelan, lequel devait lui faire cadeau du cheval et de la charrette après en avoir usé. — Il avoue avoir servi avec les chouans contre les Français, sous Puisaye et Bourmont. — C'est lui qui a loué, rue de Paradis, la remise où a été placée la charrette, et où Limoelan et Saint-Réjant ont été la voir. — C'est lui qui a acheté la bâche et les tonneaux. — Il a dit au tonnelier que le tonneau était pour mettre de la cassonnade. — Il a, d'après l'ordre de Saint-Réjant et de Limoelan, changé le tonneau, et l'a fait cercler en fer. — Il a porté, de la rue Montorgueil, dit-il à la remise, un panier fort lourd, qui contenait les matières mises dans le tonneau, avec les pois et les lentilles qu'il avait achetés chez Lambel. — Il est parti de la remise, le 3 nivôse, vers les quatre ou cinq heures du soir, avec la charrette, le tonneau et les blouses. Arrivé à la porte Saint-Denis, Limoelan a fait enlever le tonneau par deux commissionnaires, qui l'ont replacé sur la charrette une demi-heure après. Il a conduit la charrette, avec Limoelan et Saint-Réjant jusqu'à la rue Neuve-Saint-Eustache. Là, Limoelan l'a renvoyé, et il s'est promené jusqu'à huit heures du soir. — Il a porté chez sa sœur la poudre qu'on y a trouvée, et que Limoelan lui avait donnée. Après l'explosion, il s'était caché chez sa sœur. Limoelan alla l'y chercher, parce qu'on au-

rait pu l'y découvrir; le conduisit chez madame de
Cicé, puis, avec les dames Gouyon, chez madame
Duquesne. — En quittant la remise, il croyait
conduire la charrette à Versailles, chez la mère de
Limoelan.—Il se cachait parce qu'il ne croyait pas
ses papiers en règle. — Il suppose que les dames
Gouyon le prenaient pour un émigré. — Il avait
apporté chez sa sœur les cartouches qu'on y a sai-
sies. — Il a acheté les blouses.

Le président demande à Saint-Réjant ce qu'il a
à répondre aux déclarations de Carbon.

Saint-Réjant nie tout. Il prétend qu'il était
brouillé avec Georges depuis dix mois ; qu'il
n'est venu à Paris que pour se faire traiter d'une
maladie fort grave, et pour se faire rayer de la
liste des émigrés. Joyau lui avait procuré un logement chez la dame Leguilloux.

Le Président. Ne vous êtes-vous pas réuni avec
Saint-Hilaire, Joyau, Limoelan, Bourgeois et plusieurs autres?

Saint-Réjant. Il n'y a pas eu de réunion.
Comme j'étais malade, quelques-uns de ces individus sont venus me voir.

Le Président. Vous donniez souvent à manger?

Saint-Réjant. Je n'ai eu qu'une ou deux personnes à manger, encore c'était pour me tenir compagnie.

Le Président. Remarquez que vous n'aviez pas
donné congé du logement que vous occupiez chez
la femme Leguilloux; et néanmoins, le 26 ou 27
frimaire, au moment où la charrette et le cheval

sont achetés, vous prenez la précaution de prendre un autre logement chez la veuve Jourdan, sans avoir donné congé de celui que vous occupiez chez la femme Leguilloux; et vous ne couchez pas dans ce logement à l'instant même, vous n'y couchez que quelques jours après le 3 nivôse.

Saint-Réjant. Etant incommodé, et l'air de la rue d'Aguesseau étant très-pur, puisque ce logement était élevé au troisième, voilà la raison pourquoi j'ai pris cet appartement.

Le Président. A quelle personne avez-vous succédé dans ce logement?

Saint-Réjant. Je n'en sais rien.

Le Président. Vous avez succédé à un nommé Girod, que vous connaissiez, et qui était un Anglais ?

Saint-Réjant. Je ne l'ai jamais vu.

Le Président. Le 2 nivôse, n'avez-vous pas fait acheter de l'amadou ?

Saint-Réjant. J'en ai fait acheter le 19 ou 20 nivôse. Comme j'étais habitué de fumer à la mode de l'Amérique, c'est-à-dire, en cigares, j'ai fait arranger de l'amadou pour y mettre du tabac à fumer.

Le Président. Ce n'est pas avec de l'amadou qu'on fait cela.

Saint-Réjant. Pardonnez-moi.

Le Président. Vous avez été prévenu de l'arrestation de Carbon?

Saint-Réjant. J'ai reçu un billet, à la vérité, qui n'était signé de personne.

Le Président. Vous connaissez l'écriture de Saint-Victor ?

Saint-Réjant. Je vous demande pardon.

Le Président. Pourquoi aurait-il été vous prévenir de l'arrestation de Carbon ?

Saint-Réjant. Je n'en connaissais pas les motifs ; jamais Saint-Victor ne m'avait écrit.

Le Président. Pourquoi vous êtes-vous fâché contre le porteur ?

Saint-Réjant. Saint-Victor et moi n'étions pas bien ensemble ; j'étais étonné qu'on dit ma demeure, parce que n'étant point en règle, je craignais qu'on ne sût ma demeure.

Le Président. Vous voyez qu'au contraire Saint-Victor voulait vous rendre un grand service ; il voulait vous prévenir de l'arrestation de Carbon.

Saint-Réjant. Je ne sais pourquoi ; cela ne me regardait nullement.

Le Président. Cependant cela vous regardait si bien, que vous n'avez plus couché chez la veuve Jourdan.

Saint-Réjant. En voici la raison : ayant été me chercher chez la veuve Jourdan, donc j'étais suspect ; et tout homme suspect, il est tout simple qu'il prenne des précautions pour n'être pas pris.

Le commissaire du Gouvernement. C'est parce que vous pouviez penser que Carbon étant arrêté, tous ceux qui avaient pris part au complot seraient connus.

Saint-Réjant. Ce n'est pas cette raison-là, puisque je n'ai eu aucune espèce de part à ce complot, et n'en avais aucune connaissance; c'est parce que je n'étais pas en règle : je craignais d'être du nombre de ces derniers.

Le Président. A quelle heure êtes-vous arrivé chez la femme Leguilloux le 3 nivôse au soir?

Saint-Réjant. A huit heures et demie neuf heures.

Le Président. N'étiez-vous pas extrêmement malade?

Saint-Réjant. Elle l'a déclaré; vous le savez.

Le Président. Le 2 nivôse vous avez fait acheter de l'amadou : le 3 nivôse vous avez fait une expérience; vous avez mis de la poudre sur de l'amadou, et vous avez dit à la fille Jourdan, qui sera entendue comme témoin, qu'il fallait que cette poudre prît dans deux secondes : vous avez même recommencé cette expérience trois fois de suite, et comme elle n'a pas réussi, vous êtes sorti.

Saint-Réjant. La fille Jourdan en a imposé, si elle a dit cela; c'est faux. J'ai dit : Le bon amadou doit partir dans trois secondes.

Le Président. Vous avez mis de la poudre sur l'amadou.

Saint - Réjant. Je demande pardon; pas de poudre.

Le Président. Vous soutenez que vous n'avez pas été à la remise rue de Paradis?

Saint-Réjant. Je le soutiens.

Le Président. Que vous n'avez pas donné l'ordre d'acheter un autre tonneau, parce que celui acheté ne valait rien; que vous n'avez pas mis de blouse?

Saint-Réjant. Non, citoyen.

Le Président. Une blouse a été trouvée chez vous avez un petit baril de poudre.

Saint-Réjant. C'est un petit baril dans lequel il y avait une livre, une livre et demie de poudre. Plusieurs individus avaient apporté cette poudre; cela n'est pas étonnant, parce qu'ils avaient un permis de port d'armes : quand on a des armes, il faut avoir de quoi les charger.

Le Président. Ils avaient un permis de port d'armes?

Saint-Réjant. Du préfet de leur département.

Le Président. C'étaient Joyau et Saint-Hilaire?

Saint-Réjant. Mad. Leguilloux a dit que c'é-taient eux.

Le Président. C'était de la poudre fabriquée en fraude?

Saint-Réjant. Je n'ai pas eu la curiosité de la regarder.

Le Président. C'était de la poudre pour mettre dans la machine infernale?

Saint-Réjant. Ils ne m'en ont jamais parlé. Je les crois incapables de tremper dans un pareil projet.

Le Président. Et la blouse?

Saint-Réjant. J'ai demandé aux individus ce qu'ils voulaient faire de cette blouse.

Le Président. Qu'ont-ils dit?

Saint-Réjant. Que c'était pour se masquer.

Le Président. Ce n'était pas au carnaval.

Saint-Réjant. On en parlait dès-lors. Voilà leur réponse.

Le Président. Rendez compte aux citoyens jurés de votre conduite le 3 nivôse.

Saint-Réjant. Ma conduite le 3 nivôse? Voudriez-vous bien me faire connaître les citoyens jurés? je n'ai pas l'honneur de les connaître.

Le Président. Ce sont les personnes qui sont devant vous.

Saint-Réjant. Vous dites le 3 nivôse? J'ai sorti de la maison où je demeurais, rue des Prouvaires, pour aller au théâtre des Élèves, rue de Thionville. Là, j'entrai dans un café, qu'on appelle café de Foi ou Saint-Foix. J'entendis donc qu'on donnait une nouvelle pièce aux Français, actuellement le théâtre de la République. Je demandai à des individus si la chose était vraie; ils me répondirent qu'elle était vraie, qu'on donnait une nouvelle pièce; il me donnèrent le nom, *la Création du nouveau Monde.* Je dis, je vais m'y rendre, parce que mon intention était d'aller au théâtre des Élèves. En attendant, je revins par la place du Carrousel, et me trouvai dans la rue de Malte, près d'une grille qui va droit au Palais-Royal, où l'explosion se fit sentir. Je fus très-maltraité, comme différentes autres personnes qui se trouvaient dans le voisinage. Et alors deux individus, dont je ne sais pas le nom, un militaire habillé en gendarme, et un autre particulier, me prirent par-dessous les bras, et demandèrent où je demeurais. Je dis que je demeurais près de la rue des Prouvaires; ils me conduisirent près de la rue des Prouvaires, et me demandèrent si je voulais prendre quelque chose. Je dis, bien des remercîmens; et j'arrivai chez Mad. Leguilloux. Voilà ce qui m'est arrivé le 3 nivôse.

Le Président. Vous deviez aller à l'Opéra?

Saint-Réjant. Au théâtre de la République.

Le Président. A quelle heure êtes-vous rentré chez la femme Leguilloux?

Saint-Réjant. Environ sur les huit heures et demie neuf heures.

Le Président. Avez-vous entendu l'explosion?

Saint-Réjant. J'en ai été atteint, citoyen.

Le Président. Vous vous trouviez donc là par hasard?

Saint-Réjant. Oui, par hasard; car je ne m'y serais pas trouvé si je l'avais su.

Le Président. Il paraît que vous vous étiez chargé de mettre le feu. Les expériences que vous aviez faites le matin de l'amadou avec la poudre et les mèches qui devaient partir en deux secondes, tout indique que c'est vous qui avez mis le feu à la machine. Vous aviez même fait faire deux mèches; et le lendemain vous n'en aviez plus qu'une.

Saint-Réjant. Oui, mais c'était pour fumer; on fume très-bien avec l'amadou en rouleau.

Le Président. Vous vous rappelez les lettres trouvées chez la femme Leguilloux?

Saint-Réjant. Je n'ai aucune connaissance de ces lettres.

Le Président. Je vais vous les rappeler. En voici une signée GÉDÉON; et Gédéon, c'est Georges.

Saint-Rejant. Je n'en ai jamais eu connaissance.

Le Président lit : « Mon cher Soyer, je reçois
« de tes nouvelles par tes deux amis. Pour toi, tu
« n'as pas encore appris à écrire. Hélas! les quinze
« jours sont passés; les événemens s'avancent d'une
« manière effrayante. Si les malheurs continuent,
« je ne sais ce que nous deviendrons tous. En toi
« seul est toute notre confiance et notre espérance.
« Tes amis se rappellent à ton souvenir; ils te re-
« commandent leur sort. Adieu. Ton sincère ami.

« GÉDÉON. »

Et plus bas :

« Nous attendons de tes nouvelles à tous les
« courriers. »

Il paraît que Georges ne savait pas quel avait été le résultat de la machine infernale ; qu'il était impatient d'en savoir des nouvelles, et qu'il avait écrit à cet effet : et aussi a-t-on trouvé dans la même chambre la réponse préparée à cette lettre-là. La voici :

Cette lettre était adressée à.....

On saisit sous votre lit une lettre d'une écriture contrefaite, dans laquelle, après avoir parlé de la manière la plus vague d'objets de commerce, on rend un compte circonstancié de l'explosion du 3 nivôse; on explique les raisons pour lesquelles l'événement n'a pas répondu à l'attente de ses au-

teurs. Les expressions annoncent des connaissances particulières de cet événement. Les voici : « L'in-
« dividu qui devait exécuter le projet, privé des
« renseignemens qu'on devait lui donner, ne fut
« averti de l'arrivée du premier consul que quand
« il le vit. Il n'était pas, comme on l'avait assuré,
« précédé d'une avant-garde. Cependant il se dis-
« posa à remplir son dessein. À ce moment, le
« cheval d'un grenadier le poussa rudement contre
« le mur, et le dérangea; il revint à la charge, et
« mit le feu de suite. La poudre ne se trouva pas
« aussi bonne qu'elle l'est ordinairement; son effet
« fut de trois secondes, d'après le calcul, plus
« long qu'il devait l'être. Sans cela, le premier
« consul périssait inévitablement. »

Il est certain que la personne qui a écrit cette lettre-là, a une connaissance parfaite de la chose. Cette lettre s'est trouvée chez vous, dans le domicile que vous occupiez.

Saint-Réjant. Il y avait un mois que je n'avais mis le pied dans cette chambre.

Le Président. Vous y avez couché le 3 nivôse. Cette chambre renfermait les objets qui vous appartenaient.

Saint-Réjant. Je n'avais rien dans cette chambre; je n'y étais pas entré depuis le 3 nivôse. Je n'ai jamais vu cette lettre; je défie qu'on puisse me le prouver.

Le Président. Qui vous a remis cette lettre?

Saint-Réjant. Je l'ai entendu lire lorsqu'on m'a interrogé.

Le Président. Vous ne pouvez prétendre que la lettre du 29 décembre 1800 ne vous est point adressée, puisqu'elle commence par ces mots : « Mon cher Soyer». Vous êtes entré chez la veuve Leguilloux sous le nom de Soyer ; vous aviez une fausse carte de sûreté sous ce nom là.

Saint-Réjant. Ce n'est pas une raison. Tous les jours des ennemis peuvent adresser des lettres. Ce n'est point une raison. Ces lettres, qu'on prouve que je les ai eues.

Le Président. La preuve résulte de ce qu'elles se sont trouvées dans votre chambre.

Le commissaire du Gouvernement. Le procès-verbal contient la preuve légale de l'endroit où elles ont été trouvées.

Saint-Réjant. Vous pouvez avoir des effets chez vous, et que vous ignoriez, surtout quand vous n'habitez pas cet endroit. La cit. Leguilloux peut le dire.

Le Commissaire. Cela coïncide avec tout le reste.

Le Président. Quelles sont les personnes qui ont été vous voir le soir du 3 nivôse?

Saint-Réjant. Je ne me le rappelle pas. Madame Leguilloux l'aura dit.

Le Président. J'interrogerai la femme Leguilloux à son tour ; répondez aux questions que je vous fais. Le soir vous vous êtes trouvé incommodé ; vous prétendiez que des tuiles vous étaient tombées sur la tête, et aucune contusion extérieure n'a paru !

Saint-Réjant. Ce qu'il y a de sûr, c'est que j'étais très-incommodé, et fus frappé.

Un Juré. Comment était-il habillé ce jour-là?

Saint-Réjant. J'avais un pantalon gris que j'ai sur moi, ce gilet noir-là, et une petite veste en carmagnole.

Le Président. Bourgeois est-il venu vous voir le 3 nivôse au soir?

Saint-Réjant. Je ne me le rappelle pas.

Le Président. Il a couché dans votre chambre.

Saint-Réjant. Je sais bien; mais comme j'étais très-incommodé, je n'ai pas remarqué.

Le Président. Avez-vous déclaré à l'accusé Collin quelle était la cause de votre indisposition?

Saint-Réjant. J'ai dit au cit. Collin que j'avais été par hasard dans la rue; que j'avais été atteint comme beaucoup d'autres.

Le Président. Vous avez dit que vous aviez fait une chute.

Saint-Réjant. Je vous demande pardon.

Le Président. Vous n'avez pas dit que vous aviez été atteint; vous avez dit seulement : Je suis très-malade; soignez-moi.

Saint-Réjant. J'ai dit que j'étais très-malade.

Le Président. Il était infiniment plus naturel de déclarer tout de suite que vous aviez été blessé.

Saint-Réjant. Oui; mais premièrement il fallait me soigner.

Le Président. Vous ne l'avez pas déclaré à l'accusé Collin. L'accusé Collin a dit que vous ne lui aviez pas déclaré la cause de votre indisposition, et qu'il en avait été étonné, parce que quelque temps après il avait trouvé votre état tellement changé, que vous étiez sourd d'une oreille.

Saint-Réjant. J'ai toujours été incommodé de cette oreille-là; le cit. Collin a pu s'en apercevoir.

Le Président. N'est-ce pas parce que vous avez mis le feu à la machine, et que vous n'avez pas eu le temps de vous sauver assez loin?

Saint-Réjant. J'étais dans la rue de Malte; j'y fus atteint par différentes choses : les ardoises tombaient de tous côtés; mes oreilles s'en sentirent.

Le Président. L'explication de ceux qui ont vu manquer l'opération, prouve bien que vous en aviez connaissance.

Saint-Réjant. Ce n'est pas moi qui ai écrit cette lettre, ni qui l'ai reçue; je n'avais aucune connaissance de cela.

Le Président. Avez-vous dit à la femme Leguilloux quelle était la cause de votre indisposition? Il était naturel de vous expliquer sur l'effet de l'explosion.

Saint-Réjant. Je me rappelle avoir dit devant elle que c'était une espèce d'explosion.

Le Président. Puisque vous étiez rue de Malte, vous auriez dû savoir par les personnes de cet endroit quelle était la cause, comment la chose s'était passée.

Saint-Réjant. J'ai dit que c'était une détonation terrible, et que je n'en connaissais pas la cause; mais j'ai été atteint et suffoqué.

Le Président. Vous n'avez pas été atteint de tuiles ni d'ardoises?

Saint-Réjant. Je vous demande pardon.

Le Président. Les tuiles vous auraient fait une marque.

Saint-Réjant. La preuve de cela, c'est que, sans être blessé comme je l'étais, je n'aurais pas craché le sang.

Le Président. N'avez-vous pas été saigné?

Saint-Réjant. Oui.

Le Président. N'a-t-on pas fait venir un confesseur?

Saint-Réjant. Eh bien oui!

Le Président. Quel est ce confesseur?

Saint-Réjant. Je n'en sais pas le nom.

Le Président. Qui a été chercher ce confesseur?

Saint-Réjant. Je n'en sais rien.

Le Président. Vous savez bien que c'est Limoelan.

Saint-Réjant. Je ne pourrais le dire; je n'en sais rien.

Le Président. N'est-ce pas Bourgeois qui a été chercher Collin?

Saint-Réjant. Je ne me le rappelle pas. Comme j'étais couché, je ne faisais pas attention aux personnes.

Le Président. Le lendemain, vous êtes-vous fait saigner, le 4 nivôse?

Saint-Réjant. Oui.

Le Président. N'y a-t-il pas eu une réunion avec

Limoelan et Saint-Hilaire, dans la maison de la veuve Jourdan ?

Saint-Réjant. Non.

Le Président. Il y en a eu une ; vous le savez.

Saint-Réjant. Ces messieurs sont venus me voir.

Le Président. N'a-t-on pas parlé de l'événement de la veille ?

Saint-Réjant. On en a parlé d'une manière vague.

Le Président. Non, mais d'une manière très-précise. On a dit que si le premier Consul l'avait manqué deux fois, il ne le manquerait pas la troisième. Le propos a été tenu ; la fille Jourdan le dépose.

Saint-Réjant. La fille Jourdan est une menteuse, si elle a dit cela ; certainement ces messieurs ne tinrent pas ce propos-là.

Le Président. Ce propos a été tenu le 4 ; et tout prouve que c'est chez la femme Leguilloux que vous vous rassembliez, et que vous avez pris les précautions nécessaires pour méditer votre projet.

Saint-Réjant. La femme Leguilloux peut dire qu'elle n'a vu ni poudre ni rien chez moi ; elle est trop honnête pour ne pas le dire.

Le Président. Carbon n'est-il pas venu vous apporter du vin chez la femme Leguilloux ?

Saint-Réjant. Carbon ?

Le Président. Oui.

Saint-Réjant. Il vient de vous le dire dans l'instant.

Le Président. Je vous le demande. Vous n'êtes pas d'accord sur tous les faits. A-t-il été vous porter du vin ?

Saint-Réjant. Oui.

Le Président. De la part de qui ?

Saint-Réjant. De la part de M. Limoelan.

Le Président. Limoelan vous envoyait donc du vin?

Saint-Réjant. Cela n'est pas étonnant. Ayant servi ensemble, il savait que j'étais incommodé; il m'envoyait du vin pour me traiter.

Le Président. Quelles sont les personnes qui, depuis le 3 nivôse, vous ont apporté cinq cents francs chez la femme Jourdan ?

Saint-Réjant. Je ne les connaissais pas.

Le Président. Vous convenez donc que Limoelan vous a envoyé cinq cents francs?

Saint-Réjant. Il me les a prêtés.

Le Président. Vous ne savez pas quelles sont ces personnes ?

Saint-Réjant. Elles me les remirent de sa part seulement.

Le Président. N'avez-vous pas dit que c'étaient des ex-religieuses?

Saint-Réjant. Non, je ne l'ai pas dit. Elles pouvaient avoir l'air de cela. Je ne l'ai pas dit du tout.

Le Président. Ce sont deux filles?

Saint-Réjant. Je ne sais leur état, ni leur nom, ni rien.

Le Président. Est-ce l'accusée Duquesne ?

Saint-Réjant. Jamais je n'ai vu Mme Duquesne.

Le Président. La veuve Gouyon-Beaufort?

Saint-Réjant. Non.

Le Président. L'accusée de Cicé?

Saint-Réjant. L'accusée de Cicé non plus.

La veuve *Vallon* déclare qu'elle blanchissait Châteauneuf, Joyau, Saint-Hilaire, Coster. Elle reconnaît pour vrais tous les faits la concernant, qui sont avoués par son frère Carbon. Elle soutient n'avoir jamais rien entendu, quoiqu'elle n'eût qu'une chambre, des conversations auxquelles se livraient les prévenus lorsqu'ils se réunissaient chez elle.

Mademoiselle de *Cicé* avoue avoir conduit Carbon chez madame Duquesne; mais elle nie que Carbon lui ait été amené par Limoelan.

Carbon persiste à affirmer, et mademoiselle de *Cicé* à nier.

Le Président. N'avez-vous pas été trouver Carbon dans sa chambre, chez l'accusée Duquesne?

De Cicé. Je l'ai vu après : j'ai été savoir l'effet de ma recommandation.

Le Président. Ne lui avez-vous pas apporté le billet écrit par Limoelan ?

De Cicé. Non, citoyen.

Le Président. Vous avez entendu Carbon déclarer que c'était vous qui lui aviez remis ce billet.

De Cicé. On me l'a présenté nombre de fois. La première, c'est à la préfecture. J'ai déclaré que je ne connaissais pas ce billet, et que je ne l'avais pas vu.

Le Président. Carbon, persistez-vous à déclarer que c'est l'accusée de Cicé qui vous a remis le billet de Limoelan.

Carbon. Oui, citoyen.

Le Président. Persistez-vous à déclarer également

qu'elle vous a dit qu'elle se chargerait de la réponse, s'il y en avait une à faire?

Carbon. Oui, citoyen.

Le Président. Accusée de Cicé, expliquez-vous.

De Cicé. Si je l'avais fait, c'eût été d'une manière aussi innocente que le reste : pourquoi le désavouerai-je?

Le Président. Vous voyez que Carbon a déclaré que le billet était remis par vous.

De Cicé. S'il n'avait pas intention d'en imposer, il s'est trompé à cet égard-là; je ne l'ai point vu.

Le Président. Ce billet est bien connu pour être de l'écriture de Limoelan.

Le commissaire. S'il faut vous en croire, accusée de Cicé, c'est le jour même où Carbon s'est en allé avec les accusées Gouyon-Beaufort, qu'on vous a parlé de lui donner un asile. C'est une personne que vous ne voulez pas nommer. Quel motif a-t-elle donné pour demander cet asile?

De Cicé. Le motif que j'ai moi-même donné à madame Duquesne et à ces dames. On m'avait dit qu'il se trouvait sans papiers, ou que ses papiers n'étaient pas en règle; il demandait un asile pour un moment : je ne sais même si c'était pour la nuit seulement, car c'était ma recommandation. Je ne savais s'il y était ou n'y était pas : il avait demandé cet asile; je n'ai pas eu le temps de la réflexion. Si madame de Gouyon ne s'était pas trouvée là en ce moment, je n'aurais pas procuré ce logement : mais madame de Gouyon était là; la personne dont j'ai parlé me dit : Voulez-vous proposer à madame

Duquesne si elle veut procurer un logement pour le moment à cet homme embarrassé pour la circonstance ? Je le regardai comme quelqu'un qui était pauvre, et qui n'était pas en règle tout-à-fait: Voilà la vérité. J'ai également demandé si c'était un honnête homme, un homme sûr; on m'a dit qu'oui, et je l'ai dit à Madame de Gouyon.

Le Président. Comment l'accusée Gouyon et ses filles se sont-elles trouvées chez vous?

De Cicé. Elles étaient venues me voir : il ne peut y avoir aucune connexité entre cette visite et l'affaire.

Le Président. Vous la voyiez fréquemment ? N'était-elle pas venue chez vous exprès pour conduire Carbon rue Notre-Dame-des-Champs?

De Cicé. Je vous proteste que cela ne peut être.

Le Commissaire. Je vous fais observer, accusée de Cicé, que différentes circonstances des procès-verbaux semblent démentir vos assertions : par exemple, s'il était vrai qu'on ne vous eût parlé qu'à cet instant-là de Carbon, qu'il n'eût pas été pris des mesures pour le faire aller rue Notre-Dame-des-Champs, il eût été impossible que Carbon fût instruit d'avance qu'on le menerait chez des sœurs où il serait fort bien; il fallait qu'on eût parlé nécessairement, puisqu'il en avait instruit Carbon. D'après cela, ce n'était pas à cet instant-là qu'on en avait parlé.

Le Président. Accusée de Cicé, qu'avez-vous à répondre à l'observation du commissaire du gouvernement?

De Cicé. Une autre preuve que l'accusé Carbon n'était point attendu, c'est que madame Duquesne n'avait pas d'appartement prêt : il n'était nullement attendu, bien certainement; c'est la vérité toute pure. Madame de Gouyon se trouvant là, je l'ai priée de le proposer; de sorte que je ne savais pas l'événement, si cela avait réussi ou non.

Le Président. Vous aviez connaissance de l'événement du 3 nivôse?

De Cicé. Oh! très-sûrement, et je l'avais bien déploré.

Le Président. Alors vous n'auriez pas dû recevoir aussi légèrement un homme soupçonné d'être dans cette affaire-là. Expliquez-vous sur une lettre, sous la date du 29 octobre 1800, par laquelle on annonce l'espoir de voir rétablir prochainement en France une ancienne corporation.

De Cicé. J'ai dit que cela avait rapport à une nouvelle société établie en Italie ou en Allemagne.

Le Président. Quelle est la personne qui vous a écrit cette lettre?

De Cicé. J'ai refusé aussi de la nommer.

Le Président. On a trouvé chez vous une bourse sur laquelle était une étiquette; on voit sur cette étiquette : *Bourse de ces messieurs.*

De Cicé. J'ai déjà expliqué ce que c'était. J'avais été chargée de quelques aumônes pour le culte, dans le temps qu'il a été rétabli. Je m'occupais de ces objets-là; j'ai fait des quêtes : c'était le fruit de quêtes pour le culte.

Le Président. Expliquez-vous aussi sur le billet

écrit sur de la fine gaze. On y lit ces expressions :

« L'abbé de B. est ici pour les mêmes fins que
« M. B. Il a fait l'acquisition de deux bons com-
« pagnons. »

De Cicé. Je l'ai expliqué aussitôt qu'on me l'a
montré. J'ai cru que cela signifiait que l'abbé de
Broglie était occupé de la formation de cette société dont j'ai parlé. Elle devait être établie en
Italie ou en Allemagne : j'ai vu même la chose
constatée dans les journaux.

Le Président. Pourquoi ce billet était-il écrit
sur de la gaze?

De Cicé. Je n'en sais rien. C'est le seul que j'aie
reçu de cette manière-là.

Le Président. Qui vous a remis cette lettre?

De Cicé. Une femme de mes amies.

Le Président. D'où venait-elle?

De Cicé. Elle était de Londres.

Le Président. On y trouve d'autres expressions
également remarquables; entre autres : « Je crois
« que ceux de la morale sont très bons; mais s'ac-
« corderont-ils avec la R..... et l'ancienne équi-
« té? » Qu'entendait-on par-là?

De Cicé. C'est de la religion qu'on a parlé. Je
n'ai pas eu d'autre explication.

Le Président. Mais ces deux compagnons dont
on parle?

De Cicé. C'est par rapport à cette société; tout
cela a trait à la même chose.

Le Président. On parle de commerce; il n'en

était pas question. Il y a du mystère dans toutes ces lettres-là.

De Cicé. Je ne crois pas qu'il soit question de commerce; je me trompe peut-être.

Le Président. Il y en a d'autres. Quels étaient les deux compagnons dont on parlait?

De Cicé. C'est précisément de la société religieuse que je parle, de la société établie en Allemagne ou en Italie. Le chef s'appelle Paccanali.

Le Président (il lit): « Ces principes s'accorderont-ils avec la religion et l'ancienne équité? » Il en résulte que la chose dont on lui parlait ne s'accordait point du tout avec les principes de la religion et de l'équité. C'est le sujet de ces phrases et de cent autres qui blessent les convenances. Et vous persistez à ne pas nommer la personne qui vous a indiqué Carbon?

De Cicé. Je proteste que tout ceci est nouveau pour moi. Je n'avais pas entendu parler de cela.

Le Président. Et vous dites que Limoelan n'est pas venu chez vous le 7 nivôse?

De Cicé. Non, citoyen.

La femme Leguilloux. Joyau lui a présenté St.-Réjant sous le nom de Sollier. — Limoelan, Saint-Hilaire, Joyau, Bourgeois, le visitaient souvent.— Elle n'a jamais prêté attention à ce qu'ils disaient. — Elle tient de Limoelan que Saint-Réjant se plaignait, en rentrant, d'avoir été renversé par un cheval.

Veuve Gouyon-Beaufort. Mademoiselle de Cicé l'a priée d'engager madame Duquesne à loger un homme embarrassé. Madame Duquesne promit un logement pour le lendemain, et la veuve Gouyon donna à coucher la première nuit à Carbon. — Liée avec un grand nombre de chouans, elle était revenue récemment de Londres, et avait apporté des lettres à mademoiselle de Cicé. — Aux nombreuses questions que lui fait le président et sur les motifs de sa déportation, et sur ses liaisons avec les chouans de la Bretagne et de Paris, elle répond par des dénégations.

Le Président. Femme Duquesne connaissez-vous l'accusée de Cicé?

La femme Duquesne. Oui, citoyen.

Le Président. Y a-t-il long-temps?

La femme Duquesne. A peu près quinze ans.

Le Président. Allait-elle souvent chez vous?

La femme Duquesne. Assez ordinairement; peut-être une fois, deux fois par mois; quelquefois moins souvent.

Le Président. Ne vous a-t-elle pas parlé de Carbon à l'époque du 7 nivôse.

La femme Duquesne. Non; mais d'abord je dois remonter plus haut, afin de vous apprendre les motifs qui m'ont fait faire cette action. A mon premier interrogatoire, je n'avais pas les faits très-présens. L'appareil de mon arrestation me mit dans un grand trouble, et plus encore le motif de me voir arrêtée pour une cause aussi affreuse que cette atrocité, absolument opposée à mes principes, à mon état et à ma religion. Je fus accablée. L'interrogateur ne m'interrogea pas le même jour,

et on me jeta au dépôt de la préfecture. A ce mot
de dépôt de la préfecture, l'on se figure dans quelle
situation je me trouvai. J'y restai trois jours. On
fit mon interrogatoire. Je n'avais pas même une
idée à moi. Alors je dis que je croyais que mademoiselle de Cicé m'avait prévenue pour loger
Carbon. Mais transférée aux Madelonettes, je
compris que j'avais droit d'espérer dans l'équité
du Gouvernement, et que, pour être accusée,
je n'étais point coupable. Alors je revins sur mon
interrogatoire, et je rapportai le motif unique.
Quand madame de Gouyon amena le cit. Carbon,
elle me l'amena de la part de mademoiselle de Cicé.
Je n'avais pas d'endroit : je dis qu'il n'était pas possible de le loger. Il était sept ou huit heures, et il
tombait une pluie épouvantable; nous étions dans la
cour, parce qu'on m'avait fait sortir pour me demander cela. Madame de Gouyon voyant l'embarras, dit : puisque ce n'est que pour quelques jours,
il faut le mettre dans l'antichambre. Le cit. Carbon y coucha. Il me vint une pensée; je dis : Si
c'est pour loger quelques jours un homme qui
n'aurait pas ses papiers en règle, ne connaissant
pas, d'ailleurs, l'arrêté de la police, puisque nous
sommes dans un quartier à peu près perdu, je dis :
On pourrait le faire loger dans la chambre de
mademoiselle Firmin, qui y avait ses effets. Remarquez ceci. Il passa quelques jours là ; voilà comment cela se fit. Cependant j'avoue que je conçus
de l'inquiétude relativement au 3 nivôse. Je le rencontrai, et lui demandai le motif de sa demeure :

il me dit qu'il n'avait point ses papiers en règle.
Alors, voulant me donner à moi-même la preuve
que cet homme n'était point coupable, je pris sur
moi de lui dire : Citoyen, n'auriez-vous pas eu
part à l'explosion arrivée ces jours-ci? Comme je
croyais qu'il l'ignorait, je lui peignis ce qui était
arrivé, l'événement, l'atrocité. Carbon partagea
mon opinion. Je lui ajoutai même : Vous allez
peut-être rire de ma franchise religieuse; mais
nous allons chanter un *Te Deum* en actions de
grâces de ce que Bonaparte a été préservé; et nous
prions tous les jours pour la conservation du Gouvernement; car vous voyez quelle différence du
temps de la terreur à celui-ci. Carbon partagea
mon opinion; il entra dans mes vues, et je fus très
rassurée. Je vous observe en même temps qu'il
n'a pas été servi en particulier; que nos pension-
naires sont servis chacun chez eux; qu'il n'y a pas
de table commune. Si je n'ai pas reçu d'argent de
Carbon, c'est parce que nous ne sommes point en
hôtel garni; je pensais que, lorsqu'il s'en irait, je
lui donnerais le compte de sa dépense. Je ne le cachais point; la preuve, c'est que vous aurez des
témoins qui l'ont vu dans la cour où est le local de
nos locataires. Je mis de la discrétion pour Carbon,
mais je n'y mis point de secret. Quand je vis que
cet homme tardait un peu à s'en aller, j'avais besoin de la chambre, je la lui demandai. Carbon dit :
Dans quelques jours je dois aller à Versailles. Ensuite cet homme s'est trouvé arrêté, sans que j'aie
pensé qu'il ait eu part à cette affaire. Je ne le cachais

point. Voilà, citoyen, la part que j'ai prise à cette malheureuse affaire. Je l'ai assez expiée.

Le Président. Avez-vous vu l'accusée Cicé venir chez vous?

La femme Duquesne. Oui, le lendemain. Je lui dis : la personne que vous m'avez envoyée est en haut; je vous avoue que j'ai eu des inquiétudes. Croiriez-vous que j'ai osé lui demander s'il n'avait pas quelque part à cette affaire. Il m'a répondu que non avec beaucoup d'indifférence; il entra dans mes intentions, et montra beaucoup de respect pour le Gouvernement. Mademoiselle de Cicé dit : Je m'y attendais; on m'a assuré que c'était un honnête homme. Ce fut affaire de compassion et de charité, et rien de plus.

Le Président. A-t-elle parlé à Carbon?

La femme Duquesne. Je ne sais pas. Notre maison est composée de deux cours : la première est pour le locataire, nous n'y avons pas de part ; la seconde est celle où logent mes bonnes sœurs, qui ne savaient sûrement pas que Carbon fût dans la maison, sans que j'en fisse un secret : cependant elles sont accablées de cela, parce que depuis quinze ans j'en suis chargée. Je n'ai aucun renseignement à donner, aucune idée, aucun indice.

Leguilloux a logé Saint-Réjan, n'a rien vu, rien entendu; ne sait rien.

Joséphine Vallon, nièce de Carbon. Ce dernier logeait chez sa mère depuis sept mois.—Elle a vu Limoelan défoncer un tonneau, d'où il s'est échappé quelques grains de poudre. — Elle a vu les blouses. — Elle a porté du linge à son oncle, alors qu'il se cachait chez les dames de Saint-Michel.

Madeleine Vallon, autre nièce de Carbon. Limoelan est venu avertir celui-ci qu'on faisait des visites domiciliaires, et l'a engagé à quitter son domicile. — Elle a été voir son oncle chez les dames de Saint-Michel, et lui a dit avoir reçu une lettre de Limoelan. (La veuve Vallon et ses filles ne blanchissaient que des chouans.)

Angélique Gouyon et *Reine Gouyon*. Mêmes déclarations que celle de leur mère.

Collin. Quinze jours avant le 3 nivôse, il avait déjà, appelé par Bourgeois, donné des soins à Saint-Réjant, mais sans le connaître. — Le 3 nivôse, vers onze heures du soir, Bourgeois alla le chercher de nouveau. — Arrivé chez Saint-Réjant, rue des Prouvaires, un prêtre était auprès de lui, et il attendit. — Saint-Réjant lui dit qu'il avait fait une chute. Il n'y avait de contusion ni de plaie nulle part. La respiration était courte et précipitée; le malade crachait le sang, le rendait même en se mouchant, et se trouvait enfin dans cet état où l'on aperçoit un malade deux ou trois heures avant de périr d'une fluxion de poitrine au dernier degré. Il le saigna.

Le Président. Avez-vous été voir Saint-Réjant chez la veuve Jourdan?

Collin. Voici les circonstances. Je retournai le voir le 4 nivôse, à dix heures du matin. J'y allai comme j'aurais été chez tout autre malade, sous la garantie de la bonne foi et de l'humanité. Je le

trouvai levé, se chauffant près de son feu. Alors
je lui demandai de ses nouvelles. Il dit qu'il était
beaucoup mieux; d'ailleurs je le voyais bien. Je
lui prescrivis toujours la diète la plus absolue.
Il dit : Mon mois est fini; je change de logement : voulez-vous avoir la bonté de me rendre
vos soins, et de me venir voir demain? voilà l'a-
dresse de ma nouvelle demeure. Moi, sans aller
chercher d'autres renseignemens, je pris l'adresse
de la nouvelle demeure qu'il me donna. Le lendemain matin, je fus le voir; c'était le 5.

Le Président. Vous prétendez qu'antérieurement vous ne connaissiez pas son nom de Saint-
Réjant?

Collin. Oui, citoyen.

Le Président. Cependant vous l'aviez vu bien
des fois.

Collin. Je lui ai fait des visites tant dans la rue
des Prouvaires que dans la rue d'Aguesseau; je n'a-
vais jamais entendu prononcer son nom quand
à la police on me l'a nommé.

Le Président. Oui, mais depuis le 4 nivôse vous
avez vu Saint-Réjant?

Collin. Oui, pour sa santé.

Le Président. Vous ne lui avez rien demandé?

Collin. Il a toujours persisté dans la chute : il
n'avait aucune marque sur la tête.

Le Président. Après cela vous auriez pu concevoir que c'était l'effet de l'explosion.

Collin. Le but que se propose un médecin, est
de recueillir les renseignemens propres à assurer

son diagnostic : du moment qu'il est assez éclairé pour connaître la maladie, et que les moyens qu'il a employés ont eu le succès qu'il attendait, sa mission est finie.

Le Président. N'avez-vous pas un frère qui a servi sous Georges?

Collin. J'ai un frère avec lequel je ne demeure point depuis 1789, époque de son mariage. J'ai ouï dire qu'il était entré dans le parti des chouans; qu'il avait été même membre de leur conseil. Ce qu'il y a de certain, c'est qu'il y a eu quatre ans au mois de mai dernier, époque de la pacification générale des départemens de l'ouest, qu'il s'est rendu; et depuis ce temps-là il vit paisible et tranquille au sein de sa famille, où il exerce la profession d'avocat.

Le commissaire du gouvernement. D'après les observations que vous avez faites vous-même à Saint-Réjant, d'après l'examen que vous avez fait de sa personne, d'après ces connaissances, il était impossible que vous vous dissimulassiez que la cause à laquelle il attribuait son mal n'était pas la cause véritable.

Collin. Il avait un catarre pulmonaire, pour lequel je l'avais traité ; il toussait comme dans un tonneau ; il avait défaut d'appétit ; et, par des moyens très simples, ou plutôt par le régime, j'avais calmé son état. Du moment où son état était calmé, à l'instant où une cause était venue l'interrompre, il s'était écoulé sept jours; l'organe affecté par le catarre pulmonaire n'avait pas eu le temps de recouvrer sa première force : lorsqu'il m'a dit qu'il avait fait une chute, j'ai dû croire qu'une chute avait pu déterminer les accidens que j'apercevais.

Le commissaire du gouvernement. Il résulterait de là que vous avez pu croire que c'était une pulmonie dangereuse.

Colin. Il n'y a pas eu d'autres symptômes qui ne pussent être ceux de la pulmonie.

Le commissaire du gouvernement. C'est dans vos rapports mêmes que je me reporte. Vous avez observé qu'il était affecté d'un mal d'yeux, de surdité à l'oreille gauche. Ce ne sont pas là des symptômes de pulmonie.

Baudet. Il connaissait Saint-Hilaire. Sur un mot de celui-ci, il a procuré un logement à Joyau. Il ne sait comment son adresse s'est trouvée chez la dame Gogeyon et chez Lemercier. Il nie avoir été un des correspondans des prévenus et avoir reçu plus d'une lettre de Saint-Hilaire.

Lavieuville. Il a connu Limoelan, qui se disait parent de sa femme. Il lui a procuré un logement chez le pâtissier Leclerc, dont il faisait les affaires.

Le Président Carbon, n'avez-vous pas porté chez l'accusé Lavieuville deux caisses? — Oui, citoyen.

Le Président. Vous saviez que ces deux caisses renfermaient des armes? —Oui, citoyen.

Le Président. Une des caisses a été trouvée dans votre domicile, accusé Lavieuville.

Lavieuville. Il est vrai.

Le Président. En aviez-vous connaissance?

Lavieuville. Non, citoyen.

Le Président. Où était-elle déposée?

Lavieuville. A l'entrée d'une soupente, dans l'anti-chambre.

Le Président. Depuis quel temps y était-elle déposée?

Lavieuville. Je l'ignore; j'ai su par ma femme que c'était vers le milieu de frimaire, un soir que nous avions du monde à la maison.

Le Président. Comment! vous n'avez pas eu connaissance que ces deux caisses avaient été portées chez vous?

Lavieuville. Non, citoyen.

Le Président. Votre épouse ne vous en avait pas parlé?

Lavieuville. Non, citoyen.

Le Président. Accusée femme Lavieuville, à quelle époque ces caisses avaient-elles été portées chez vous?

La femme Lavieuville. Il y a bien quatre mois et demi.

Le Président. Est-ce Carbon qui les a portées?

La femme Lavieuville. Oui, c'est lui, je l'ai reconnu à la préfecture : c'est-à-dire, ce n'est pas Carbon qui me les a données, c'est Limoelan; j'ai su que Carbon avait apporté deux boites, dont l'une était un petit nécessaire qui avait très-mauvaise mine, et une autre boîte qui est ici présente. Limoelan m'avait demandé la permission de faire porter ces deux boîtes chez moi; il n'y avait nul soupçon sur Limoelan.

Le Président. Cependant vous deviez connaître les principes de Limoelan?

Le femme Lavieuville. Il avait alors fait sa pacification; il avait l'air très-protégé par le ministre de la police.

Le Président. Avez-vous été chez lui?

La femme Lavieuville. Non; j'ignorais même que Limoelan demeurât chez Leclerc. Je savais bien qu'il logeait près de chez moi. Il me dit : Je vais à la campagne, voulez-vous vous charger de plusieurs effets? Ces effets furent apportés un soir que j'avais du monde : j'ai su que c'était cet homme-là (Carbon) qui me les avait apportés.

Le Président. Accusé Lavieuville, avez-vous été chez Limoelan?

Lavieuville. Non, citoyen.

Le Président. L'avez-vous vu un peu de temps avant l'événement du 3 nivôse?

Lavieuville. Il y avait quinze ou dix-huit jours.

Le Président. Carbon, vous qui avez porté les caisses, où les avez-vous prises?

Carbon. Chez le cit. Leclerc.

Le Président. C'est qu'on avait tenté d'abord un autre moyen : ce moyen n'a pas réussi; on a imaginé la machine infernale. Voilà pourquoi les armes sont restées chez l'accusé Lavieuville.

La femme Lavieuville. Je les avais oubliées.

Le Président. Accusé Carbon, n'avez-vous pas été en prison au Mans? — Oui.

Le Président. Pourquoi ?— Pour un faux passeport.

Le Président. Que vous aviez en votre possession ? — Je ne pouvais en avoir d'autre.

Le Président. Ne sont-ce pas les chouans qui vous
ont mis en liberté ? — Oui, citoyen. — Et vous
les avez suivis ? Oui, citoyen.

Le Président. Avez-vous été au service de Châteauneuf ? — Je lui faisais ses commissions comme
à M. Limoelan.

Le Président. Ne vous êtes-vous pas réuni à
l'hôtel de la Mayenne ? — J'y ai été quelquefois.

Le Président. N'est-ce pas depuis le 3 nivôse ?

Carbon. Non, citoyen; il y avait long-temps
que je n'y allais plus.

Le Président. Il paraît que le 7 on s'est réuni
pour aviser aux moyens de se soustraire aux poursuites de la police. — Non, citoyen.

Le Président. Que faisiez-vous là ? — J'allais
voir M. de Châteauneuf.

Le Président. C'était là que les conjurés se réunissaient ? — Je n'ai jamais vu de rassemblement
là ni ailleurs.

Le Président. Vous vous êtes dit chirurgien ?

Carbon. Je pansais les chouans dans le temps ;
mais je n'étais pas chirurgien.

Le Président. Accusé Saint-Réjant, n'avez-vous
pas écrit à une de vos sœurs ? — Non, citoyen.

Le Président. A quelle époque êtes-vous arrivé
à Paris. — Vers la fin de septembre.

Le Président. Vous avez acheté quelque temps après des armes ? — Jamais.

Le Président. Vous avez été les essayer au bois de Boulogne. — Je vous demande pardon.

Le Président. Vous avez été à une assemblée, hôtel de Deux-Ponts? — Je n'y ai jamais été.

Le Président. Il paraît que c'est dans cet hôtel où vous vous réunissiez avec Carbon et tous les autres, qu'on a décidé l'attaque du premier consul avec des carabines à vent. — Le 12 frimaire, vous avez promis à vos camarades un plein succès. — Le 14, vous avez expédié un agent à George.

Saint-Réjant. Je n'ai envoyé personne.

Le Président. Vous lui avez donné cinq louis et demi pour sa route.

Saint-Réjant. Il y a dix mois que je ne communique pas avec Georges. Je n'ai envoyé personne.

Le Président. C'est le 15 frimaire que vous avez changé de plan. Au lieu du fusil à vent, vous avez imaginé la machine.

Saint-Réjant. Je n'ai jamais formé de plan tendant au meurtre du premier consul. Si je lui en avais voulu, je m'y serais pris de manière à lui brûler la cervelle et à me la brûler après.

Le Président. Vous avez renoncé à votre premier plan; vous avez craint que votre projet ne fût divulgué.

Saint-Réjant. Je n'ai pu avoir de crainte sur une chose à laquelle je n'ai jamais pensé.

Le Président. Qu'avez-vous été faire, le 1er nivôse, rue Nicaise?

Saint-Réjant. Je me suis fait conduire à la rue d'Aguesseau, chez madame Jourdan. Là, j'ai pris quelques effets à moi, du linge. J'étais dans un cabriolet; je priai le loueur de cabriolet de me faire passer par la place du Carrousel, pour aller rue d'Aguesseau : il m'observa que nous aurions plus court par la rue Saint-Nicaise.

Le Président. Vous avez été demander à l'hôtel de Longueville un homme qui n'y avait jamais été, un nommé Bernard.

Saint-Réjant. On m'avait mal dit son adresse. Je l'ai dit au meneur du cabriolet. Je n'ai pas trouvé l'homme que je cherchais. Le loueur de cabriolet me remonta dans la voiture.

Le Président. Vous avez examiné le château des Tuileries.

Saint-Réjant Non, citoyen.

Le Président. Vous aviez votre montre à la main en sortant de l'hôtel Longueville.

Saint-Réjant. Je regardais où était le café.

Le Président. Le 25 frimaire, vous étiez avec d'autres de vos collègues; vous vouliez attaquer la diligence au-dessus de Charenton.

Saint-Réjant. Je n'ai jamais eu une pareille idée.

Le Président. Ainsi que le 7 frimaire.

Sain Réjant. C'est faux comme la fausse monnaie. Je n'ai jamais attaqué de diligence : ce n'est pas le genre de guerre que j'ai fait; j'ai toujours fait la guerre comme on peut la faire.

Le Président. Connaissez-vous Bébé?

Saint-Réjant. Jamais je ne l'ai connu ; je n'en ai jamais entendu parler.

Le Président. Cependant vous étiez d'accord avec lui pour faire périr un de vos collègues, parce que vous le supposiez agent de la police.

Saint-Réjant. Comment peut-on le prouver?

Le Président. Vous vous êtes trouvés ensemble.

Saint-Réjant. Je ne l'ai jamais connu, j'en donne ma parole d'honneur.

Le Président. Connaissez-vous une dame de Vauxcet?

Saint-Réjant. Je l'ai connue autrefois.

Le Président. Ne lui avez-vous pas écrit?

Saint-Réjant. Oui; j'ai fait remettre la lettre au cit. Denisart.

Le Président. Lui avez-vous demandé de l'argent?

Saint-Réjant. J'ai demandé de l'argent pour payer mon défenseur.

Séance du 11 germinal au soir.

2ᵉ témoin. *Brunet*, ferrailleur. Carbon lui a demandé à acheter une voiture pour mener une malle de douze cents pesant. N'ayant pu le satisfaire il l'a envoyé à Lambel. Le lendemain, Carbon l'a chargé de faire faire un berceau à la voiture, pour mettre une bâche. Le berceau ayant été fourni, Carbon revint le même jour prier Brunet de le diminuer d'un pied, ce qu'il a fait.

Il ne l'a plus revu depuis, Carbon lui a dit qu'il était marchand de toiles.

3ᵉ témoin. *Moriset*, traiteur, accompagnait Brunet lorsque celui-ci rejoignit Lambel et Carbon, chez le traiteur David, où ils ont dîné ensemble le lendemain de l'achat de la voiture. Carbon parlait peu. Moriset se rappelle que Carbon leur a dit qu'il était de la campagne et qu'il venait pour faire une petite provision et s'en aller.

4ᵉ témoin. *Thomas.* Il a loué la remise de la rue de Paradis à trois hommes, dont Carbon; celui-ci conduisait le cheval, et était en blouse.

5ᵉ témoin. *Femme Thomas.* J'ai vu l'accusé François qui est venu à la maison pour louer la remise.

Le Président. Qu'entendez-vous par François?

La femme Thomas. Le premier de là. Il s'est en retourné; le lendemain il est venu pour dire qu'il fallait débarrasser la remise; qu'il allait emménager le soir vers sept heures. Effectivement, il est emménagé vers sept heures, avec deux autres individus que je n'ai pas connus, avec la charrette et son cheval : dans la voiture, il y avait deux ou trois petites caisses. Voilà tout ce que j'ai pu apercevoir, parce que c'était le soir, à la lumière. De là ils sont entrés dans la remise, se sont enfermés. J'ai vu qu'il y en a un qui est monté sur la charrette avec une petite lanterne; qu'il a examiné une des caisses fermées avec un cadenas. De là il est redescendu : ils ont parlé tout bas; je n'ai pas entendu ce qu'ils ont dit. Tout ce que j'ai pu comprendre,

c'est qu'ils disaient qu'ils seraient parfaitement bien
là, par les signes qu'ils se faisaient. Le lendemain,
le petit charretier est venu; il a pansé son cheval,
et a fait venir le tonnelier, a fait arranger ce tonneau : ensuite ils se sont en allés. Il est revenu deux
ou trois fois dans la journée; il est revenu le soir
avec un autre individu, à six heures. Pendant que
l'individu était dans la remise, le petit François
était dans la cour qui faisait sentinelle, pour que
personne ne pût approcher de la remise. Il est rentré; et là, je l'ai vu qui parlait avec l'autre individu
qui avait une blouse de toile bleue toute neuve.
De là, ils sont sortis. L'individu qui était avec lui
a fermé la remise, où il est resté très-long-temps
pour la pouvoir fermer; ensuite ils se sont en allés.
Le lendemain il est revenu. La même chose jusqu'à
trois fois. Ils sont venus le 3 au soir. Il est sorti
avec sa charrette, chargée d'un panier, de tonneaux, de la paille. Il a arrêté sa charette en face
de notre escalier. Je l'ai prié d'entrer dans l'écurie
pour me donner un petit coup de main, afin de
débarrasser un cheval qui était pris. Il est entré;
il a donné un   à un de mes petits enfans, et
a débarrassé le cheval. De là, je l'ai remercié; ils
se sont en allés. Voilà tout ce que je peux dire,
voilà tout ce que j'ai vu.

Le Président. L'accusé n'a-t-il pas dit qu'il était
marchand forain?

La femme Thomas. Il a loué comme marchand,
disant qu'il logeait trois ou quatre jours par décade, et qu'il s'en allait dans la campagne.

Le Président. Il a dit qu'il ne restait que trois ou quatre jours?

La femme Thomas. Oui, citoyen.

Le Président. Avez-vous connaissance d'une tasse prêtée par la portière?

La femme Thomas. J'en ai entendu parler.

Le Président. Le fait est assez essentiel. N'avez-vous pas entendu dire de la portière, que lorsqu'on lui avait rendu la tasse, elle sentait un peu la poudre!

La femme Thomas. Oui, citoyen; encore un petit peu d'odeur de soufre, de poudre.

Le Président. Et qu'elle avait été obligée de la laver avec de l'eau chaude?

La femme Thomas. Oui, citoyen; la portière l'a lavée.

Le Président. Accusé Carbon, avez-vous quelque chose à répondre?

Carbon. La citoyenne ne dit pas vrai, quand elle dit qu'elle a vu des caisses dans la charrette, et fermées au cadenas, parce qu'il n'y en avait pas.

La femme Thomas. J'en ai vu.

Carbon. C'est moi qui ai monté dans la charrette pour accommoder la toile, parce qu'elle n'était attachée ni d'un côté, ni de l'autre. Il y avait deux bottes de paille, deux bottes de foin et de l'avoine; point de caisses du tout.

La femme Thomas. Il y avait des caisses; car l'accusé, qui avait une petite lanterne, a regardé le cadenas.

Carbon. C'est faux.

La femme Thomas. Ce n'est pas faux, c'est vrai.

Le Président. La citoyenne a eu la curiosité d'examiner par la fente; elle a toujours fait cette déclaration.

La femme Thomas. Oui, citoyen.

Le Président. Je vous demande pourquoi vous vous enfermiez, car il n'y avait pas raison de vous enfermer.

Carbon. Nous ne nous sommes pas enfermés.

Le Président. Vous avez fermé la porte.

Carbon. La porte n'était que tirée.

La femme Thomas. Les deux portes étaient fermées; j'ai vu par un petit trou qui était au mur.

Carbon. Vous n'avez pas vu de caisse; vous êtes une menteuse.

Le commissaire. Quelle était donc cette caisse où il y avait un cadenas.

Carbon. C'est faux.

Le commissaire. N'était-ce pas une caisse d'armes ou de la poudre?

Carbon. Il n'y avait rien dans la voiture, ni caisse ni tonneaux; seulement deux bottes de paille et deux bottes de foin.

Le Président. Et on se serait enfermé pour examiner les bottes de paille?

Carbon. On n'a rien examiné.

Roussialle, défenseur. Citoyen président, voudriez-vous bien demander au témoin de quelle grandeur était la caisse qu'elle a dit voir passer?

La femme Thomas. J'ai jugé qu'elle était à-peu-près en carré comme ceci (*elle indique une grandeur par signe*); il y avait un cadenas au milieu.

Le Président au témoin. Examinez cette caisse qui est là.

La femme Thomas. Non, citoyen, pas si haute que cela.

Le Président à Carbon. Et ce panier que vous avez porté, qui était si lourd.

Carbon. Il n'était pas si pesant; il pouvait peut-être peser 20 ou 25 livres.

Le Président. Qu'est-ce qu'il y avait dedans?

Carbon. Je n'en sais rien.

Le Commissaire. Ne contenait-il pas de la mitraille.

Le Président. Il paraît que c'était de la mitraille.

Carbon. Si c'eût été de la mitraille, je n'aurais pas pu le porter.

La femme Thomas. Il sait bien ce qu'il y avait dans le panier; car quand il est sorti de la remise, le panier était vide sous l'avant-train de la voiture, et il a emporté le panier et la voiture.

Le Président. Qu'avez-vous à répondre à tout cela?

Carbon. C'est faux; car le panier n'est pas sorti de dedans la voiture.

La femme Thomas. Vous mentez; il était par terre.

Le Président. Vous voyez qu'on a vidé la panier dans la voiture; donc vous savez ce qui était dedans.

Carbon. Non, citoyen, je n'en ai jamais eu connaissance.

6e témoin. Femme *Roché*, portière. C'est à elle que Carbon s'est adressé pour la location de la remise. L'arrangement s'est fait le lendemain, 29 frimaire. Le 30, dit-elle, il me demanda si je connaissais des tonneliers, qu'il en avait besoin : je lui ai dit que je n'en connaissais qu'un. Il est revenu de là, et il m'a demandé si je connaissais un autre tonnelier; j'ai dit que non. Il a été trouver un autre tonnelier avec lequel il est venu avec une pièce sur l'épaule : il a fait cercler ce tonneau dans la remise; et sur les onze heures il m'a emprunté une tasse pour mettre de la cassonade dans un tonneau; je lui ai prêté la tasse. Le soir, en me rapportant cette tasse, je l'ai flairée; il m'a paru qu'il y avait eu de la poudre dedans : cependant je n'ai rien dit; je n'ai pas fait mine de rien. Le lendemain il est rentré encore le matin, qui était le 1er nivôse ; il m'a demandé si je pouvais lui indiquer quelqu'un pour percer des trous aux brancards : j'ai dit que mon mari n'y était pas, mais s'il voulait attendre. Il m'a demandé si le soir il y serait, je lui ai dit qu'à huit heures du soir il y serait, et qu'alors il pourrait lui percer ces trous. Il est revenu le lendemain à neuf heures ; mon mari lui a percé les trous ; et de là il a emprunté un marteau. Je n'ai rien autre chose à dire.

Le Président. Reconnaissez-vous d'autres accusés?

A Saint-Réjant. Levez-vous, Saint-Réjant.

La femme Roché. Non, citoyen, je n'ai pas souvenance d'avoir vu l'accusé?

Le Président. Vous ne les avez donc pas examinés?

La femme Roché. Ils sont entrés le soir, je n'ai pas fait attention,

Le Président. Mais vous attestez que le premier jour, 28 frimaire, en entrant dans la remise, ils se sont enfermés?

La femme Roché. Ils ont fermé la porte sur eux.

Le Président. Qu'ils ont allumé une petite lanterne?

La femme Roché. Oui, citoyen, c'est moi qui ai allumé la lanterne.

Le Président. Pourquoi avoir été acheter des tonneaux pour mettre de la cassonade?

Carbon. Je ne sais pas.

Le commissaire. Il paraît que le feu qui a été allumé dans la remise, n'était pas pour sécher le tonneau; vous avez été le sécher chez le témoin.

La femme Roché. C'est que son tonneau ne séchait pas assez vîte chez nous; je n'avais que du feu dans la cheminée, et il me dit : Si j'allumais un peu de paille, il sécherait plus vîte. Je répondis que oui. Il a pris les planches du tonneau, il les a portées dans la remise; il a allumé un peu de paille, et les a fait sécher.

Le Président à Carbon. Vous saviez l'usage qu'on devait faire de ce tonneau, puisque vous le faisiez sécher.

Carbon. Non, citoyen.

Le Président. Et comme on devait y mettre de la poudre, il fallait qu'il fût sec.

Carbon. Je ne le savais pas.

7ᵉ témoin. — *Roché*, charron et portier, dépose qu'il a fait les deux trous au montant de la voiture.

Le Président. N'avez-vous pas remarqué qu'il y avait dans la voiture un tonneau?

Roché. J'ai vu un tonneau debout dans la voiture.

Le Président. L'accusé Carbon ne s'est-il pas opposé à ce qu'on baissât la voiture?

Roché. L'accusé Carbon dit que la voiture était chargée, et que cela l'endommagerait si on la baissait.

Le Président. On n'a pas baissé la voiture pour faire les deux trous?

Roché. Non, citoyen; il a même maintenu la voiture, pour qu'elle fût plus en sûreté.

Le Président. N'est-il pas venu un autre individu voir Carbon, et ne lui a-t-il pas demandé : Monsieur, quand partez-vous?

Roché. Oui, citoyen.

Le Président. Qu'a répondu Carbon?

Roché. Un de ces jours.

Le Commissaire. Voyez le montant de la voiture, et voyez si vous reconnaîtrez vos trous.

Roché. Je vais vous les montrer.

Le Président. Reconnaissez-vous les trous ?

Roché. Oui, citoyen.

Le Président. Le brancard a été trouvé sur la place de la rue Nicaise.

Roché. J'ai vu un homme qui est venu avec l'accusé François, un homme approchant de ma grandeur; il avait une houppelande.

Le Président. Était-ce une houppelande bleue, tirant sur le bleu?

Roché. Les passe-poils étaient bleus.

Le Président. Montrez les blouses.

Roche. Ce n'est pas une blouse qu'il avait; c'était une houppelande.

Le Président. Accusé Carbon, qu'avez-vous à répondre?

Carbon. Rien.

Le Président. Convenez-vous que c'était Limoelan qui est venu vous trouver?

Carbon. Oui, citoyen.

8e témoin. *Baroux*, tonnelier, a cerclé, pour Carbon, une pièce de Mâcon, à quatre cercles de fer. Carbon lui a dit que c'était pour mettre de la cassonade.

9e témoin. *Louveau*, garçon tonnelier. Il a cerclé un tonneau que Carbon lui a dit destiné à recevoir de la cassonade. Il a vu, attachés à la voiture, une caisse et un panier. A reconnu la jument, les harnais, la blouse de Carbon.

10e témoin. Veuve *Perron* : elle répète ce qu'elle a appris par les dames Thomas et Roché.

11e témoin. Femme *Cordonat* : même déposition.

12e témoin, femme *Plessis* : elle a vu Carbon chez la portière; elle a su par celle-ci qu'il avait loué la remise. Elle l'a vu le 2 nivôse, sortir avec un petit baril. Elle l'a vu partir, le 3 nivôse, accompagné de deux autres hommes.

13e témoin *Durand*, grenadier à cheval de la garde des consuls.

« Le 3 nivôse, je me suis trouvé de service chez le premier consul. A 8 heures du soir, le premier Consul fut à l'Opéra ; je me trouvai être de l'escorte devant sa voiture. Lorsque je passais dans la rue Saint-Nicaise, je vis cette voiture qui faisait le travers, et qui barrait à peu près la moitié du passage. Au même moment il se trouva une voiture de place. J'étais une vingtaine de pas en avant de la voiture du consul : il fallait que je lui fisse place. Je me portai en avant pour faire avancer la voiture de place. Si je l'eusse fait reculer, il aurait fallu que la voiture du consul arrêtât; elle n'aurait pas pu passer. J'avançai même sur le cocher de cette voiture, menaçant avec mon sabre. Je poussai mon cheval ; il passa entre ces deux voitures ; il a eu mal à la jambe de cette affaire. Le cheval de la charrette faisait face au mur. Enfin le cocher passe. Le cocher étant passé, nous continuâmes notre route : je regardai même derrière moi. J'avais aperçu que le Consul était tout près de moi : j'ai vu que le cocher du Consul avait fait un temps d'arrêt à ses chevaux, parce qu'il voyait qu'il y avait de l'embarras.

« Nous continuâmes notre route. Lorsque nous fûmes dans la rue de la Loi, environ une quinzaine de pas dans cette rue, le coup part. Je dis à mes camarades : C'est un coup de mitraille. Plusieurs me dirent : Non : c'est aujourd'hui qu'on annonce la prise de Mantoue, et c'est certainement le canon de réjouissance. Moi je dis : C'est une espingole tirée de quelque maison, ou un canon à mitraille : ce ne peut être autrement. Nous continuâmes notre route jusqu'au théâtre de la République. Étant là, j'allais de droite et de gauche, parce que j'avais entendu la mitraille passer par-dessus nous, ainsi que les glaces et les tuiles qui tombaient dessus nous : je regardais si on n'allait pas redoubler.

« *A la République*, le consul s'arrêta. Il fit venir l'officier qui nous commandait, et lui demanda s'il y avait quelqu'un de blessé. On lui fit réponse que non ; qu'il y en avait un seulement qui avait reçu une égratignure sur la main par une tuile qui était tombée.

« Nous continuâmes jusqu'à l'Opéra ; et étant entré, j'ai entendu dire qu'au moment du coup la voiture du premier consul s'est penchée : elle s'est mise un peu sur une roue, comme si elle eût voulu verser : les glaces ont été cassées.

Le Président. Avez-vous remarqué s'il y avait un amas de pierres dans la rue?

Durand. Il y avait des pierres dans la rue pour empêcher de passer.

Le Président. A l'endroit où était la voiture?

Durand. Un peu plus avant, en tournant dans la rue.

Le Président. Accusé Carbon, avez-vous quelque chose à répondre?

Carbon. Non, citoyen.

Le Président. Vous avez déclaré qu'on avait ramassé des pierres en venant ; il paraît que c'était pour les mettre dans la rue Nicaise, et causer de l'embarras.

Carbon. Il n'y en avait pas beaucoup ; il y en avait peut-être sept à huit.

14e Témoin. Demoiselle *Jourdan*, couturière, demeurant rue d'Aguesseau, n° 1336 : Je connais l'accusé Saint-Réjant ; il a demeuré trente-deux jours à la maison. Le jour de l'explosion, il est venu vers le midi ; il a mis de la poudre sur la cheminée ; il m'a fait faire des sacs en amadou, disant que c'était pour fumer à la mode de l'Amérique. Il s'en est allé en cabriolet. Le lendemain de l'explosion, il est rentré, et n'a pas couché à la maison. Joyau, Saint-Hilaire, le médecin et lui, sont venus le soir : il s'est plaint qu'il avait un catarrhe dans la tête, et un mal de côté. Collin, le médecin, a ordonné de lui poser les sangsues. Voilà ce qui a été à ma connaissance. Je leur ai aussi entendu dire que le premier consul l'avait échappé deux fois, mais qu'il n'échapperait pas la troisième. J'ai aussi remarqué que Saint-Réjant, avant l'explosion, avait une blouse, une veste et un pantalon que Saint-Hilaire et Joyau ont emportés, tandis que j'ai été chercher un cabriolet avec un baril de poudre. Voilà ce que j'ai remarqué.

Le Président. Qui avait amené Saint-Réjant chez vous? — Carbon-François.

Le Président. N'a-t-il pas pris le logement qu'a-

vait occupé un officier anglais, nommé Girod? —
Oui, citoyen.

Le Président. N'a-t-il pas dit se nommer *Soyer?*
— Oui, citoyen.

Le Président. N'est-il pas venu plusieurs personnes parler à Saint-Réjant? — Oui, citoyen.

Le Président. N'a-t-il pas témoigné de l'inquiétude?

La fille Jourdan. Il s'est en allé en disant que ces hommes pouvaient être des mouchards.

Le Commissaire. Ne lui avez-vous pas vu mettre le feu à de l'amadou?

La fille Jourdan. Il a fait des essais : il a mesuré deux mèches d'amadou, en disant que si l'amadou était bon, il voulait que l'amadou mette le feu, en deux secondes, à la poudre. Il a fait l'essai par trois fois ; aux lieu de deux secondes, il en a mis vingt. Il avait des allumettes de verre : en les cassant, il sortait du feu de dedans.

Le Commissaire. Le lendemain, n'est-il pas revenu avec un morceau d'amadou?

La fille Jourdan. Le lendemain il n'a apporté qu'un morceau d'amadou.

Le Commissaire. Ainsi, vous étiez présente lorsqu'il a fait l'expérience de la poudre sur l'amadou?

La fille Jourdan. Oui, citoyen.

Le Commissaire. En votre présence?

La fille Jourdan. Oui, citoyen : il l'a faite sur la cheminée.

Le Commissaire. Vous a-t-il dit pourquoi?

La fille Jourdan. Pour voir si l'amadou était bon.

Le Commissaire. Et il avait fait acheter cet amadou la veille?

La fille Jourdan. Oui, citoyen, avec un compas et une paire de ciseaux.

Le Commissaire. N'avait-il pas aussi chez lui, chez votre mère, un baril et une blouse?

La fille Jourdan. Oui, citoyen.

Le Commissaire. Le baril et la blouse n'ont-ils pas été enlevés pendant le temps que vous étiez allé chercher une voiture?

La fille Jourdan. Oui, citoyen; ils ont été emportés.

Le Commissaire. Vous aviez vu la blouse? — Présentez toutes les blouses. — Elle les reconnaît.

Le Président. Il est bon d'observer au témoin et aux citoyens jurés que la blouse portée par Carbon, celles qui se sont trouvées chez la femme Vallon, et celle que la citoyenne a vue chez sa mère, qui appartenait à Saint-Réjant, sont absolument semblables.

Au Témoin. N'avez-vous pas entendu parler aussi d'un paquet que Saint-Réjant devait faire porter à Rennes?

La fille Jourdan. Oui; il m'a même fait aller chez la femme Leguilloux pour demander si elle avait un courrier de confiance.

Le Président. N'a-t-on pas désigné quelqu'un?

La fille Jourdan. La femme Leguilloux a dit

qu'elle connaissait quelqu'un qui pourrait s'en charger.

Le Président. Vous étiez avec votre mère lorsqu'elle a été porter le billet de Saint-Victor à Saint-Réjant?

La fille Jourdan. Oui, citoyen, j'étais avec elle.

Le Président. Le billet par lequel on annonçait à Saint-Réjant que Carbon était arrêté. Saint-Réjant était même chez la femme Leguilloux?

La fille Jourdan. Il n'y était pas quand nous sommes arrivées : il est rentré avec Bourgeois.

Le Président. Lorsqu'on lui a remis le billet de Saint-Victor, qu'a-t-il dit?

La fille Jourdan. Il a paru fort mécontent de ce que ma mère avait dit qu'il demeurait chez la femme Leguilloux ; il est devenu pâle et tremblant ; il a paru avoir beaucoup d'inquiétude.

Le Président. Avez-vous connaissance d'une somme de 500 francs apportée à Saint-Réjant chez vous?

La fille Jourdan. Oui, citoyen.

Le Président. Vous avez vu les personnes qui ont apporté ces 500 livres?

La fille Jourdan. Oui, citoyen.

Le Président. N'a-t-on pas dit que c'étaient des ex-religieuses?

La fille Jourdan. Oui, citoyen.

Le Président. Les reconnaissez-vous dans les accusés?

La fille Jourdan. Non, citoyen, je ne les reconnais aucunement.

Le Président. Le baril de poudre est-il resté long-temps dans la chambre?

La fille Jourdan. Il a été enlevé avant l'explosion, avec les blouses.

Le Président. De quelle grandeur était le baril?

La fille Jourdan. De la grandeur d'un baril d'olives.

Le Président. Ainsi, ces objets ont été enlevés de la chambre de Saint-Réjant la veille de l'explosion?

La fille Jourdan. Oui, citoyen.

Le Président. Vous déclarez que lorsque Saint-Réjant est revenu chez votre mère, Collin était avec lui?

La fille Jourdan. Collin n'y était pas avec lui; il est venu le dernier.

Le Président. Êtes-vous entrée dans la chambre de Saint-Réjant?

La fille Jourdan. Non, citoyen, je n'y ai pas entré.

Le Président. Combien y avait-il de personnes?

La fille Jourdan. Limoelan, Saint-Hilaire, Collin et Saint-Réjant.

Le Président. Le lendemain de l'explosion?

La fille Jourdan. Le lendemain au soir, sur les six heures.

Le Président. Saint-Réjant a-t-il dit qu'il était malade?

La fille Jourdan. Saint-Réjant s'était déjà plaint d'être malade avant l'explosion; il ne m'a pas paru étonnant qu'il s'en plaignît après.

Le Président. Saint-Réjant est sorti, le 28 nivôse, avec Bourgeois?

La fille Jourdan. Oui, citoyen.

Le Président. Bourgeois n'a-t-il pas emmené Saint-Réjant coucher avec lui?

La fille Jourdan. Je ne sais s'il l'a emmené; j'ai vu, par la voiture qu'il pouvait l'avoir emmené.

Carbon avoue; *Saint-Réjant* nie; *Collin* prétend que c'est le 5, et non le 4, qu'il a été voir Saint-Réjant chez la femme Jourdan. — La fille Jourdan persiste.

15ᵉ témoin. *Thierot*, conducteur de cabriolet, a conduit, le 1ᵉʳ et le 2 nivôse, Saint-Réjant, rue Saint-Nicaise et devant l'hôtel Longueville.

Le président presse Saint-Réjant de s'expliquer sur ses moyens d'existence. Ses explications sont diffuses, embarrassées. Il paraît que Limoelan l'aidait. — On lui représente plusieurs pièces : il reconnaît la première, et refuse de reconnaître la seconde, qui est une lettre à sa sœur. — Le commissaire du gouvernement demande acte de ces circonstances, et le tribunal rend un jugement à cet effet.

Séance du 12 germinal au matin.

Le président ordonne au greffier de lire la lettre dont il a été question la veille. — Le greffier lit :

« MA CHÈRE SŒUR,

« Je vous prie de vouloir me faire le plaisir de

« faire tout ce que vous pourrez pour tâcher
« d'avoir une permission pour me parler ; ou si
« vous ne pouvez pas venir vous-même, envoyez
« quelqu'un de votre part : j'ai bien des choses à
« dire que je ne peux dire que de vive voix. J'ai
« appris avec bien de la peine que vous vous étiez
« fait mal en route, *et surtout en apprenant que*
« *mes camarades ne savaient pas comme je m'étais*
« *conduit, et comme je le fais encore tous les jours.*
« *Je puis vous assurer que depuis que je suis ar-*
« *rété, j'ai souffert le martyre, et que je n'ai rien*
« *dit contre mes camarades ni contre le parti,*
« quoiqu'on m'ait mis deux fois à la question se-
« crète. Vous ne savez pas quel est ce genre de
« torture ; je vous dirai cela de vive voix. On m'a
« offert, après toutes ces souffrances, une place
« de général de brigade et 50,000 fr. si je voulais
« dire seulement que *c'étaient les personnes que*
« *vous connaissez qui m'avaient chargé de cette*
« *affaire.* Je leur répondis que je ne savais pas ce
« que c'était que de me sauver par un lâche men-
« songe. Voilà ma réponse.

« Je crois que vous me connaissez assez pour me
« croire toujours digne d'être votre ami, ainsi que
« celui de mes anciens camarades.

« Je suis, avec estime et amitié, votre ami pour
« la vie.

« Vous pouvez me faire passer quelque chose
« par le camarade qui m'a remis votre lettre ; peu
« de chose à la fois. »

(Sans date ni signature.)

Le Président. Représentez de nouveau la lettre
à l'accusé Saint-Réjant.

(On la présente.)

Saint-Réjant. Citoyen, il est vrai que j'ai écrit
cette lettre; je ne la reconnaissais pas hier au soir.

Le Président. Pourquoi hier avez-vous déclaré
que vous ne la reconnaissiez pas?

Saint-Réjant. Parce que je ne la voyais pas bien
à la lumière.

Le Président. Vous avez cependant bien reconnu la première.

Saint-Réjant. Elle est bien plus reconnaissable
que celle-là.

Le Président. Expliquez-vous maintenant, puisque vous reconnaissez la lettre. — (Le procès-verbal constatera qu'à cet instant l'accusé a reconnu
que la lettre était de lui.) — Expliquez-vous maintenant sur le contenu de cette lettre.

Saint-Réjant. Je priais ma sœur de me faire
passer des fonds pour payer mon défenseur.

Le Président. Ce n'est pas tout ce que contient
la lettre.

Saint-Réjant. Expliquez-moi les articles, je ne
me les rappelle pas.

Le Président. «Surtout apprenant que mes ca-
« marades ne savaient pas comment je m'étais con-
« duit. »

Saint-Réjant. On avait fait courir le bruit que
j'en avais dénoncé d'autres.

Le Président fait représenter la lettre à Saint-

Réjaut, qui la reconnaît enfin. Il cherche à expliquer le sens de plusieurs passages de cette lettre.

16e et 17e témoins. *Berthonet*, couturière, et *Béche*, domestique. Ils recevaient les lettres d'Angleterre et de Hollande pour mademoiselle de Cicé, et les lui remettaient.

18e témoin. *Hunot*, instituteur. Il avait loué trois pièces chez madame Duquesne, qui ne lui avait pas encore donné la troisième, où elle avait besoin de placer quelques meubles. Lorsqu'il vit que quelqu'un l'occupait, il la réclama : madame Duquesne lui répondit qu'elle la lui remettrait bientôt.

Le Président. Vous a-t-elle parlé de l'accusé Carbon.

Hunot. Elle ne m'en a pas parlé, si ce n'est lorsqu'il s'est agi de lui donner cette chambre : elle a dit que c'était pour mettre quelqu'un qui se disait être un malheureux, une espèce d'émigré qui n'avait point de papiers, mais qui allait les avoir sous très-peu de jours.

19e témoin. *Charrette*, dit *Duval*, portier de la dame Duquesne. Il n'a pas vu Carbon entrer la première fois dans la maison ; mais il l'a vu plusieurs fois dans la cour. Personne ne lui en a parlé.

20e témoin. *Buchet*, rentier, demeurait dans la maison de madame Duquesne. C'est chez lui que Carbon a été arrêté, au sortir de la messe.

21e témoin. *Toulousse*, ex-religieuse. Elle portait à manger à Carbon dans sa chambre. Madame Duquesne lui a dit que Carbon avait besoin de quelques jours pour se faire rayer de la liste des émigrés. Elle affirme que Carbon n'a point été à la messe le jour de son arrestation.

22ᵉ témoin *Ticquant*, ex-religieuse, n'a jamais vu Carbon à la messe.

23ᵉ témoin. *Depry*, ex-religieuse. Elle a su que c'était par mademoiselle de Cicé qu'il était venu dans la maison de madame Duquesne.

24ᵉ témoin. Femme *Charrette* n'a pas vu Carbon entrer dans la maison. On l'est venu demander une fois, mais sous le nom de Constant.

25ᵉ témoin. *Préville*, marchand de meubles, a été blessé, le 3 nivôse, par les matières que renfermait la machine infernale.

26ᵉ témoin. *Méria* a vu Carbon dans la cour de la rue de Paradis.

27ᵉ témoin. *Corbet*, secrétaire d'état-major. Le 3 nivôse, je revenais de Passy avec le cit. Clérot, demeurant rue Neuve-Égalité, ci-devant Francs-Bourgeois. Nous passions ensemble rue Saint-Nicaise un moment après le premier consul qui se rendait à l'Opéra. Nous fûmes subitement frappés et renversés par l'effet d'une explosion d'autant plus terrible, qu'elle causa la mort du cit. Clérot, mon ami, et que moi-même, renversé sous les décombres, je ne m'en retirai qu'avec mes vêtemens pulvérisés. Voilà tout ce que je puis dire.

Le Président. N'y a-t-il pas un habit qui appartient au citoyen?

Le Greffier. Oui, citoyen.

Le Président. Il faut le représenter.

(On représente cet habit, qui est tout en lambeaux.)

Le Commissaire. Vous étiez avec le cit. Clérot ?

Corbet. Oui, citoyen. Il est mort.

Le Commissaire. A-t-il été tué sur-le-champ ?

Corbet. Il est mort une heure après, ou deux tout au plus.

28ᵉ témoin. Femme *Lambel* dépose comme son mari.

29ᵉ témoin. *Thomas fils* dépose comme sa mère.

30ᵉ témoin. *Billault*, perruquier, a coiffé St.-Réjant, alors chez la veuve Jourdan, pendant huit jours, et le lendemain de l'explosion.

31ᵉ témoin. *Mariette*, traiteur : il portait à manger à une personne malade chez la femme Leguilloux; mais on ne le laissait pas entrer.

32ᵉ témoin. *Mesnager*, propriétaire, a loué la remise à Carbon. Il a vu la charrette, un cheval et un baril; une feuillette était sur la voiture. « Je lui ai dit : mais pourquoi cette feuillette sur la voiture? Il me répondit : Monsieur, c'est que je compte faire un retour à Laval en cassonade.

33ᵉ témoin. *Buchet*, tailleur : Carbon lui a marchandé une veste.

34ᵉ témoin. Femme *Davignon* connaît Carbon et les dames Vallon. Le soir de l'explosion, elle était chez ces dernières. Elle a dit : Quel bruit ! La dame Vallon a répondu : C'est sûrement quelque fête à Bonaparte.

35° témoin. V° *Pelissier* : déposition insignifiante.

36° témoin. *Leclerc*, pâtissier : il voulait un locataire, Lavieuville lui a donné Limoelan. Carbon y a demeuré aussi comme domestique de Limoelan. '

37° témoin. *Corion*, tonnelier : à la fin de frimaire, Carbon lui a acheté un baril. — C'est celui qui a été saisi chez la femme Vallon.

38° témoin. V° *Leblond* a déposé et reconnaît une bande de fer de la voiture que l'explosion a lancée sur un lit de l'hôtel des Quinze-Vingts, où elle l'a trouvée le lendemain.

39° témoin. *Wormé* : il était au café le jour de l'explosion; un moellon lui est tombé sur la tête, un autre sur une cuisse, un troisième sur un bras.

40° témoin. Femme *Larbitret* : elle avait une chambre qu'elle a louée à Baudet, et que Joyau et et St.-Hilaire ont occupée.

41° témoin. *Clodel* : déposition insignifiante.

42° témoin. V° *Boyeldieu* : son mari a été tué par l'explosion de la machine.

43° témoin. Femme *Pensol* : on avait donné douze sous à sa fille pour garder la voiture. Les membres de cette fille de quatorze ans ont été dispersés par l'explosion.

44° témoin. *Buirle*, culottier, rue Nicaise : sa jeune femme enceinte a été tuée par l'explosion.

45° témoin. V° *Barbier*, ouvrière chez Bairle :

Elle et son mari ont été blessés par l'explosion; son mari est mort des suites de ses blessures.

46ᵉ témoin. *Colinet*, ravaudeuse à la halle : elle était chez un marchand avec une de ses amies : cette amie a été tuée par l'explosion. Quant à elle, blessée à la main et à la tête, elle a été trépanée à l'Hôtel-Dieu : elle a été trois jours sans connaissance, et cinq aveugle.

47ᵉ témoin. *Bany*, cuisinier : a reçu quatorze blessures et a perdu un bras.

48ᵉ témoin. *Veuve Honoré*. Elle travaillait rue Saint-Nicaise. Au moment de l'explosion, une fenêtre tomba sur elle. On l'a portée à l'Hôtel-Dieu. Sa fille a été blessée à la cuisse. Toutes deux ont eu leurs vêtemens brûlés.

49ᵉ témoin. *Lion* passait dans la rue Saint-Nicaise au moment de l'explosion; a eu vingt-deux blessures, et est resté cinquante-trois jours à l'hospice Beaujon.

50ᵉ témoin. *Orillard*, âgée de vingt ans. Elle a reçu vingt-huit blessures, et n'est à peu près guérie que depuis quinze jours.

51ᵉ témoin. *Lemercier*. « J'étais au café d'Apollon, que je fréquentais depuis fort long-temps; il y avait huit à neuf personnes. A huit heures du soir, lorsque j'ai entendu le coup, je me suis trouvé sans connaissance; j'avais toute la partie antérieure du corps criblée, et les yeux perdus : j'ai été aveugle pendant deux mois; j'ai eu des contusions dans la poitrine, dans le corps, des morceaux de verre dans les jambes. »

Le Commissaire. Parmi les personnes qui étaient avec vous au café d'Apollon, y en a-t-il eu de blessées?

Lemercier. Presque toutes les personnes ont été plus ou moins blessées : le garçon l'a été; plusieurs l'ont été grièvement.

Le Commissaire. Vous avez su que l'explosion avait produit beaucoup de dégât dans le café?

Lemercier. Oui. On m'a trouvé là sans connaissance; on m'a conduit chez moi. Deux jours après, étant dans mon lit, on m'a conté ce que c'était : j'ignorais que ce fût une explosion.

Le Président. Vous avez été aveugle pendant quarante-deux jours?

Lemercier. Pendant deux mois : j'ai perdu un œil, et je vois fort peu de celui-ci; je ne puis pas encore distinguer les caractères d'écriture.

52e témoin. *Femme Léger,* limonadière, rue Saint-Nicaise. A été grièvement blessée; est estropiée d'une jambe; treize personnes ont été blessées dans son café, qui a été très-abîmé.

53e témoin. *Louise Saint-Gilles.* Elle a employé quarante jours à se guérir des blessures qu'elle a reçues au visage et aux bras.

54e témoin. *Veuve Boulard.* Je sortais de la rue Coquillière, et j'allais au café du Carrousel voir une dame de mes amies. Je passais par la rue ci-devant de Chartres, actuellement de Malte, presque vis-à-vis la rue Marceau : je vis le premier consul qui allait à l'Opéra; je me rangeai contre le mur; et au dernier coin de la rue, j'entendis un bruit sourd. Je vis le feu, et je tombai par terre ; j'y restai une demi-heure, trois quarts d'heure. Je me relevai et je demandai du secours. La cavalerie était rangée autour de moi. On me demanda où j'allais ; je dis que j'allais au café du Carrousel : on m'y porta. J'étais déshabillée et meurtrie.

Le commissaire. Avez-vous eu plusieurs blessures?

La veuve Boulard : Vingt-cinq ou trente. Les deux doigts de la main droite coupés.

Le commissaire : Et votre robe a-t-elle été brûlée ?

La veuve Boulard : J'étais nue quand je me suis relevée. J'ai encore des marques sur la figure.

55° témoin. *Iblot*, âgée de vingt-deux ans, couturière : Je sortais de travailler, rue Honoré ; je passais rue Nicaise. Je vis venir le premier consul ; je me retournai au coin du café. Aussitôt qu'il fut passé, j'allais pour traverser ; je sens un coup au côté droit, et je tombe par terre. Je me suis relevée blessée, et on m'a rapportée chez moi.

Le Président. Avez-vous plusieurs blessures ?

Iblot. J'en ai neuf.

Le Président. Etes-vous guérie?

Iblot. J'en ai encore une qui n'est pas tout-à-fait guérie.

56° témoin. *Annette,* parfumeuse. En rentrant chez elle, le soir, à un entresol de la rue Nicaise, elle a trouvé une balle de deux onces qu'elle a portée au commissaire de police. Le magasin a été fort endommagé.

57ᵉ témoin. *Legros*, maréchal, a ferré le cheval vendu par Lambel à Carbon, et l'a parfaitement reconnu à la préfecture.

Le Président aux Jurés. On vous aurait fait venir un autre témoin qui a été victime de l'explosion (*Trepsat*); mais comme il a eu les jambes emportées, on aurait été obligé de l'apporter sur un brancard, et l'on a voulu vous éviter ce spectacle affligeant.

58ᵉ témoin. *Oudart*, expert écrivain : déclare que le billet adressé à Carbon, sous le nom de Constant, est de la main de Limoelan; que celui signé Gédéon est de la main de Georges.

Carbon avoue et St.-Réjant nie.

59ᵉ témoin. *Legros*, expert écrivain : reconnaît l'identité de diverses pièces.

On passe à l'audition des témoins à décharge. La déclaration des huit premiers termine cette séance.

Séance du 13 germinal.

On entend les cinquante-huit derniers témoins à décharge.

Tous ces témoins, sans exception, font l'éloge des sentimens politiques et de la probité des accusés Collin, Gouyon et ses filles, Cicé, Lavieuville, Duquesne, Leguilloux, Baudet, Vallon et ses filles. Quelques-uns de ceux de Collin affirment que le 3 nivôse il était au cours d'accouchement du docteur Dubois.

Le Président. Le commissaire du gouvernement
à la parole.

Gérard, substitut. « Citoyens jurés, j'ai long-
temps hésité, et, je l'avoue, j'hésite encore à vous
présenter quelques réflexions préliminaires sur
l'horrible événement dont vous ayez à constater
les faits.

« Maintenant que tous ces faits vous sont parfaitement connus, aurais-je besoin de vous dire autre
chose pour exciter toute votre attention et toute
votre sévérité, sinon qu'il s'agit ici de l'épouvantable attentat du 3 nivôse.

« Mais si la connaissance des causes d'un pareil
événement peut être nécessaire à l'instruction de
ceux qui m'entendent, et de ceux qui leur succé-
deront; s'il n'est pas inutile, pour les progrès de
la morale publique, de calculer jusqu'à quel point
de dégradation les passions peuvent entraîner les
hommes, dois-je garder le silence, parce que je
sens la faiblesse de mes moyens?

« Non, citoyens jurés; il faut faire le sacrifice
de l'amour-propre à l'intérêt public.

« Il suffit de se porter un moment à l'époque du
1er frimaire an 8, d'observer quelle était la situation des affaires intérieures et extérieures de la République en ce moment, et de la comparer avec
l'état actuel des affaires publiques; il suffit, dis-je,
de faire un moment cette comparaison, pour être
bien pénétré des craintes qui devaient agiter, des
sentimens qui devaient animer les ennemis de la
France.

« Il est aisé de sentir qu'ils avaient été affligés de la ruine de toutes leurs espérances ; qu'ils se saisiraient de tous les moyens qui pourraient se présenter pour ramener un état de choses qui ferait renaître ces mêmes espérances ; qu'ils useraient de tous ceux, non pas que la morale mais qu'une certaine politique permet , mais n'avoue pas ; qu'ils chercheraient à troubler l'ordre public dans leur patrie ; qu'ils chercheraient à contrarier toutes les vues du Gouvernement, à calomnier ceux qui gouvernent ; qu'ils chercheraient enfin à propager, s'il était possible , leurs idées et leurs principes.

« Mais de tous ces moyens que l'on conçoit aisément, à celui qui a été employé, il y a une distance incommensurable. Français, combien vous devez être pénétrés d'horreur et pour le fanatisme religieux, et pour le fanatisme de l'ambition , et pour le fanatisme de la, vile cupidité , puisqu'ils ont franchi cet immense intervalle , et qu'il a pu produire de pareils excès ! Ah ! lâches assassins , vous n'avez pas entièrement consommé votre crime : si vous l'aviez consommé, vous auriez produit un grand mal , un mal affreux. L'œil ne parcourt qu'avec effroi cet épouvantable abîme, où la pensée même va s'engloutir. Mais ce mal que vous auriez fait , il eût été perdu pour l'exécution de vos projets. J'ai besoin d'avoir cette pensée , pour que le sentiment de la douleur ne m'entraîne pas trop loin.

« Oui, il eût été perdu pour l'exécution de vos projets.

« Avez-vous oublié, en effet, l'existence de ces hommes chers à la patrie, que ce magistrat vertueux avait associés à ses travaux? Pensiez-vous qu'ils auraient lâchement abandonné le gouvernail de l'État? Aviez-vous oublié l'existence de ce sénat, composé de vétérans de la raison et de la liberté, qui tous avaient prêté le serment de maintenir la constitution de l'an 8, et qui tous auraient bravé la mort sur leurs chaises curules, avant de trahir leurs sermens?

« Aviez-vous oublié l'existence de ce corps-législatif, et de ce conseil rempli de tant de premiers-nés à la liberté et de ses plus intrépides défenseurs? Aviez-vous oublié l'existence de ce tribunat, où les intérêts de la patrie ont été si souvent discutés avec l'énergie de l'éloquence et de la raison? Aviez-vous oublié l'existence de ces phalanges nombreuses de héros, dont les actions et les triomphes remplissent depuis dix ans l'univers d'admiration?

« Aviez-vous oublié le nombre de leurs vaillans chefs, les talens qui les distinguent, les principes qui les animent? Enfin, avant le développement de ces moyens, aviez-vous oublié que, malgré les efforts de la coalition de l'Europe entière, d'une partie de l'Asie et de l'Amérique, si quelques portions de la France avaient été ébranlées, sa masse était restée indestructible?

« Enfin, aviez-vous pu penser que celui qui a fait fermer l'abîme sous les pas du premier magistrat de la République, aurait laissé la vertu sans vengeurs?

« Voilà, citoyens, sous quel rapport politique, sous quel rapport moral, peut se présenter cette horrible journée du 3 nivôse. Maintenant je vais examiner avec vous les preuves légales qui constituent les faits. C'est principalement sur cette partie que je dois fixer toute votre attention.

« A-t-il été formé un complot tendant au meurtre du premier magistrat de la République?

« Vous avez entendu tous les faits, vous connaissez tous les moyens qui ont été employés, vous avez entendu tous les témoins. Eh bien! doutez-vous de l'existence de ce complot?

« Pour exécuter ce complot, a-t-on construit une machine meurtrière, et justement appelée infernale? En voilà les débris; voilà plus, voilà des preuves des effets qu'elle a produits. Bientôt je vous signalerai les constructeurs; et sans doute vous les avez déjà reconnus.

« Cette machine a-t-elle été allumée? Qui peut donc douter maintenant de l'effet de l'incendie qu'elle a occasionné?

« Cette machine a-t-elle tué, a-t-elle blessé des citoyens? Ai-je donc besoin de rappeler à votre souvenir les scènes douloureuses dont vous avez été hier les témoins? Eh quoi! citoyens, faut-il encore faire passer en revue les malheureuses victimes de cette atrocité? Vous n'en avez que trop vu; mais vous n'en connaissez pas encore le nombre. »

Ce magistrat examine ensuite et soutient avec énergie toutes les charges qui pèsent sur les différens accusés, dont il n'excepte que Lavieuville et sa femme.

Me Roussiale, à qui la parole est accordée, commence ainsi son plaidoyer :

« Citoyens jurés, je parle dans cette cause pour Carbon, dit le Petit-François.

« Un crime épouvantable a été commis : ce sont les expressions dont s'est servi le ministère public. Il n'a pas d'exemple dans les fastes des crimes ; il n'a d'égal que l'horreur qu'il a inspirée aux Français de tous les partis, à tous les peuples de l'Europe.

« Le vaisseau de l'État, sous le ciel le plus nébuleux, sans mâts, sans voiles, sans pilote et sans gouvernail, jouet de tous les vents contraires, flottait depuis long-temps sur une mer de malheurs. On avait pu retarder l'instant où il devait être submergé ; mais sa perte n'en paraissait que plus certaine. Tout à coup paraît un pilote heureux, habile, intrépide : tous les malheurs sont réparés. Le gouvernail obéit dans sa main, le ciel s'éclaircit, la mer s'aplanit ; et le vaisseau, dont les voiles sont enflées par le vent le plus fortuné, s'avançait majestueusement vers le port. En ce moment, un brûlot contenant les matières propres à la plus prompte destruction, renfermant un volcan comprimé dans ses flancs, est lancé contre lui. C'en était fait de la France, sans le génie qui préside désormais à sa conservation.

« Quelle main, citoyens jurés, a lancé ce brûlot?

C'est la première question qu'il faudra sans doute
que j'examine.

A-t-on saisi les conspirateurs? ou n'ont-ils pas
plutôt fui, en laissant seulement dans nos mains
quelques fils incertains de leurs trames?

Carbon, dit le Petit-François, que je défends,
est-il un conspirateur volontaire? a-t-il sciemment
trempé dans le complot? ou n'est-il pas plutôt
l'instrument le plus vil, l'instrument le plus abject
dont les conspirateurs se sont servis?

« Voilà, citoyens jurés, la division naturelle de
mon discours.

Il accuse de la pensée première de la conspiration actuelle l'Angleterre et les Bourbons, éternels ennemis de la France.

Selon lui, les véritables conspirateurs ont fui,
particulièrement Limoelan qui était à leur tête.
Carbon n'a été, entre leurs mains, qu'un instrument, et, domestique de Limoelan, il a eu pour
lui l'obéissance qu'un serviteur doit à son maître,
mais sans se douter que cette obéissance le conduisait au mal.

Après avoir paraphrasé toutes les déclarations
de Carbon, qu'il admet comme vraies, il termine
en ces termes :

« Je me suis abstenu d'examiner la question de
savoir si l'attentat contre la personne du premier
consul tendait au renversement de notre constitution. Tant de mains ont essayé de tenir le gouvernail! une seule l'a dirigé d'une manière habile,

et c'est contre cette main que les ennemis de la France ont exhumé tous les feux de l'enfer.

« Puisse long-temps le génie protecteur de la France veiller sur les jours de ce jeune héros, qui, sans doute, donnera son nom à son siècle, qui s'est déjà placé si loin des autres hommes, qu'il pourra leur servir de but! En vain on veut le comparer à tant d'autres hommes célèbres qui ont illustré leur âge : notre révolution n'est semblable à aucune de celles qui ont changé tant de fois la surface du globe; aucun des événemens consignés dans l'histoire n'est semblable à ceux qui se sont passés sous nos yeux. Qu'il sera grand, Bonaparte, quand après avoir sauvé la France, il lui fera sentir les douces influences de la paix générale, qu'il la dirigera vers le haut degré de prospérité qui lui est promis! Un conquérant a dit que l'univers était trop petit pour le contenir. Quelle acquisition Bonaparte aura-t-il encore à faire dans le vaste domaine de la gloire?

« Le Gouvernement et le premier consul, je vous l'ai dit, citoyens, n'ont pas besoin de vengeance. Frappez les coupables; mais ne frappez qu'eux. Après vous prononcera l'opinion publique; après l'opinion publique viendra celle de la postérité. Le temps use la prévention. Ces accusés resteront seuls à côté des charges réelles qui s'élèvent contre eux : on jugera votre jugement. C'est à vous peut-être qu'il appartient d'apprendre aux Français que dans toute affaire criminelle, quelqu'intérêt qu'elle comporte, de quelque manière qu'elle se rattache au Gouvernement, c'est la justice, et la justice seule, indépendante, qui prononce; que le temps est venu où tous les partis doivent se fondre en un seul, où tous les Français enfin, d'un accord unanime, doivent pousser aussi les portes du temple de Janus, que le premier consul fermera d'un bras victorieux.»

Mᶜ Dommanget présente la défense de Saint-Réjant. Il en fait un chef de chouans tout bénin, sauvant la vie aux soldats républicains qui tombaient en son pouvoir. Amnistié, il était venu à Paris pour solliciter sa radiation de la liste des émigrés. Quant au crime, il n'en est ni l'auteur, ni le complice. Limoelan l'a vu; mais il ne lui a rien confié. L'avocat nie qu'il y ait existence de preuves de sa coopération à l'œuvre. Toutes les dépositions à charge, toutes les présomptions de la procédure, sont dues uniquement à ce titre de chouan donné avec raison à Saint-Réjant.

Dans cette audience, on entend encore Mᶜ Maugeret pour la femme Vallon et ses filles.

Les séances des 13 germinal au soir et du 14 sont employées aux plaidoiries de MMᵉˢ Maugeret, pour la femme Vallon et ses filles; Laporte, pour Leguilloux et sa femme; Bellart, pour mademoiselle de Cicé; Larrieu, pour la dame Gouyon de Beaufort et ses filles; Thévenin, pour la dame Duquesne; Gairal, pour Collin; Lebon, pour Baudet; Lépidor, pour Lavieuville et sa femme.

En général, les défenses, présentées avec beaucoup de talent, reposent sur des bases semblables :

précédens honorables des cliens, vertus de la vie privée, probité et honnêteté dans les rapports, humanité, ignorance de la conduite et des desseins des principaux accusés.

A la fin de l'audience du 14, le président interroge Carbon au sujet d'une déclaration qu'il vient de recevoir. Il paraît que Carbon est venu en l'an VII à Paris; que dans un de ses voyages à Versailles, il a fait la rencontre, dans le bois de Saint-Cloud, du nommé Chevalier, dragon déserteur, auquel il a dit se nommer François, demeurer rue Saint-Martin, être chouan, et avoir mission d'arrêter, sur la route de Paris à la Ferté-Bernard, une voiture renfermant 15,000 francs; qu'il voulut engager ce déserteur à servir avec lui dans la Vendée. Carbon avoue son voyage à Paris et à Saint-Cloud, et avoir demeuré rue Saint-Martin; mais il nie les autres circonstances de cette déposition.

Séance du 15 germinal.

Le président interroge de nouveau Carbon. Il résulte de cet interrogatoire que Carbon a été condamné à vingt ans de fers pour un vol commis, en 1792, de complicité avec le nommé Ledoux, la nuit et à l'aide d'effraction, dans l'église de Mantes, et qu'il s'est échappé des fers. Carbon nie, quoique le jugement soit entre les mains du président.

Après la question adressée à chacun des accusés, s'ils ont quelque chose à ajouter à leur défense, le président déclare les débats fermés, et fait le résumé de l'affaire.

Ce résumé, fort étendu, reproduit toutes les charges de l'accusation, avec celles résultant des débats, et l'analyse de toutes les défenses. Le président le termine ainsi :

« Je crois, citoyens jurés, avoir parcouru la tâche qui m'était imposée : il vous appartient maintenant de prononcer avec le calme et l'impartialité qui doivent vous caractériser.

« Vous n'oublierez pas que la loi ne consulte que vos consciences : aucune règle ne vous est prescrite; personne n'a le droit de vous demander compte des moyens qui ont opéré votre conviction : c'est dans l'ensemble du débat, dans la réunion de toutes les circonstances qui ont précédé, accompagné et suivi le délit, dans les réponses des accusés, dans leur conduite et leur moralité, que vous devez puiser les raisons de vos doutes ou de votre conviction.

« En s'attachant à l'acte d'accusation, en écartant tout ce qui est étranger, ce qui n'est que déclamations ou considérations, des hommes probes, éclairés, amis de la liberté et de l'ordre social, ne s'écarteront jamais du sentier de la justice.

« Si le résultat de votre délibération vous montre des coupables, vous les indiquerez aux organes de la loi, et le plus horrible des forfaits sera puni : mais aussi vous aurez peut-être à donner au tribunal la douce consolation de proclamer l'innocence, et de montrer à la France entière que si le crime

a tout à redouter, l'innocence peut attendre avec
sécurité la décision de la justice.

« Voici les questions que le tribunal m'a chargé
de vous présenter. »

(Un juge lit l'instruction aux jurés.)

Art. 372 du code des délits et des peines.

« Les jurés doivent examiner l'acte d'accusation,
« les procès-verbaux et toutes les autres pièces du
« procès, à l'exception des déclarations écrites des
« témoins, des notes écrites, des interrogatoires
« subis par l'accusé devant l'officier de police, le
« directeur du jury et le président du tribunal
« criminel.

« C'est sur ces bases, et particulièrement sur les
« dépositions et les débats qui ont eu lieu en leur
« présence, qu'ils doivent asseoir leur conviction
« personnelle : car c'est de leur conviction person-
« nelle qu'il s'agit ici ; c'est cette conviction que
« la loi les charge d'énoncer ; c'est à cette conviction
« que la société, que l'accusé s'en rapportent.

« La loi ne leur demande pas compte des
« moyens par lesquels ils se sont convaincus ; elle
« ne leur prescrit point de règles desquelles ils doi-
« vent faire particulièrement dépendre la pléni-
« tude et la suffisance d'une preuve : elle leur pres-
« crit de s'interroger eux-mêmes dans le silence et
« le recueillement, et de chercher dans la sincé-
« rité de leur conscience quelle impression ont
« faite sur leur raison les preuves rapportées con-
« tre l'accusé, et les moyens de sa défense. La loi

« ne leur dit point : *Vous tiendrez pour vrai*
« *tout fait attesté par tel ou tel nombre de témoins.*
« Elle ne leur dit pas non plus : *Vous ne regar-*
« *derez pas comme suffisamment établie toute*
« *preuve qui ne sera pas formée de tel procès ver-*
« *bal, de telles pièces, de tant de témoins ou de*
« *tant d'indices.* Elle ne leur fait que cette seule
« question qui renferme toute la mesure de leurs
« devoirs : *Avez-vous une intime conviction ?*

« Ce qu'il est bien essentiel de ne pas perdre de
« vue, c'est que toute la délibération du jury de
« jugement porte sur l'acte d'accusation : c'est à
« cet acte qu'ils doivent uniquement s'attacher ;
« et ils manquent à leur premier devoir, lorsque,
« pensant aux dispositions des lois pénales, ils con-
« sidèrent les suites que pourra avoir, par rapport
« à l'accusé, la déclaration qu'ils ont à faire. Leur
« mission n'a pas pour objet la poursuite ni la pu-
« nition des délits : ils ne sont appelés que pour
« décider si le fait est constant, et si l'accusé est,
« ou non, coupable du crime qu'on lui impute. »

Questions proposées par le tribunal.

PREMIÈRE SÉRIE.

1. A-t-il existé au commencement de nivôse
dernier un complot tendant au meurtre du premier Consul?

2. Y a-t-il eu amas de poudre, mitraille, balles
et pierres, pour l'exécution de ce complot?

3. Ces munitions ont-elles servi à composer une machine meurtrière?

4. Cette machine a-t-elle été composée pour l'exécution de ce complot?

5. François-Jean, dit Carbon, dit le Petit-François, dit Constant, est-il convaincu d'avoir coopéré à ce complot?

6. L'a-t-il fait dans le dessein d'en faciliter l'exécution?

7. Pierre Robinault, dit Saint-Réjant, dit Pierrot, dit Soyer, dit Sollier, dit Pierre-Martin, est-il convaincu d'avoir coopéré à ce complot?

8. L'a-t-il fait dans le dessein d'en faciliter l'exécution?

9. Catherine Jean, femme d'Alexandre Vallon, est-elle convaincue d'avoir coopéré à ce complot?

10. L'a-t-elle fait dans le dessein d'en faciliter l'exécution?

11. Adélaïde-Marie Champion de Cicé est-elle convaincue d'avoir coopéré à ce complot?

12. L'a-t-elle fait dans le dessein d'en faciliter l'exécution?

13. Louise Mainguet, femme de Jean-Baptiste Leguilloux, est-elle convaincue d'avoir coopéré à ce complot?

14. L'a-t-elle fait dans le dessein d'en faciliter l'exécution?

15. Aubine-Louise Gouyon, veuve de Luc-Jean Gouyon de Beaufort, est-elle convaincue d'avoir coopéré à ce complot?

16. L'a-t-elle fait dans le dessein d'en faciliter l'exécution ?

17. Marie-Anne Duquesne est-elle convaincue d'avoir coopéré à ce complot ?

18. L'a-t-elle fait dans le dessein d'en faciliter l'exécution ?

19. Jean-Baptiste Leguilloux est-il convaincu d'avoir coopéré à ce complot ?

20. L'a-t-il fait dans le dessein d'en faciliter l'exécution ?

21. Joséphine Vallon est-elle convaincue d'avoir coopéré à ce complot ?

22. L'a-t-elle fait dans le dessein d'en faciliter l'exécution ?

23. Angélique-Marie-Françoise Gouyon est-elle convaincue d'avoir coopéré à ce complot ?

24. L'a-t-elle fait dans le dessein d'en faciliter l'exécution ?

25. Madeleine Vallon est-elle convaincue d'avoir coopéré à ce complot ?

26. L'a-t-elle fait dans le dessein d'en faciliter l'exécution ?

27. Reine-Marie-Aubine-Gouyon est-elle convaincue d'avoir coopéré à ce complot ?

28. L'a-t-elle fait dans le dessein d'en faciliter l'exécution ?

29. Basile-Jacques-Louis Collin est-il convaincu d'avoir coopéré à ce complot ?

30. L'a-t-il fait dans le dessein d'en faciliter l'exécution ?

31. Jean Baudet est-il convaincu d'avoir coopéré à ce complot?

32. L'a-t-il fait dans le dessein d'en faciliter l'exécution?

33. Mathurin - Jules Micault - Lavieuville est-il convaincu d'avoir coopéré à ce complot?

34. L'a-t-il fait dans le dessein d'en faciliter l'exécution?

35. Louise-Catherine Cudel-Villeneuve, femme Lavieuville, est-elle convaincue d'avoir coopéré à ce complot?

36. L'a-t-elle fait dans le dessein d'en faciliter l'exécution?

DEUXIÈME SÉRIE.

37. Le feu a-t-il été mis, le 3 nivôse dernier, dans la rue Nicaise, à la machine meurtrière?

38. Le feu a-t-il été mis pour effectuer une attaque à dessein de tuer la personne du premier Consul?

39. Plusieurs personnes ont-elles été tuées par l'effet de l'explosion de cette machine?

40. Plusieurs personnes ont-elles été blessées par l'effet de ladite explosion?

41. Pierre Robinault, dit Saint - Réjant, dit Pierrot, dit Soyer, dit Sollier, dit Pierre-Martin, est-il l'auteur de cette action?

42. L'a-t-il fait dans l'intention de tuer le premier Consul?

43. A-t-il aidé et assisté les coupables dans les faits qui ont préparé l'exécution de cette action?

44. A-t-il aidé et assisté les coupables dans les faits qui ont facilité l'exécution de cette action?

45. L'a-t-il fait sciemment et dans l'intention du crime?

46. François-Jean, dit Carbon, dit le Petit-François, dit Constant, a-t-il aidé et assisté les coupables dans les faits qui ont préparé l'exécution de cette action?

47. A-t-il aidé et assisté les coupables dans les faits qui ont facilité l'exécution de cette action?

48. A-t-il procuré aux coupables les moyens qui ont servi à l'exécution de cette action?

49. A-t-il procuré les instrumens qui ont servi à l'exécution de cette action?

50. L'a-t-il fait sciemment et dans l'intention du crime?

51. Catherine Jean, femme Vallon, est-elle convaincue d'avoir aidé et assisté les coupables dans les faits qui ont préparé l'exécution de cette action?

52. Est-elle convaincue d'avoir aidé et assisté les coupables dans les faits qui ont facilité l'exécution de cette action?

53. L'a-t-elle fait sciemment et dans l'intention du crime?

54. A-t-elle logé chez elle le nommé Carbon?

55. En a-t-elle fait la déclaration à la mairie de son arrondissement?

56. Adélaïde-Marie Champion de Cicé est-elle

convaincue d'avoir aidé et assisté les coupables dans les faits qui ont facilité l'exécution de cette action?

57. L'a-t-elle fait sciemment et dans l'intention du crime?

58. Louise Mainguet, femme Leguilloux, est-elle convaincue d'avoir aidé et assisté les coupables dans les faits qui ont facilité l'exécution de cette action?

59. L'a-t-elle fait sciemment et dans l'intention du crime?

60. Ladite femme Leguilloux a-t-elle logé chez elle le nommé Saint-Réjant?

61. En a-t-elle fait la déclaration à la mairie de son arrondissement?

62. Jean-Baptiste Leguilloux est-il convaincu d'avoir aidé et assisté les coupables dans les faits qui ont facilité l'exécution de cette action?

63. L'a-t-il fait sciemment et dans l'intention du crime?

64. Ledit Leguilloux a-t-il logé chez lui le nommé Saint-Réjant?

65. En a-t-il fait la déclaration à la mairie de son arrondissement?

66. Aubine-Louise Gouyon, veuve Gouyon-Beaufort, est-elle convaincue d'avoir aide et assisté les coupables dans les faits qui ont facilité l'exécution de cette action?

67. L'a-t-elle fait sciemment et dans l'intention du crime?

68. Ladite veuve Gouyon-Beaufort a-t-elle logé chez elle le nommé Carbon?

69. En a-t-elle fait la déclaration à la mairie de son arrondissement?

70. Marie-Anne Duquesne est-elle convaincue d'avoir aidé et assisté les coupables dans les faits qui facilité l'exécution de cette action?

71. L'a-t-elle fait sciemment et dans l'intention du crime?

72. Ladite Duquesne a-t-elle logé chez elle le nommé Carbon?

73. En a-t-elle fait la déclaration à la mairie de son arrondissement?

74. Joséphine Vallon est-elle convaincue d'avoir aidé et assisté les coupables dans les faits qui ont facilité l'exécution de cette action?

75. L'a-t-elle fait sciemment et dans l'intention du crime?

76. Angélique-Marie-Françoise Gouyon est-elle convaincue d'avoir aidé et assisté les coupables dans les faits qui ont facilité l'exécution de cette action?

77. L'a-t-elle fait sciemment et dans l'intention du crime?

78. Madeleine Vallon est-elle convaincue d'avoir aidé et assisté les coupables dans les faits qui ont facilité l'exécution de cette action?

79. L'a-t-elle fait sciemment et dans l'intention du crime?

80. Reine-Marie-Aubine Gouyon est-elle convaincue d'avoir aidé et assisté les coupables dans les faits qui ont facilité l'exécution de cette action?

81. L'a-t-elle fait sciemment et dans l'intention du crime?

82. Basile-Jacques-Louis Collin a-t-il aidé et assisté les coupables dans les faits qui ont facilité l'exécution de cette action?

83. L'a-t-il fait sciemment et dans l'intention du crime?

84. Ledit Collin a-t-il été appelé pour donner ses soins comme officier de santé, le 3 nivôse dernier, au nommé Saint-Réjant?

85. A-t-il donné ses soins au nommé Saint-Réjant?

86. En a-t-il donné connaissance au commissaire de police de son arrondissement?

87. Jean Baudet a-t-il aidé et assisté les coupables dans les faits qui ont facilité l'exécution de cette action?

88. L'a-t-il fait sciemment et dans l'intention du crime?

89. Mathurin-Jules Micault-Lavieuville est-il convaincue d'avoir aidé et assisté les coupables dans les faits qui ont facilité l'exécution de cette action?

90. L'a-t-il fait sciemment et dans l'intention du crime?

91. Louise-Catherine Cudel-Villeneuve, femme Micault Lavieuville, est-elle convaincue d'avoir aidé et assisté les coupables dans les faits qui ont facilité l'exécution de cette action?

92. L'a-t-elle fait sciemment et dans l'intention du crime?

(Les jurés se retirent pour délibérer ; il est midi et demi.)

Séance du 16 germinal, une heure de l'après-midi.

Le Président. Citoyens jurés, quel est le résultat de votre délibération sur les questions qui vous ont été soumises par le tribunal?

Le chef du jury. Les jurés n'ont pu se réunir à l'unanimité sur les questions qui leur ont été présentées

Le Président. Le tribunal, attendu la déclaration du chef du jury, que les jurés n'ont pu se réunir à l'unanimité, et que les vingt-quatre heures sont expirées, ordonne que les jurés se retireront de nouveau dans leur chambre des délibérations pour rendre une déclaration sur les questions sur lesquelles ils ne sont pas unanimes, à la majorité absolue.

(Les jurés se retirent. — La séance est suspendue. — A cinq heures les jurés rentrent en séance.)

Le Président. Citoyens jurés, quel est le résultat de votre délibération sur les questions qui vous ont été soumises par le tribunal ?

Le chef du jury. Sur mon honneur et ma conscience, la déclaration du jury est, à la majorité absolue.

PREMIÈRE SÉRIE.

Il a existé, au commencement de nivôse dernier, un complot tendant au meurtre du premier Consul.

Il y a eu amas de poudre, mitraille, balles et pierres , pour l'exécution de ce complot.

Ces munitions ont servi à composer une machine meurtrière.

Cette machine a été composée pour l'exécution de ce complot.

François-Jean, dit CARBON, dit le *Petit-François*, dit *Constant*, est convaincu d'avoir coopéré à ce complot.

Il l'a fait dans le dessein d'en faciliter l'exécution.

Pierre ROBINAULT, dit *Saint-Réjant*, dit *Pierrot*, dit *Soyer*, dit *Sollier*, dit *Pierre-Martin*, est convaincu d'avoir coopéré à ce complot.

Il l'a fait dans le dessein d'en faciliter l'exécution.

Catherine Jean, femme d'*Alexandre* VALLON, est convaincue d'avoir coopéré à ce complot.

Elle n'est pas convaincue de l'avoir fait dans le dessein d'en faciliter l'exécution.

Adélaïde-Marie CHAMPION DE CICÉ n'est point convaincue d'avoir coopéré à ce complot.

Louise-Mainguet, femme de *Jean-Baptiste* LEGUILLOUX, n'est point convaincue d'avoir coopéré à ce complot.

Aubine-Louise GOUYON, veuve de *Luc-Jean*

Gouyon de Beaufort, n'est point convaincue d'avoir coopéré à ce complot.

Marie-Anne Duquesne n'est point convaincue d'avoir coopéré à ce complot.

Jean-Baptiste Leguilloux n'est point convaincu d'avoir coopéré à ce complot.

Josephine Vallon n'est point convaincue d'avoir coopéré à ce complot.

Angélique-Marie-Françoise Gouyon n'est point convaincue d'avoir coopéré à ce complot.

Madeleine Vallon n'est point convaincue d'avoir coopéré à ce complot.

Reine-Marie-Aubine Gouyon n'est point convaincue d'avoir coopéré à ce complot.

Basile-Jacques-Louis Collin n'est point convaincu d'avoir coopéré à ce complot.

Jean Baudet n'est point convaincu d'avoir coopéré à ce complot.

Mathurin-Jules Micaut-Lavieuville n'est point convaincu d'avoir coopéré à ce complot.

Louise-Catherine Cudel-Villeneuve, femme Lavieuville, n'est point convaincue d'avoir coopéré à ce complot.

DEUXIÈME SÉRIE.

Le feu a été mis, le 3 nivôse dernier, dans la rue Nicaise, à la machine meurtrière.

Le feu a été mis pour effectuer une attaque à dessein de tuer la personne du premier consul.

Plusieurs personnes ont été tuées par l'effet de l'explosion de cette machine.

Plusieurs personnes ont été blessées par l'effet de ladite explosion.

Pierre ROBINAULT, dit *Saint Réjant,* dit *Pierrot,* dit *Soyer,* dit *Sollier,* dit *Pierre-Martin,* est l'auteur de cette action.

Il l'a fait dans l'intention de tuer le premier consul.

Il a aidé et assisté les coupables dans les faits qui ont préparé l'exécution de cette action.

Il a aidé et assisté les coupables dans les faits qui ont facilité l'exécution de cette action.

Il l'a fait sciemment et dans l'intention du crime.

François-Jean, dit CARBON, dit le *Petit-François,* dit *Constant,* a aidé et assisté les coupables dans les faits qui ont préparé l'exécution de cette action.

Il les a aidés et assistés dans les faits qui ont facilité l'exécution de cette action.

Il a procuré aux coupables les moyens qui ont servi à l'exécution de cette action.

Il a procuré aux coupables les instrumens qui ont servi à l'exécution de cette action.

Il l'a fait sciemment et dans l'intention du crime.

Catherine-Jean, femme VALLON, n'est pas convaincue d'avoir aidé et assisté les coupables dans les faits qui ont préparé l'exécution de cette action.

Elle n'est pas convaincue d'avoir aidé et assisté les coupables dans les faits qui ont facilité l'exécution de cette action.

Elle a logé chez elle le nommé Carbon.

Elle n'en a pas fait sa déclaration à la mairie de son arrondissement.

Adelaide-Marie CHAMPION DE CICÉ n'est pas convaincue d'avoir aidé et assisté les coupables dans les faits qui ont facilité l'exécution de l'action.

Louise Mainguet, femme LEGUILLOUX, n'est pas convaincue d'avoir aidé et assisté les coupables dans les faits qui ont facilité l'exécution de l'action.

Ladite femme Leguilloux a logé chez elle le nommé Saint-Réjant.

Elle n'en a pas fait sa déclaration à la mairie de son arrondissement.

Jean-Baptiste. LEGUILLOUX n'est pas convaincu d'avoir aidé et assisté les coupables dans les faits qui ont facilité l'exécution de l'action.

Ledit Leguilloux a logé chez lui le nommé Saint-Réjant.

Il n'en a pas fait sa déclaration à la mairie de son arrondissement.

Aubine-Louise GOUYON, veuve GOUYON-BEAUFORT, n'est pas convaincue d'avoir aidé et assisté les coupables dans les faits qui ont facilité l'exécution de l'action

Ladite veuve Gouyon-Beaufort a logé chez elle le nommé Carbon.

Elle n'en a pas fait sa déclaration à la maire de son arrondissement.

Marie-Anne DUQUESNE n'est pas convaincue d'avoir aidé et assisté les coupables dans les faits qui ont facilité l'exécution de l'action.

Ladite Duquesne a logé chez elle le nommé Carbon.

Elle n'en a pas fait sa déclaration à la mairie de son arrondissement.

Joséphine VALLON n'est pas convaincue d'avoir aidé et assisté les coupables dans les faits qui ont facilité l'exécution de l'action.

Angélique-Marie-Françoise GOUYON n'est pas convaincue d'avoir aidé et assisté les coupables dans les faits qui ont facilité l'exécution de l'action.

Madeleine VALLON n'est pas convaincue d'avoir aidé et assisté les coupables dans les faits qui ont facilité l'exécution de l'action.

Reine-Marie-Aubine GOUYON n'est pas convaincue d'avoir aidé et assisté les coupables dans les faits qui ont facilité l'exécution de l'action.

Basile-Jacques-Louis COLLIN n'est pas convaincu d'avoir aidé et assisté les coupables dans les faits qui ont facilité l'exécution de l'action.

Ledit Collin a été appelé pour donner ses soins comme officier de santé, le 3 nivôse dernier, au nommé Saint-Réjant.

Il a donné ses soins au nommé Saint-Réjant.

Il n'en a pas donné connaissance au commissaire de police de son arrondissement.

Jean BAUDET n'est pas convaincu d'avoir aidé et assisté les coupables dans les faits qui ont facilité l'exécution de l'action.

Mathurin-Jules MICAULT-LAVIEUVILLE n'est pas

convaincu d'avoir aidé et assisté les coupables dans les faits qui ont facilité l'exécution de l'action.

Louise-Catherine Cudel-Villeneuve, femme Mɪ-ᴄᴀᴜʟᴛ-Lᴀᴠɪᴇᴜᴠɪʟʟᴇ, n'est pas convaincue d'avoir aidé et assisté les coupables dans les faits qui ont facilité l'exécution de l'action.

(On fait entrer les accusés de Cicé, filles Gouyon-Beaufort, filles Vallon, Baudet, Lavieuville et sa femme.)

Le Président. Accusés de *Cicé*, filles *Gouyon-Beaufort*, filles *Vallon*, *Baudet*, *Lavieuville* et sa femme, la déclaration du jury est à la majorité absolue, etc. (*Il lit la déclaration*.)

En conséquence de la déclaration du jury, vous êtes acquittés de l'accusation intentée contre vous, et vous serez à l'instant mis en liberté, si vous n'êtes détenus pour autre cause.

Sursis néanmoins à l'exécution de notre présente ordonnance pendant vingt-quatre heures, conformément aux dispositions de la loi.

(On fait entrer les femmes Vallon et Leguilloux, la veuve Gouyon, la femme Duquesne, Leguilloux père et Collin.)

Le Président. Accusés femme *Vallon*, femme *Leguilloux*, veuve *Gouyon-Beaufort*, Madeleine *Duquesne*, *Leguilloux* père et *Collin*, la déclaration du jury est, etc. (*Il lit la déclaration*.)

Vous allez entendre le réquisitoire du commissaire du gouvernement.

Le Commissaire. Citoyens juges, attendu que le fait constaté par la déclaration du jury, dont lec-

ture vient d'être donnée, n'établit pas, à l'égard
des accusés présens, un délit qui soit de la nature
du Code pénal, mais qu'il en résulte un délit prévu
par le Code de police correctionnelle, en ce que
les accusés femmes *Leguilloux, Vallon, Gouyon-
Beaufort, Duquesne* et *Leguilloux* père, ont logé
chez eux un étranger à la commune de Paris, sans
en faire leur déclaration à la mairie de leur arrondissement,

Je requiers que, conformément aux articles 1,
2 et 3 de la loi du 27 nivôse an 4, et conformément à l'art. 434 du Code des délits et des peines,
ces cinq accusés soient condamnés en trois mois
d'emprisonnement.

Et attendu que le fait porté dans la déclaration
du jury et concernant l'accusé Collin, ne constitue pas un délit qui soit du ressort pénal, mais
qu'il en constitue un du ressort de la police correctionnelle, en ce que Collin a pansé un homme
qui avait été blessé, sans en faire la déclaration
devant le commissaire de police de son arrondissement; je requiers que, conformément à l'article 12
de l'ordonnance du 8 novembre 1780 et à l'article 434 du Code pénal, il soit condamné en
300 livres d'amende et en trois mois d'emprisonnement.

Les défenseurs ayant pris des conclusions moti-
vées, contraires à celles du commissaire du gouverneur, le tribunal se retire pour délibérer.

Rentré en séance, il prononce le jugement suivant par l'organe de son président :

« Le tribunal, vu la déclaration du jury, après avoir entendu le commissaire du gouvernement en ses conclusions, ainsi que les défenses des parties également en leurs conclusions, fixées par écrit et déposées sur le bureau :

« Après en avoir délibéré, les juges ayant opiné conformément à loi,

« Attendu qu'il résulte de la déclaration du jury, que Catherine Jean, femme Vallon; Jean-Baptiste Leguilloux; Louise Mainguet, femme Leguilloux; Aubine-Louise Gouyon, veuve Gouyon-Beaufort; Marie-Anne Duquesne, et Bazile-Jacques-Louis Collin, ne sont point convaincus d'avoir pris part au complot tendant au meurtre du premier consul, à l'attaque à dessein de tuer la personne du premier consul, ni d'avoir aidé et assisté les coupables dans les faits qui ont préparé ou facilité l'exécution dudit complot et de l'attaque à dessein de tuer;

« Acquitte lesdites femme *Vallon* veuve *Gouyon-Beaufort, Duquesne, Mainguet,* femme *Leguilloux, Jean-Baptiste Leguilloux* et *Collin,* de l'accusation intentée contre eux;

« Mais attendu qu'il résulte de la même déclaration du jury, que la femme *Vallon, Marie-Anne Duquesne* et la veuve *Gouyon-Beaufort,* sont convaincues d'avoir logé François Jean, dit Carbon, dit petit François, dit Constant, sortant de l'armée des chouans, arrivé depuis peu de temps à Paris, où il n'avait pas antérieurement de domicile connu, sans passeport, carte de sûreté, ni permission, et de n'avoir pas fait leur déclaration dans le délai de la loi, devant l'administration municipale de leur arrondissement ; attendu qu'il résulte de la même déclaration , que *Leguilloux et sa femme* ont également logé Robinault-Saint-Réjant, sortant de l'armée des chouans, arrivé depuis peu de temps à Paris, où il n'avait pas antérieurement de domicile connu, sans passeport, carte de sûreté, ni permission , et de n'en avoir point fait de déclaration dans le délai de la loi ;

« Attendu que l'exception résultant, d'une part, de ce que la veuve Gouyon-Beaufort n'a logé Carbon que pendant une nuit ; de l'autre que ledit Carbon est le frère de la femme Vallon , ne peut être admise ; qu'à la faveur de pareils prétextes , on éluderait facilement des mesures sagement établies, pour connaître les étrangers qui arrivent dans cette cité ; sans s'arrêter aux conclusions prises par les défenseurs des parties , déclare lesdites Catherine Jean, femme *Vallon*; Aubine-Louise Gouyon, veuve *Gouyon-Beaufort;* Marie-Anne *Duquesne;* Louise Mainguet , femme *Leguilloux*, et Jean-Baptiste *Leguilloux* , coupables de contravention aux articles 1er et 2e de la loi du 27 ventôse an vi ; en conséquence, et conformément à l'article 3 de la même loi, et à l'article 434 du Code des délits et des peines ainsi conçus ; savoir :

Article 434 du Code des délits et des peines : « Si le fait donc l'accusé est déclaré convaincu se « trouve être du ressort, soit des tribunaux de po- « lice, soit des tribunaux correctionnels, le tribu-

« nal n'en prononce pas moins définitivement et
« en dernier ressort les peines qui auraient pu
« être prononcées par ces tribunaux. »

Loi du 27 ventôse an IV, article 1er. « Toutes
« personnes arrivées à Paris depuis le 1er fructidor
« an III, ainsi que celles qui y arriveront par la
« suite, sans y avoir eu antérieurement leur domi-
« cile, seront tenues, dans les trois jours de la pu-
« blication de la présente résolution, ou de leur
« arrivée, de déclarer devant l'administration
« municipale de leur arrondissement leurs nom
« et prénoms, âge, état ou profession, leur domi-
« cile ordinaire, leur demeure à Paris, et d'exhiber
« leur passeport. »

Art. 2. « Indépendamment de la déclaration ci-
« dessus ordonnée, tout citoyen habitant de Paris,
« qui aura un étranger à cette commune, logé dans
« la maison ou portion de maison dont il est loca-
» taire ; tout concierge ou portier de maison non
« habitée, seront tenus de faire déclaration devant
« l'administration municipale de l'arrondissement,
« de chaque étranger de la commune de Paris, logé
« chez eux, dans les vingt-quatre heures de son
« arrivée. »

Et art. 3. « Toute personne qui, aux termes des
« articles précédens, négligera de faire sa déclara-
« tion, sera condamnée, par voie de police correc-
« tionnelle, à trois mois d'emprisonnement : en cas
« de récidive, la peine de détention sera de six mois. »

« Condamne lesdites Catherine Jean, femme
d'Alexandre *Vallon* ; Aubines-Louise Gouyon,

veuve de Luc-Jean *Gouyon Beaufort;* Marie-Anne
Duquesne: Louise Mainguet, femme *Leguilloux;*
et ledit Jean-Baptiste *Leguilloux,* chacun en trois
mois d'emprisonnement dans une maison de correction ; leur fait défense de récidiver, sous les
peines portées par la loi.

« Et à l'égard de *Collin*, attendu qu'il résulte de
la déclaration du jury, que, le 3 nivôse dernier,
après les effets de l'explosion, il a été appelé pour
donner ses soins à Robinault-Saint-Réjant, chez
Leguilloux et sa femme ; qu'il lui a administré ceux
de son art, et qu'il n'en a fait aucune déclaration,
et qu'il résulte, en outre, de l'instruction et des
aveux de Collin, que Saint-Réjant avait été blessé :

« Déclare ledit *Collin* coupable de contravention à l'ordonnance du 8 novembre 1780; et vu
l'article 12 de ladite ordonnance, dont il a été fait
lecture, et qui est ainsi conçu :

« Enjoignons aux maîtres en chirurgie, et à tous
« autres exerçant la chirurgie à Paris, d'écrire les
« noms, surnoms, quartiers et demeures des per-
« sonnes qui seront blessées, soit de nuit, soit de
« jour, et qui auront été conduites chez eux pour
« y être pansées, ou qu'ils auront été panser ailleurs,
« et d'en instruire incontinent le commissaire du
« quartier, ainsi que de la qualité et des circon-
« stances de leurs blessures, sous peine de 300 fr.
« d'amende, d'interdiction, et même peine de
« punition corporelle; le tout conformément aux
« réglemens. »

« En conséquence, et d'après l'article 434 du

code des délits et des peines, précité, condamne
Basile-Jacques-Louis *Collin* en 500 francs d'a-
mende, au paiement de laquelle il sera contraint
par corps, conformément à l'article 41 de la loi
du 22 juillet 1791, ainsi conçu :

« La restitution et les amendes qui seront pro-
« noncées en matière de police correctionnelle,
« emporteront la contrainte par corps. »

« Et en trois mois d'emprisonnement dans une
maison de correction.

« Condamne lesdites femmes *Vallon*, veuve
Gouyon-Beaufort, *Duquesne*, femme *Leguilloux*
et lesdits *Leguilloux* et *Collin*, chacun en ce qui
le concerne, aux frais du présent jugement, aux
termes de l'article 1ᵉʳ de la loi du 18 germinal
an VII ;

« Ordonne que le présent jugement sera imprimé et affiché dans toute l'étendue du département
de la Seine, et qu'il sera exécuté à la diligence du
commissaire du gouvernement. »

(On fait entrer les accusés Carbon et Saint-Réjant.)

Le Président. Accusés François Jean, dit Carbon, et Pierre Robinault, dit Saint-Réjant, la déclaration du jury est, etc. *Il lit la déclaration.*

Vous allez entendre le réquisitoire du commissaire du Gouvernement.

Le commissaire. Citoyens juges,

Vu la déclaration du jury spécial de jugement,
et attendu qu'il en résulte, d'une part, en point de
fait,

Que dans le mois de nivôse dernier, il a été formé un complot tendant. au meurtre du premier Consul;

Que les accusés Robinault, dit Saint-Réjant, et François Jean dit Carbon, ont pris part à ce complot dans le dessein d'en faciliter l'exécution ;

D'une autre part, qu'il résulte en point de fait de cette même déclaration du jury,

Qu'il a été fait un amas de poudre, mitraille et autres matériaux;

Qu'il a 'été construit une machine meurtrière; que ces matériaux ont servi à la construire;

Que le feu a été mis à cette machine meurtrière; qu'il a été mis dans l'intention d'effectuer une attaque à dessein de tuer la personne du premier Consul;

Que plusieurs personnes ont été tuées par l'effet de cette machine meurtrière; que plusieurs autres ont été blessées ;

Que ledit accusé Robinault Saint-Réjant est l'auteur de cette action; qu'il a aidé et assisté les coupables dans l'exécution de cette action;

Que Jean dit Carbon a aidé et assisté les coupables dans les faits qui ont préparé, accompagné et suivi cette action ; qu'il a fourni les objets propres à la construction de cette machine;

Qu'en point de droit,

Le fait résultant de la première série tend à troubler la République par une guerre, en armant les citoyens les uns contre les autres et contre l'exercice de l'autorité légitime ;

Que le fait résultant de la seconde série constitue un crime qualifié, par le code pénal, d'assassinat;

Je requiers que, conformément aux dispositions de l'art. 612 du code des délits et des peines, et des art. 11 et 13 de la seconde partie du titre II du même code, enfin conformément aux dispositions de l'art. 4 du titre Ier du code pénal, Robinault dit Saint-Réjant, et François-Jean dit Carbon, soient condamnés à la peine de mort;

Que pour être menés au lieu de leur supplice, ils soient revêtus d'une chemise rouge;

Je requiers que, conformément aux dispositions des art. 1 et 12 de la loi du 22 germinal an VII, ils soient condamnés aux frais auxquels l'instruction a donné lieu; que le jugement à intervenir soit lu, publié et affiché dans toute l'étendue du département.

J'ajouterai à ce réquisitoire qu'il est résulté du débat que le nommé Leclerc et un autre particulier (Larbitret) dont le nom m'échappe en ce moment, quoiqu'il se trouve dans la procédure, ont fourni des logemens en contravention aux réglemens dont vous venez de faire l'application il y a un moment.

Je requiers en conséquence qu'ils soient renvoyés en état de mandat d'amener devant un officier de police judiciaire, conformément aux dispositions de la loi, et que le jugement à intervenir soit lu, publié et affiché dans toute l'étendue du département.

Le Président aux accusés. Avez-vous quelque chose à dire sur l'application de la loi?

Carbon. J'ai à dire que je n'ai aucune connaissance de ces sortes de choses ; que j'ai été chargé d'acheter la charrette et le cheval. . . .

Le Président. Je vous demande si vous avez quelque chose à dire sur l'application de la loi. (*Les accusés ne répondent point.*)

Le Président. Le tribunal, vu la déclaration du Jury, à la majorité absolue, après avoir entendu le commissaire du Gouvernement sur l'application de la loi, les juges ayant opiné conformément à la loi ;

« Attendu qu'il résulte de la déclaration du Jury, en point de fait,

« Qu'il a existé un complot tendant au meurtre du premier Consul ; qu'il y a eu amas de poudre, mitraille, balles et pierres pour l'exécution de ce complot ; que ces munitions ont servi à composer une machine meurtrière ; que cette machine a été composée pour l'exécution dudit complot, et que François-Jean dit Carbon, dit le petit François, dit Constant ; et Pierre Robinault, dit St-Réjant, dit Pierrot, dit Pierre Martin, dit Soyer ou Sollier, sont convaincus d'avoir coopéré à ce complot, dans l'intention d'en faciliter l'exécution.

« Attendu qu'en point de droit, un complot tendant au meurtre du premier magistrat de la République est un attentat à la puissance publique, et tendant à troubler l'État par une guerre civile, en armant les citoyens les uns contre les autres, et contre l'exercice de l'autorité légitime, délit prévu par l'article 612 du code des délits et des peines ;

« Attendu qu'il résulte également de la déclaration du jury, en point de fait ;

« Que le feu a été mis le 3 nivôse dernier, dans la rue Nicaise, à ladite machine meurtrière ; qu'il y a été mis pour effectuer une attaque à dessein de tuer la personne du premier consul ; que plusieurs personnes ont été tuées par l'effet de l'explosion de ladite machine, et que plusieurs autres ont été blessées ; que Pierre Robinault, dit Saint-Réjant, dit Pierrot, dit Pierre Martin, dit Soyer ou Sollier, est l'auteur de cette action ; qu'il a, ainsi que Carbon, aidé et assisté les coupables dans les faits qui ont préparé et facilité l'exécution de cette action, et que lesdits Robinault dit Saint-Réjant et Jean dit Carbon ont agi sciemment et dans l'intention du crime ;

« Attendu, en point de droit, qu'une attaque à dessein de tuer, quand elle a été effectuée, est un assassinat prévu par le code pénal, et vu l'art. 612 du code des délits et des peines, les articles 11 et 13 du titre II de la 1re section de la seconde partie du code pénal, et l'art. 1er du titre III de la même partie dudit code, ainsi conçus :

« Art. 612. «Toutes conspirations et complots « tendant à troubler la république par une guerre « civile, en armant les citoyens les uns contre les « autres, et contre l'exercice de l'autorité légitime, « seront punis de mort, tant que cette peine sub- « sistera, et de vingt-quatre années de fers quand « elle sera abolie ».

« Art. 11 du titre II du code pénal. « L'homicide

« commis avec préméditation sera qualifié d'assas-
« sinat et puni de mort » ;

« Art. 13 *idem.* « L'assassinat, quoique non con-
« sommé, sera puni de la peine portée en l'art. 11,
« lorsque l'attaque à dessein de tuer aura été effec-
« tuée » ;

« Art. 1ᵉʳ, titre III. *Des complices des crimes.*
« Lorsqu'un crime aura été commis, quiconque
« sera convaincu d'avoir, par dons, promesses,
« ordres ou menaces, provoqué le coupable ou les
« coupables à le commettre, ou d'avoir, sciem-
« ment et dans le dessein du crime, procuré au
« coupable ou aux coupables les moyens, armes
« ou instrument qui ont servi à son exécution, ou
« d'avoir sciemment et dans le dessein du crime,
« aidé et assisté le coupable ou les coupables, soit
« dans l'acte même qui l'a consommé, sera puni
« de la même peine prononcée par la loi contre
« les auteurs dudit crime » ;

« Condamne lesdits *Pierre* ROBINAULT - SAINT-
RÉJANT, dit *Pierrot*, dit *Soyer* ou *Sollier*, dit
Pierre Martin, et *François Jean*, dit CARBON, dit
le *Petit-François*, dit *Constant*, à la peine de
mort ;

« Ordonne, conformément à l'art. 4 du titre Iᵉʳ
de la 1ʳᵉ partie du code pénal, ainsi conçu :

« Quiconque aura été condamné à mort pour
« crime d'assassinat, d'incendie ou de poison, sera
« conduit au lieu de l'exécution, revêtu d'une che-
« mise rouge; le parricide aura la tête et le visage
« voilés d'une étoffe noire; il ne sera découvert
« qu'au moment de l'exécution ».

« Que lesdits Robinault-Saint-Réjant, et Jean,
dit Carbon, seront conduits au lieu de l'exécution,
revêtus d'une chemise rouge;

« Condamne les nommés Robinault-Saint-Réjant, et Jean, dit Carbon, et solidairement, au
remboursement, au profit de la République, des
frais auxquels les poursuite et punition de leur
crime ont donné lieu,

Ordonne que le présent jugement sera exécuté
à la diligence du commissaire du Gouvernement,
et qu'il sera imprimé et affiché dans toute l'é-
tendue du département de la Seine,

Faisant droit sur les conclusions du commissaire
du Gouvernement, lui donne acte de son réquisitoire à l'égard des cit. Leclerc et Larbitret, et renvoie à cet égard devant l'officier de police judiciaire compétent.

Le Président aux accusés. La loi vous accorde
trois jours pour vous pourvoir en cassation contre
le jugement qui vient d'être prononcé.

Saint-Réjant. Je demande à être exécuté dans
les vingt-quatre heures.

Malgré sa demande, Saint-Réjant se pourvut
en cassation en même temps que Carbon.

Le tribunal de cassation, dans sa séance du 29
germinal — 19 avril 1801, sur les conclusions du
rapporteur Busschop, rejeta le pourvoi, et le lendemain les deux condamnés subirent sans courage la peine de leur crime.

« Il est démontré depuis long-temps qu'un évêque émigré, Conzié, conçut l'idée de l'affaire du 5
nivôse; que le ministère anglais l'approuva, et que

des émigrés titrés se chargèrent de désigner les agens les plus propres à l'exécution. La machine infernale causa la mort de vingt-deux personnes, et en blessa cinquante-six plus ou moins grièvement. On vint au secours de tous les malheureux blessés, suivant que les blessures étaient plus ou moins graves. Le maximum des secours fut de 4,500 francs, le minimum de 25 francs. Les orphelins et les veuves furent pensionnés, ainsi que les enfans de ceux qui avaient péri, mais seulement jusqu'à leur majorité : ils devaient toucher à cette époque 200 francs pour leur établissement (1).

C'étaient avec de telles armes que les Bourbons et les alliés cherchaient à remonter sur un trône que la nation entière leur disputait : la nation les a chassés, a puni leurs sicaires, et pourtant l'expérience n'a corrigé ni les uns ni les autres. Que de maux sont dus à l'ambition des races royales! Jouissent-elles de la couronne, il leur faut du despotisme, des prisons, des échafauds; l'ont-elles perdue, rien ne leur coûte pour la reconquérir, trahisons, vie d'hommes, guerre civile. Et les peuples ne se lassent point!

_____

(1) Montgaillard, *Histoire de France*, 1827, tome V, pages 418-419 :

Conzié, ancien capitaine de dragons, puis évêque d'Arras, et enfin membre du conseil du comte d'Artois, émigra des premiers, accompagna le prince en Écosse, et devint le centre de toutes les conspirations dirigées contre la France.

FIN DU QUATRIÈME VOLUME DE LA 2e SÉRIE.

TABLE DES MATIÈRES.

FIN DE LA TABLE.

9 782011 264602